INSTRUCTOR'S ANNOTATED EDITION

D0066532

CONVERSATION SANS FRONTIÈRES

Françoise Ghillebaert

Boston, Massachusetts

Publisher: José A. Blanco
Editorial Development: Judith Bach, Aliza B. Krefetz
Project Management: Kayli Brownstein, Sharon Inglis, Tiffany Kayes
Rights Management: Ashley Dos Santos, Annie Pickert Fuller, Caitlin O'Brien
Technology Production: Sonja Porras, Paola Ríos Schaaf
Design: Gabriel Noreña, Andrés Vanegas
Production: Manuela Arango, Oscar Díez, Lina Lozano

© 2017 by Vista Higher Learning, Inc. All rights reserved.

No part of this work may be reproduced or distributed in any form or by any means, electronic or mechanical, including photocopying and recording, or by any information storage or retrieval system without prior written permission from Vista Higher Learning, 500 Boylston Street, Suite 620, Boston, MA 02116-3736.

Student Text ISBN: 978-1-68004-338-9
Instructor's Annotated Edition ISBN: 978-1-68004-340-2

Library of Congress Control Number: 2015948691

1 2 3 4 5 6 7 8 9 WC 21 20 19 18 17 16

Getting the Conversation Going with FACE-À-FACE, Second Edition

Bienvenue! FACE-À-FACE, Second Edition, is a French conversation program from Vista Higher Learning. With **FACE-À-FACE, Second Edition,** you will find it easier and more stimulating to participate in lively conversations in your French class, as you explore a broad range of topics corresponding to each lesson's engaging theme. Most importantly, with **FACE-À-FACE, Second Edition,** you will find yourself feeling freer than ever before to speak French.

Speaking French is key to improving your language skills. **FACE-À-FACE, Second Edition,** offers abundant opportunities for you and your classmates to engage in conversations on a number of captivating topics. Your French will improve as you put it to use to express ideas and opinions that are important to you. The themes, readings, films, and exercises of **FACE-À-FACE, Second Edition** along with its unique magazine-like presentation, were specifically chosen to spark exciting conversations and capture your interest and imagination. After all, people express themselves most genuinely when they feel strong emotions.

When you speak to your friends and family outside the French classroom, you probably don't think about whether your sentences are grammatically correct. Instead, you speak fluidly in order to get your message across. Why should expressing yourself in French be any different? Participate as much as possible, without worrying about whether your French is "perfect," and remember that we all have opinions, so don't let the fear of making grammar mistakes keep you from voicing your ideas. Although you will be reviewing and learning grammar in the **Structures** section of every lesson, it should not be your primary concern when you speak. Enhance your conversations by applying the same strategies to French that you do to English to enjoy the conversation. In other words, ask follow-up questions, or ask someone to repeat what he or she has said.

To make progress in French, however, you must continue to strengthen other language skills. These include listening, writing, reading, and socio-cultural competence. With **FACE-À-FACE, Second Edition** you will practice these skills often as you improve your conversational French. Every lesson opens with a **Court métrage,** an enthralling short film by a contemporary filmmaker from a French-speaking country. **FACE-À-FACE, Second Edition,** also provides a wealth of readings of various genres and by renowned literary figures, and every lesson ends with a written **Rédaction** and a **Conversation** that tie up what you have learned and discussed throughout the lesson. **FACE-À-FACE, Second Edition,** reinforces each film and reading with comprehension checks and communicative activities in a wide range of formats, all intended to encourage you to bring your experiences into the conversation and voice your opinions. Furthermore, **FACE-À-FACE, Second Edition,** will expose you to the cultural diversity of French-speaking countries. Finally, navigating **FACE-À-FACE, Second Edition,** is easy thanks to its highly structured, innovative graphic design.

Communicating in a foreign language is a risk that takes courage, and sometimes even the most outspoken students feel vulnerable. Try to overcome your fears of speaking French, and remember that only through active participation will your communication improve. Most importantly, remember to relax and enjoy the experience of communicating in French.

We hope that **FACE-À-FACE, Second Edition,** will help you get the conversation going!

COURT MÉTRAGE

features award-winning and engaging short films by contemporary Francophone filmmakers.

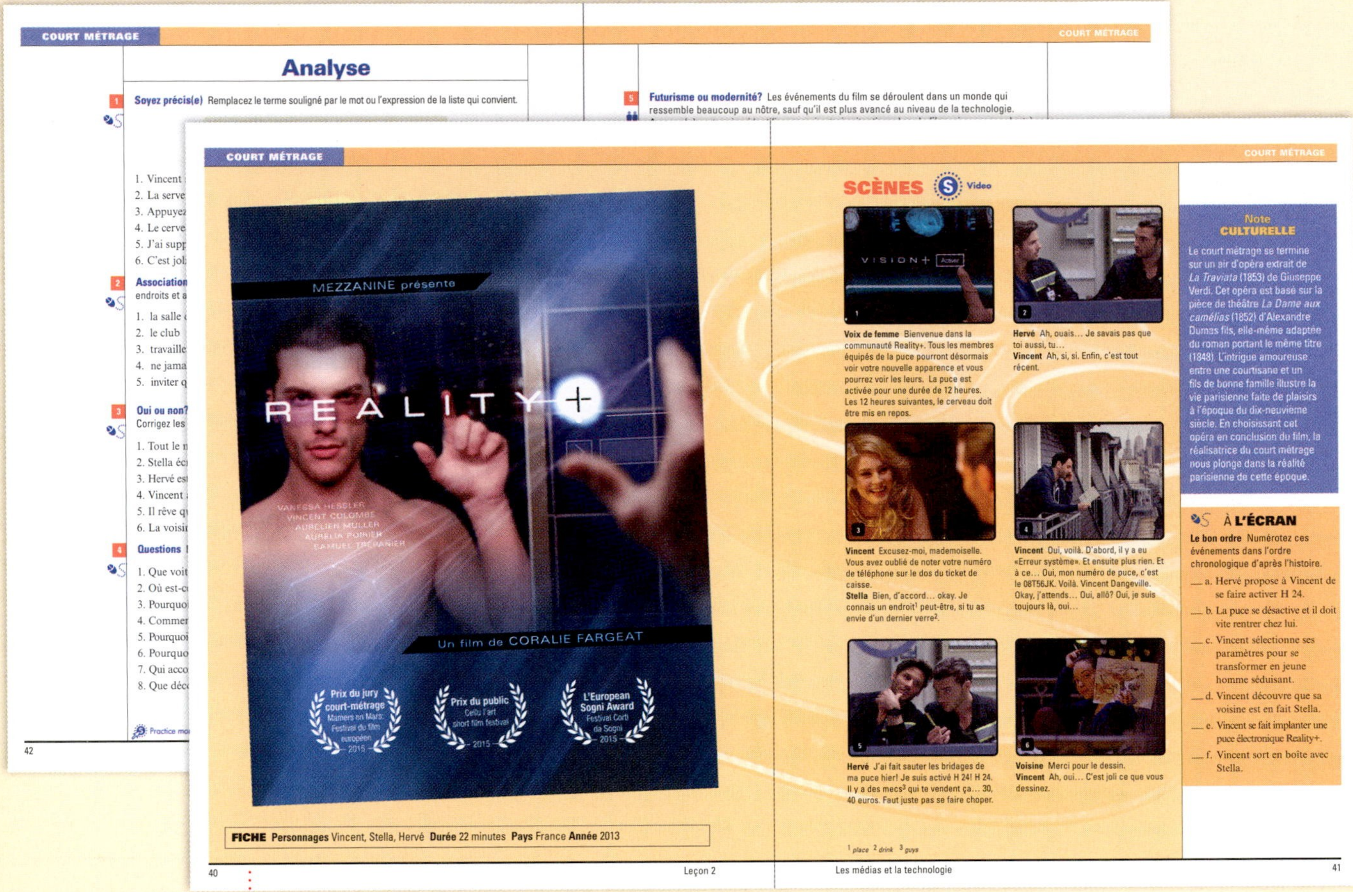

Préparation Pre-viewing exercises set the stage for the short film and provide key background information.

Vocabulaire This feature introduces words and expressions that will help you talk about the **court métrage**, along with exercises in which you will use them actively.

Scènes Captioned film photos give an overview of the film and introduce some of the expressions you will encounter.

NEW! Courts métrages Three new short films have been added to the Second Edition; all short films are available for viewing on the **Supersite** (**vhlcentral.com**).

Note culturelle This note provides cultural and historical information that will help you understand the context of the film.

Analyse Post-viewing activities check comprehension and allow you to discover broader themes and connections.

Supersite

Court métrage is supported with a wealth of resources online, including streaming video of all short films, textbook activities, including partner and virtual chats, additional online-only practice activities, audio recordings of all vocabulary items, and other vocabulary tools.

STRUCTURES

succinctly reviews and practices grammar points tied to major language functions.

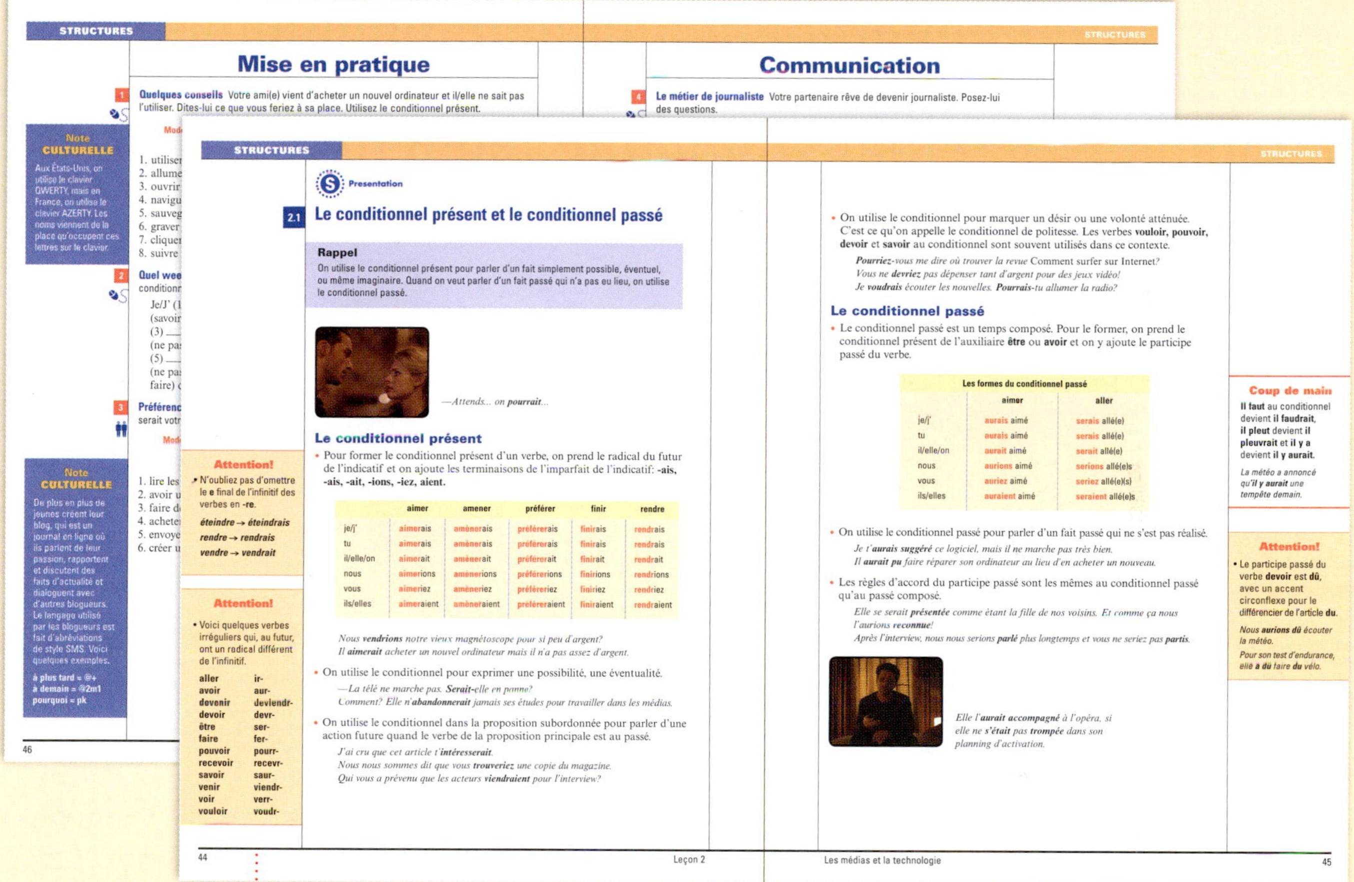

Rappel A reminder gives you a brief overview of the grammar topic.

Visual support Video stills from the lesson's short film are incorporated into the grammar explanation so you can see the grammar point in meaningful and relevant contexts.

Mise en pratique, Communication Directed exercises and open-ended communicative activities help you internalize the grammar point in a range of contexts related to the lesson theme and in a variety of configurations (individual, pair, and group).

Tables de conjugaison An appendix at the end of the book provides additional support for verb forms and conjugations.

Supersite

- Grammar explanations from the textbook
- Auto-graded and instructor-graded textbook activities , including partner and virtual chats
- Additional online-only practice activities

LECTURES

provide a wealth of selections in varied genres and serve as a springboard for conversation.

LITTÉRATURE

Souffles

BIRAGO DIOP

Audio: Dramatic Reading

Écoute plus souvent
les choses que les êtres.
La voix du feu s'entend,
entends la voix de l'eau,
écoute dans le vent
le buisson en sanglots.
C'est le souffle des ancêtres...

Ceux qui sont morts ne sont jamais partis,
ils sont dans l'ombre qui s'éclaire° (lights up)
et dans l'ombre qui s'épaissit°, (grows thicker)
les morts ne sont pas sous la terre:
ils sont dans l'arbre qui frémit,
ils sont dans le bois qui gémit,
ils sont dans l'eau qui coule,
ils sont dans l'eau qui dort,
ils sont dans la case°, ils sont dans la foule: (hut)
les morts ne sont pas morts.

Écoute plus souvent
les choses que les êtres.
La voix du feu s'entend,
entends la voix de l'eau,
écoute dans le vent
le buisson en sanglots.
C'est le souffle des ancêtres,
le souffle des ancêtres morts,
qui ne sont pas partis,
qui ne sont pas sous terre,
qui ne sont pas morts.

Ceux qui sont morts ne sont jamais partis,
ils sont dans le sein° de la femme, (breast)
ils sont dans l'enfant qui vagit
et dans le tison qui s'enflamme°. (catches fire)
Les morts ne sont pas sous la terre,
ils sont dans le feu qui s'éteint°, (goes out)
ils sont dans les herbes qui pleurent,
ils sont dans le rocher qui geint°, (moans)
ils sont dans la forêt, ils sont dans la demeure:
les morts ne sont pas morts.

Écoute plus souvent
les choses que les êtres.
La voix du feu s'entend,
écoute la voix de l'eau.
écoute dans le vent
le buisson en sanglots.
C'est le souffle des ancêtres.

92 Leçon 3 | Les générations 93

Préparation Learn vocabulary from the reading, as well as words that might prove useful in discussion.

À propos de l'auteur A brief biography presents key facts about the author, as well as a historical and cultural context for the reading.

Analyse Post-reading exercises check your understanding and motivate you to discuss the topic and explore how it relates to your own opinions and experiences.

NEW! Lectures The Second Edition includes two new readings by new authors with the aim of exposing you to different takes on the lesson themes.

Supersite

- All readings now available online, with audio-sync technology for one reading
- Auto-graded and instructor-graded textbook activities, including partner and virtual chats
- Additional online-only practice activities

BANDE DESSINÉE

features comic strips that offer clever, thought-provoking insights into the lesson themes.

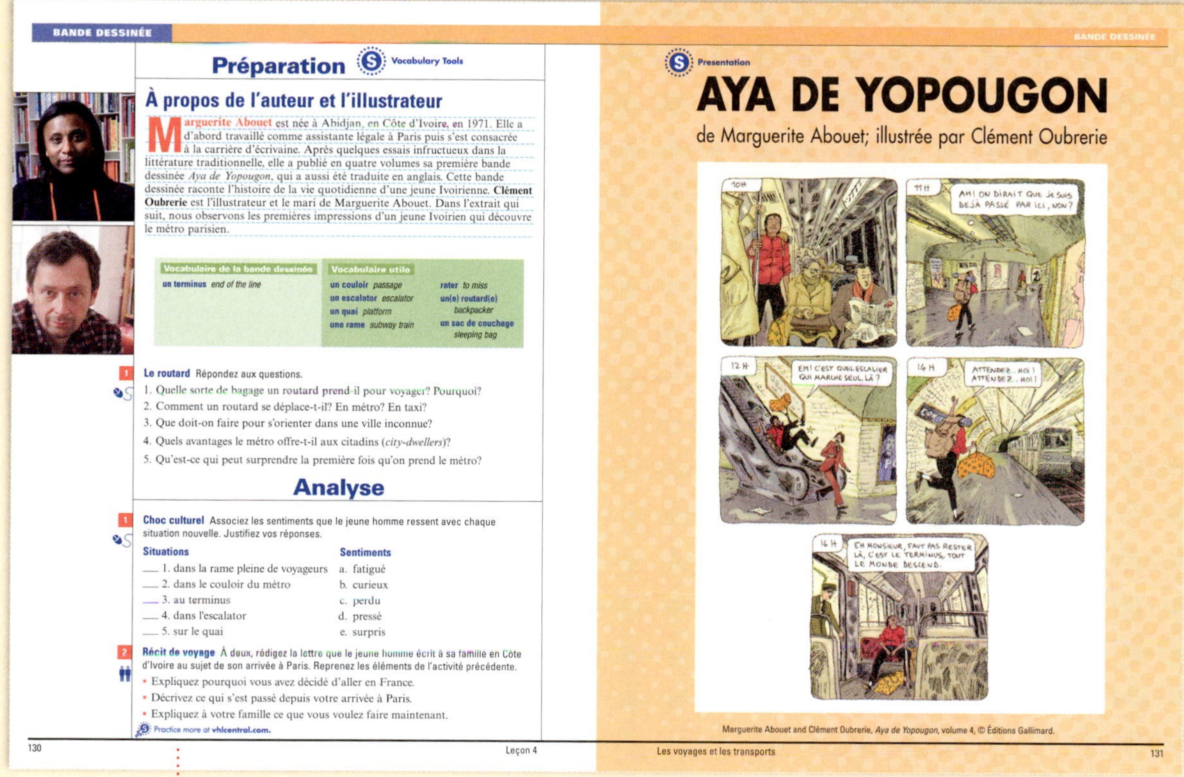
BANDE DESSINÉE

Préparation

Vocabulary Tools

À propos de l'auteur et l'illustrateur

Marguerite Abouet est née à Abidjan, en Côte d'Ivoire, en 1971. Elle a d'abord travaillé comme assistante légale à Paris puis s'est consacrée à la carrière d'écrivaine. Après quelques essais infructueux dans la littérature traditionnelle, elle a publié en quatre volumes sa première bande dessinée *Aya de Yopougon*, qui a aussi été traduite en anglais. Cette bande dessinée raconte l'histoire de la vie quotidienne d'une jeune Ivoirienne. **Clément Oubrerie** est l'illustrateur et le mari de Marguerite Abouet. Dans l'extrait qui suit, nous observons les premières impressions d'un jeune Ivoirien qui découvre le métro parisien.

Vocabulaire de la bande dessinée

un terminus *end of the line*

Vocabulaire utile

un couloir *passage*
un escalator *escalator*
un quai *platform*
une rame *subway train*
rater *to miss*
un(e) routard(e) *backpacker*
un sac de couchage *sleeping bag*

1 **Le routard** Répondez aux questions.

1. Quelle sorte de bagage un routard prend-il pour voyager? Pourquoi?
2. Comment un routard se déplace-t-il? En métro? En taxi?
3. Que doit-on faire pour s'orienter dans une ville inconnue?
4. Quels avantages le métro offre-t-il aux citadins (*city-dwellers*)?
5. Qu'est-ce qui peut surprendre la première fois qu'on prend le métro?

Analyse

1 **Choc culturel** Associez les sentiments que le jeune homme ressent avec chaque situation nouvelle. Justifiez vos réponses.

Situations	Sentiments
___ 1. dans la rame pleine de voyageurs	a. fatigué
___ 2. dans le couloir du métro	b. curieux
___ 3. au terminus	c. perdu
___ 4. dans l'escalator	d. pressé
___ 5. sur le quai	e. surpris

2 **Récit de voyage** À deux, rédigez la lettre que le jeune homme écrit à sa famille en Côte d'Ivoire au sujet de son arrivée à Paris. Reprenez les éléments de l'activité précédente.

- Expliquez pourquoi vous avez décidé d'aller en France.
- Décrivez ce qui s'est passé depuis votre arrivée à Paris.
- Expliquez à votre famille ce que vous voulez faire maintenant.

Practice more at **vhlcentral.com**.

130 Leçon 4

BANDE DESSINÉE

Presentation

AYA DE YOPOUGON

de Marguerite Abouet; illustrée par Clément Oubrerie

Marguerite Abouet and Clément Oubrerie, *Aya de Yopougon*, volume 4, © Éditions Gallimard.

Les voyages et les transports 131

Préparation Lists spotlight key vocabulary from the comic strip, as well as words and expressions useful for discussing it. Preliminary exercises give you the opportunity to reflect on important aspects and the context of the comic strip.

Analyse In these activities, you will work in pairs and groups to react to the comic strip and to consider how its message might apply on a personal, as well as universal, level.

Supersite

- **Bande dessinée** readings available online
- Instructor-graded textbook activities
- Online-only practice activities

RÉDACTION

gives you the opportunity to express yourself in writing about the lesson's topic.

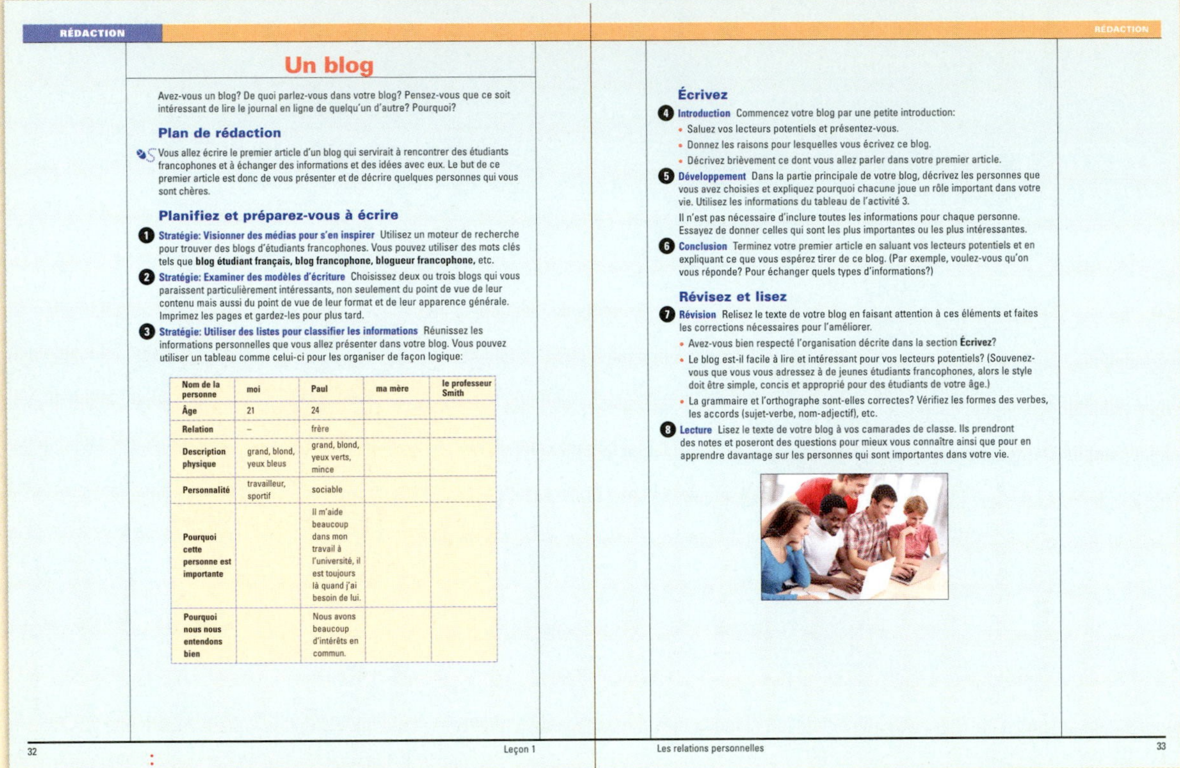

RÉDACTION

Un blog

Avez-vous un blog? De quoi parlez-vous dans votre blog? Pensez-vous que ce soit intéressant de lire le journal en ligne de quelqu'un d'autre? Pourquoi?

Plan de rédaction

Vous allez écrire le premier article d'un blog qui servirait à rencontrer des étudiants francophones et à échanger des informations et des idées avec eux. Le but de ce premier article est donc de vous présenter et de décrire quelques personnes qui vous sont chères.

Planifiez et préparez-vous à écrire

1. **Stratégie: Visionner des médias pour s'en inspirer** Utilisez un moteur de recherche pour trouver des blogs d'étudiants francophones. Vous pouvez utiliser des mots clés tels que **blog étudiant français, blog francophone, blogueur francophone,** etc.
2. **Stratégie: Examiner des modèles d'écriture** Choisissez deux ou trois blogs qui vous paraissent particulièrement intéressants, non seulement du point de vue de leur contenu mais aussi du point de vue de leur format et de leur apparence générale. Imprimez les pages et gardez-les pour plus tard.
3. **Stratégie: Utiliser des listes pour classifier les informations** Réunissez les informations personnelles que vous allez présenter dans votre blog. Vous pouvez utiliser un tableau comme celui-ci pour les organiser de façon logique:

Nom de la personne	moi	Paul	ma mère	le professeur Smith
Âge	21	24		
Relation	–	frère		
Description physique	grand, blond, yeux bleus	grand, blond, yeux verts, mince		
Personnalité	travailleur, sportif	sociable		
Pourquoi cette personne est importante		Il m'aide beaucoup dans mon travail à l'université, il est toujours là quand j'ai besoin de lui.		
Pourquoi nous nous entendons bien		Nous avons beaucoup d'intérêts en commun.		

32 Leçon 1

RÉDACTION

Écrivez

4. **Introduction** Commencez votre blog par une petite introduction:
   - Saluez vos lecteurs potentiels et présentez-vous.
   - Donnez les raisons pour lesquelles vous écrivez ce blog.
   - Décrivez brièvement ce dont vous allez parler dans votre premier article.
5. **Développement** Dans la partie principale de votre blog, décrivez les personnes que vous avez choisies et expliquez pourquoi chacune joue un rôle important dans votre vie. Utilisez les informations du tableau de l'activité 3.

   Il n'est pas nécessaire d'inclure toutes les informations pour chaque personne. Essayez de donner celles qui sont les plus importantes ou les plus intéressantes.
6. **Conclusion** Terminez votre premier article en saluant vos lecteurs potentiels et en expliquant ce que vous espérez tirer de ce blog. (Par exemple, voulez-vous qu'on vous réponde? Pour échanger quels types d'informations?)

Révisez et lisez

7. **Révision** Relisez le texte de votre blog en faisant attention à ces éléments et faites les corrections nécessaires pour l'améliorer.
   - Avez-vous bien respecté l'organisation décrite dans la section **Écrivez**?
   - Le blog est-il facile à lire et intéressant pour vos lecteurs potentiels? (Souvenez-vous que vous vous adressez à de jeunes étudiants francophones, alors le style doit être simple, concis et approprié pour des étudiants de votre âge.)
   - La grammaire et l'orthographe sont-elles correctes? Vérifiez les formes des verbes, les accords (sujet-verbe, nom-adjectif), etc.
8. **Lecture** Lisez le texte de votre blog à vos camarades de classe. Ils prendront des notes et poseront des questions pour mieux vous connaître ainsi que pour en apprendre davantage sur les personnes qui sont importantes dans votre vie.

Les relations personnelles 33

Plan de rédaction A structured writing task allows you to synthesize the vocabulary and grammar of the lesson while using your critical thinking skills.

Process approach The writing task is divided into logical, sequential steps that are organized into prewriting, writing, and post-writing activities. This structure guides your efforts and ensures a better outcome.

Supersite

You can now write, submit, and have your instructor grade your **Rédaction** assignment online.

CONVERSATION

pulls the whole lesson together with a lively discussion.

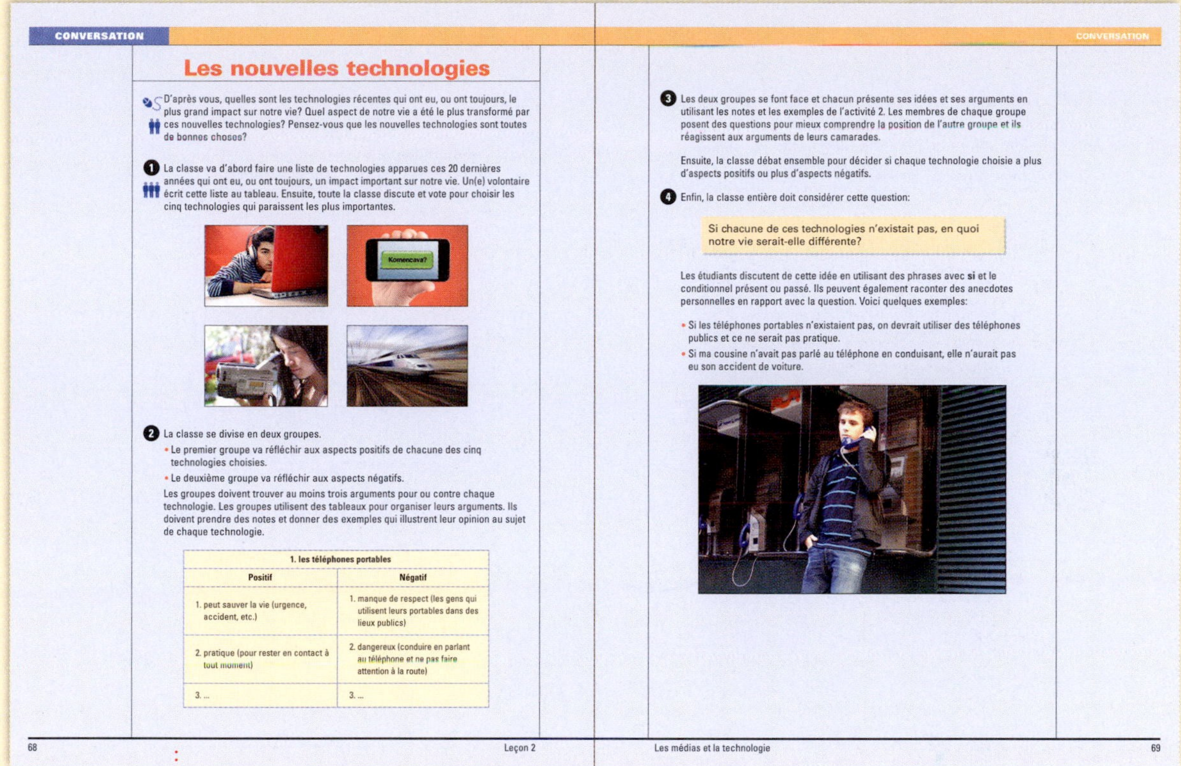

CONVERSATION

Les nouvelles technologies

D'après vous, quelles sont les technologies récentes qui ont eu, ou ont toujours, le plus grand impact sur notre vie? Quel aspect de notre vie a été le plus transformé par ces nouvelles technologies? Pensez-vous que les nouvelles technologies sont toutes de bonnes choses?

1. La classe va d'abord faire une liste de technologies apparues ces 20 dernières années qui ont eu, ou ont toujours, un impact important sur notre vie. Un(e) volontaire écrit cette liste au tableau. Ensuite, toute la classe discute et vote pour choisir les cinq technologies qui paraissent les plus importantes.

2. La classe se divise en deux groupes.
   - Le premier groupe va réfléchir aux aspects positifs de chacune des cinq technologies choisies.
   - Le deuxième groupe va réfléchir aux aspects négatifs.

   Les groupes doivent trouver au moins trois arguments pour ou contre chaque technologie. Les groupes utilisent des tableaux pour organiser leurs arguments. Ils doivent prendre des notes et donner des exemples qui illustrent leur opinion au sujet de chaque technologie.

1. les téléphones portables	
Positif	**Négatif**
1. peut sauver la vie (urgence, accident, etc.)	1. manque de respect (les gens qui utilisent leurs portables dans des lieux publics)
2. pratique (pour rester en contact à tout moment)	2. dangereux (conduire en parlant au téléphone et ne pas faire attention à la route)
3. ...	3. ...

3. Les deux groupes se font face et chacun présente ses idées et ses arguments en utilisant les notes et les exemples de l'activité 2. Les membres de chaque groupe posent des questions pour mieux comprendre la position de l'autre groupe et ils réagissent aux arguments de leurs camarades.

   Ensuite, la classe débat ensemble pour décider si chaque technologie choisie a plus d'aspects positifs ou plus d'aspects négatifs.

4. Enfin, la classe entière doit considérer cette question:

   Si chacune de ces technologies n'existait pas, en quoi notre vie serait-elle différente?

   Les étudiants discutent de cette idée en utilisant des phrases avec **si** et le conditionnel présent ou passé. Ils peuvent également raconter des anecdotes personnelles en rapport avec la question. Voici quelques exemples:
   - Si les téléphones portables n'existaient pas, on devrait utiliser des téléphones publics et ce ne serait pas pratique.
   - Si ma cousine n'avait pas parlé au téléphone en conduisant, elle n'aurait pas eu son accident de voiture.

68 Leçon 2 | Les médias et la technologie 69

Genres Each lesson uses one of three discussion configurations. The prompts prepare you for each kind of discussion.

Conversation This final activity brings you and your classmates together for debate and discussion.

Virtual chats featuring discussion questions for each **Conversation** are available online.

FACE-À-FACE, Second Edition, Film Collection

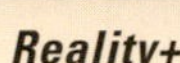

Reality+

L'accordeur

The **FACE-À-FACE, Second Edition,** Film Collection showcases the work of contemporary filmmakers from the French-speaking world. You can find their short films in the **Court métrage** section of each lesson. The films offer entertaining and thought-provoking opportunities to build your listening comprehension skills and your cultural knowledge of the French-speaking world.

Film Synopses

Leçon 1: ***Manon sur le bitume*** d'Élizabeth Marre et Olivier Pont (France; 15 minutes)
Nominated for an Oscar and winner of three other international awards, this short film depicts a series of random thoughts that come to a young woman as she lies on the pavement after an accident. Will these be her final moments?

Leçon 2: ***Reality+*** de Coralie Fargeat (France; 22 minutes)
Coralie Fargeat's film depicts a future world in which an implanted chip allows users to customize their own physical appearance. But the chip can only be activated for 12 hours at a time...

Leçon 3: ***Il neige à Marrakech*** de Hicham Alhayat (Suisse; 15 minutes)
In this short film, Hicham Alhayat deals with the sometimes comic and always complex dynamics of one Moroccan family. Karim's father wants to ski in Switzerland but was denied a visa to travel there. To avoid breaking the old man's heart, Karim comes up with a plan. But will it work?

Leçon 4: ***Pas de bagage*** d'Ismaël Djebbari (France; 12 minutes)
Ismaël Djebbari's film deals with the painful topic of fragmented families. Alban's ex-wife and her new husband are moving far away and taking Marion, Alban's teenage daughter, with them. He is trying to keep a close relationship with his daughter, but they are both aware that distance will make this much harder.

Leçon 5: ***Le Lagon néo-calédonien*** de Yann Arthus-Bertrand (France; 9 minutes)
This documentary short speaks of New Caledonia's coral reef, the world's second largest. It is in good health for now, though waste material from a new mine is poised to devastate the reef and its ecosystem.

Leçon 6: ***L'accordeur*** d'Olivier Treiner (France; 13 minutes)
Winner of a César for best short film, *L'accordeur* tells the story of a former piano prodigy who takes up work as a piano-tuner after losing an important music competition. To make a break with his previous life, and to win the confidence of new clients, he feigns blindness. But this deception will lead him to witness things that weren't meant for his eyes.

Each section of your textbook comes with activities on the **FACE-À-FACE** Supersite, many of which are auto-graded with immediate feedback. Plus, the Supersite is iPad®-friendly*, so it can be accessed on the go! Visit **vhlcentral.com** to explore the wealth of exciting resources.

COURT MÉTRAGE
- Streaming video of the short film
- Pre- and post-viewing auto-graded and instructor-graded textbook activities, including one virtual or partner chat for each film
- Additional pre- and post-viewing activities for extra practice

STRUCTURES
- Grammar explanation from the textbook
- Auto-graded and instructor-graded textbook activities, including one virtual or partner chat for each grammar point
- Additional extra practice activities

LECTURES
- All readings from the textbook
- Audio-synced reading of one **Lecture** per lesson
- Pre- and post-reading auto-graded and instructor-graded textbook activities, including one virtual or partner chat for each reading
- Additional pre- and post-reading activities for extra practice

BANDE DESSINÉE
- Comic strips from the textbook
- Instructor-graded textbook activities
- Additional extra practice activities

RÉDACTION
- **Plan de rédaction** composition activity written and submitted online

CONVERSATION
- Online virtual or partner chat activity

VOCABULAIRE
- Vocabulary lists for entire lesson with audio
- Additional vocabulary tools

Plus! Also found on the Supersite:

- All textbook audio MP3 files
- Communication center for instructor notifications and feedback
- A single gradebook for all Supersite activities
- Cahier virtuel online Workbook/ Video Manual

Supersite features vary by access level. Visit **vistahigherleaning.com** to explore which Supersite level is right for you.

*Students must use a computer for audio recording and select presentations and tools that require Flash or Shockwave.

Textbook Icons

Familiarize yourself with these icons that appear throughout **FACE-À-FACE**

 Content available on Supersite

 Activity available on Supersite

 Pair activity

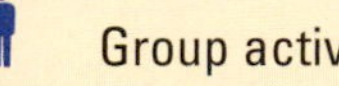 Group activity

Using FACE-À-FACE, Second Edition, to Promote Communication in French

People are naturally predisposed to communication through spoken language. Indeed, we can find almost any reason at all to talk. Sometimes we talk when we feel comfortable or uncomfortable in a given context. We also talk to express emotions such as joy or anger. Regardless of the circumstances, one thing is always true: indifference seldom stimulates genuine communication.

As instructors of French, why should we expect anything different from our students when they participate in class? It isn't realistic to expect that our students will generate French without motivation to do so. That motivation should not be any different from what motivates them to speak their native language outside the French classroom. **FACE-À-FACE, Second Edition,** was designed to serve as the basis for active classroom participation and meaningful communication. For conversation to blossom in a French classroom, it is imperative that discussion topics focus on the students and what they bring to the class: their experiences, their opinions, their plans, and their dreams.

Students' views should be the focus of virtually any discussion in order to ensure language output. **FACE-À-FACE, Second Edition,** offers appealing content and vibrant page layout, both designed to put students in a position where indifference, and consequently silence, is unlikely. You will find that the films, readings, writing assignments, and discussions in **FACE-À-FACE, Second Edition,** along with its unique presentation, pique students' interest, capture their imagination, and arouse a genuine desire to speak.

Of course, students cannot forgo practice in any of the linguistic skills that comprise well-rounded communication. These skills include listening, writing, reading, and socio-cultural competence. Every lesson of **FACE-À-FACE, Second Edition,** opens with a **Court métrage,** a riveting short film, each by a different contemporary filmmaker from a French-speaking region. These films are excellent vehicles for students to listen to spoken French. **FACE-À-FACE, Second Edition,** also provides a wealth of reading selections of various genres (**Essai, Article, Nouvelle, Poème,** and **BD,** among others), all of which are meant to stimulate students' curiosity and stir their emotions with the ultimate goal of awakening a strong desire to express themselves in class. Furthermore, every lesson includes a **Rédaction** section in which students express themselves in writing on a topic closely tied to the lesson's theme. Finally, all of the linguistic skills are presented in contexts that expose students to the cultural diversity of French-speaking countries and the issues they face, while steering them clear stereotypes.

Spontaneous conversation also flows unhindered. When students are outside the French classroom, seldom does anyone stop them to correct their grammar. The atmosphere inside the classroom should be no different. The best way for the instructor to promote communication is by keeping grammar correction to a minimum, so that students can express their ideas fluidly. If grammatical accuracy becomes a serious concern, the instructor can take notes on the general mistakes students are making. Afterwards, the instructor can make these lists available to students periodically as reminders. In no case should these corrections be the focus of any class period, nor should the instructor use them in a reprimanding spirit. Nothing puts students off more from expressing themselves in a foreign language than the fear of feeling embarrassed for their efforts to communicate. Communicating in a foreign language is a risk that makes even the most outspoken students feel vulnerable. A conversation course, therefore, should avoid all obstacles to communication. Remind your students to work to overcome any fears they may have of speaking French with less than 100% grammatical accuracy.

What, then, should the instructor's role be in the French conversation classroom? The instructor should serve as facilitator, ensuring that the conversations maintain their momentum and intervening momentarily whenever that momentum wavers. The instructor in a conversation class should never conduct a lecture on any topic nor should he or she dominate any discussion. The instructor should make sure not to influence the students' opinions, so that what they express is always their own thinking. Instead, the instructor should provide support and answer questions when they arise. You may also want to provide students with conversational techniques to help their French sound more fluent. Speakers in their native language exploit techniques such as using rejoinders and asking follow-up questions to follow a conversation. Likewise, your French conversation students will improve their fluency and comprehension in French when they become aware that they can take advantage of a variety of conversational strategies, just as they would in their native language. The instructor's final role is that of coach, encouraging students to participate as much as possible and reminding them that we all have ideas and no one should be afraid to voice them.

Oral practice should take place primarily among the students. It is from this mutual interaction with their peers that they will maximize speaking opportunities. Encourage students to assist each other, answering each other's questions whenever possible. The instructor as facilitator should see to it that no student dominates any discussion. This situation is easily avoided if the instructor actively encourages students to change the types of groups in which they work. To maximize students' availability to their peers as well as to ensure a successful communicative progression, students should start off the class period working in pairs, advancing to larger groups and finally to discussions involving the entire class. Allow them to assemble the bigger picture after practicing with its component parts. The **Conversation** sections that round off every **FACE-À-FACE, Second Edition,** lesson are designed to tie together everything the class learned and discussed.

We hope that you and your students will enjoy the experience of communicating in French and that **FACE-À-FACE, Second Edition,** will support and enhance that experience. As an instructor, you can trust that your efforts to stimulate ongoing, lively discussion will make for confident, satisfied language learners who will ultimately feel better prepared to communicate in French. And **FACE-À-FACE, Second Edition,** will pave the way.

The FACE-À-FACE, Second Edition, Supersite

The **FACE-À-FACE** Supersite is a learning environment designed especially for world language instruction, based on feedback from language educators. Its simplified interface, innovative new tools, and seamless textbook-technology integration will help you reach students and build their love of language.

For students:

- engaging media
- motivating user experience
- improved performance
- helpful resources

For educators:

- freedom to teach
- powerful course management
- time-saving tools
- enhanced support

Resources

Specialized resources ensure successful implementation.

- Online assessments and Testing Program files in editable formats
- New! Oral Testing Suggestions for the films and readings in each lesson.
- Audio- and videoscripts with English translations
- Grammar presentation slides
- Sample lesson plan
- Streaming video
- Textbook audio MP3s

Content

Meaningful, integrated content means less prep time and a more powerful student experience. (See page xv for details.)

EDUCATOR TOOLS

Enhanced online tools facilitate instruction and save time.

Easy course management

A powerful setup wizard lets you customize your course settings, copy previous courses to save time, and create your all-in-one gradebook. Grades for teacher-created assignments (pop quizzes, class participation, etc.) can be incorporated for a true, up-to-date cumulative grade.

Customized content

Tailor the Supersite to fit your needs. Create your own open-ended or video Partner Chat activities, add video or outside resources, and modify existing content with your own personalized notes.

Grading tools

Grade efficiently via spot-checking, student-by-student, and question-by-question options. Use in-line editing tools to give targeted feedback and voice comments—it's the perfect tool for busy language educators!

Assessment solutions

Administer online quizzes (**épreuves**) from the Testing Program or develop your own—such as open-ended writing prompts or chat activities for an oral assessment portfolio. Plus, new tools allow for time limits and password protection.

Plus!

- Single sign-on for easy integration with your school's LMS
- Live Chat for video chat, audio chat, and instant messaging with students
- A communication center for announcements, notifications, and help requests
- An option for hiding content from a course
- Voiceboards for oral assignments, group discussions, homework, and more
- Reporting tools for summarizing student data

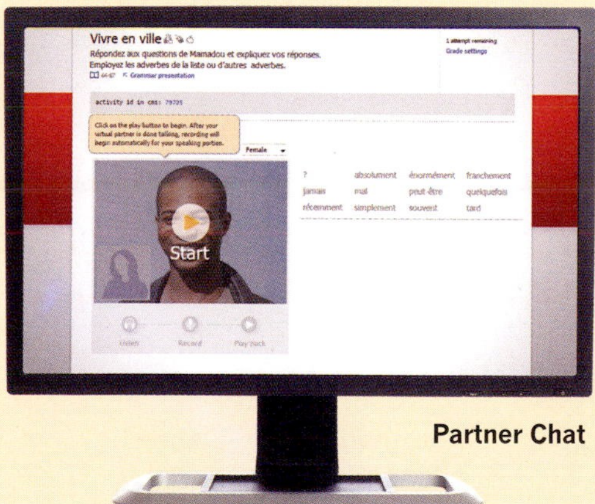

Partner Chat

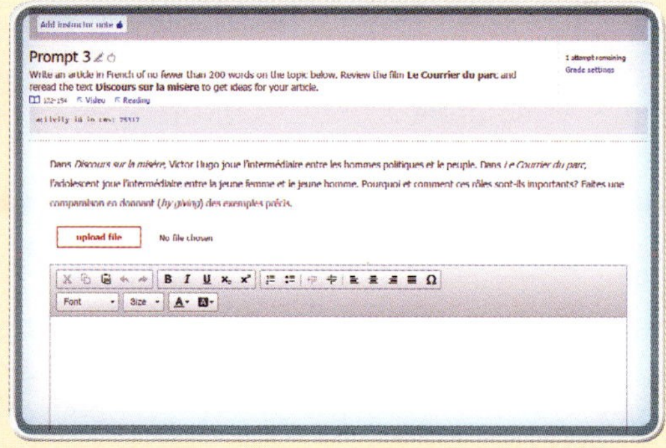

In-line editing

FACE-À-FACE, Second Edition, is the direct result of reviews and input from students and instructors using the First Edition. Accordingly, we gratefully acknowledge those who shared their suggestions, recommendations, and ideas as we prepared this Second Edition. Their ideas played a critical role in helping us to fine-tune all sections of every lesson.

Cheryl Babb
Lewisville High School, TX

Jody Ballah
University of Cincinnati-Blue Ash, OH

Anna Ballinger
College of Charleston, SC

Joyce Besserer
Brookfield Academy, WI

Patricia E. Black
California State University, CA

Brigitte Codron
College of Charleston, SC

Isabelle Corneaux
George Fox University, OR

Tara Foster
Northern Michigan University, MI

Carolyn Gascoigne
University of Nebraska at Omaha, NE

Nathan Germain
University of Wisconsin-Madison, WI

Dalila Hannouche
Professional Children's School, NY

Erika Hess
Northern Arizona University, AZ

Erin Hippolyte
Fairmont State University, WV

Katarzyna Hollis
San Diego Mesa College, CA

Julie Huntington
Marymount Manhattan College, NY

Edward Joe Johnson
Clayton State University, GA

Marcia Josephson
Convent of the Sacred Heart, CT

Roxanne Lalande
Lafayette College, PA

Carleen S. Leggett
Morgan State University, MD

Marie-Line Allen
Saint Augustine High School, CA

Norma J. Mabry
Rye Country Day School, NY

Marie-Christine Masse
The New School, NJ

Paul McDowell
University of Notre Dame, IN

Jennifer Morrissey
North Park University, IL

Philip Ojo
Agnes Scott College, GA

Kory Olson
Richard Stockton College, NJ

Mirta Pagnucci
College of DuPage, IL

Rebecca Richardson
Sage Hill School, CA

Maryann Seeley
SUNY Adirondack College, NY

Benedicte Sohier
University of Wyoming, WY

Sadibou Sow
American University, DC

Kayley Steuber
College of DuPage, IL

Kevin Telford
Daemen College, NY

Tom Vosteen
Eastern Michigan University, MI

Anna Weaver
Mercer University, GA

Trésor Yoassi
University of Wisconsin Madison, WI

Valerie Yoshimura
The Archer School for Girls, CA

2nd EDITION

FACE-À-FACE

CONVERSATION SANS FRONTIÈRES

LEÇON 1

Les relations personnelles

L'être humain est un animal social et, pour lui, les relations personnelles sont essentielles. D'abord, il y a les copains, ceux avec qui on aime s'amuser et faire la fête. Et puis il y a les véritables amis, ceux à qui on peut tout dire et qui sont encore là quand tout va mal. Ceux-là sont plus rares mais leur amitié dure toute la vie.

Quelles sont les principales qualités d'un(e) ami(e)?

Quel genre d'ami(e) êtes-vous?

Quelle relation avez-vous avec vos amis d'enfance?

32

PREVIEW Discuss the photo and text on p. 2. Continue the discussion by asking students these questions:
1. Aimez-vous la solitude? Avez-vous besoin d'être constamment entouré(e) d'amis? Pourquoi?
2. Combien de copains/copines avez-vous? Qui sont-ils/elles? Que faites-vous avec eux/elles?
3. Combien de véritables ami(e)s avez-vous? Qui sont-ils/elles? Comment les avez-vous rencontré(e)s?

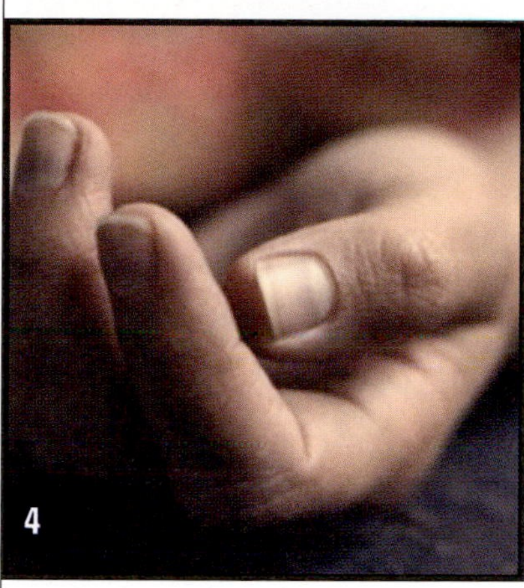
4

22

Préparation

PRESENTATION Ask students if they have ever been involved in an accident, and if so, ask volunteers to share their thoughts and feelings at the time of the accident.

PRACTICE Read these sentences aloud and have students supply the missing vocabulary word or expression.
1. Vous quittez la maison à dix heures moins cinq pour aller à un cours qui commence à dix heures. Vous êtes à la ____. (bourre)
2. Un policier parle avec une personne qui était dans la rue au moment d'un crime. Cette personne est un ____. (témoin)
3. Si vous avez beaucoup de belles plantes dans votre jardin, vous avez sûrement la ____. (main verte)
4. Mon ami est toujours en retard! Ça fait une heure que je ____ au restaurant. (poireaute)
5. Il y a eu un accident dans la rue Molière. Heureusement, les ____ sont en route. (secours)

1 PRESENTATION Point out that the word **témoin** is always masculine regardless of the person's gender, whereas **victime** is always feminine.

1 PREPARATION If needed, write the missing words and expressions on the board and have students choose from the list.

2 EXPANSION Have students create a skit using the dialogue they wrote and act it out for the class.

3 EXPANSION Have the class vote for the funniest or strangest predictions and work together to compose a one-paragraph synopsis of the story they anticipate they will see in the **court métrage.** After students have viewed the short film, have them compare their predictions with the actual story.

Vocabulaire du court métrage

le bitume *asphalt*
crado (inv.) *gross, nasty*
une culotte *panties*
flou(e) *blurry, out of focus*
gonflable *inflatable*
le maître-nageur *swimming instructor*
le mec *guy, dude*
un olivier *olive tree*
poireauter *to wait*
pourri(e) *outdated (lit. rotten)*
prévoir *to foresee, to predict*
recoudre *to sew up*
les secours (m.) *help, emergency personnel*
le témoin *witness*
tripoter *to play with, to touch*
le truc *thing*

Vocabulaire utile

la circulation *traffic*
blessé(e) *injured*
cher/chère *dear*
entre la vie et la mort *between life and death*
des pensées vagabondes (f.) *wandering thoughts*
porter secours *to aid*
les proches (m.) *loved ones*
la victime *victim*
voir sa vie défiler devant ses yeux *to see one's life flash before one's eyes*

EXPRESSIONS

avoir la main verte *to have a green thumb*
à la bourre *in a hurry*
On était bien parti. *We were off to a good start.*

1 À compléter Complétez ces phrases à l'aide des mots de la liste.

blessées	**maître-nageur**
crado	**prévoir**
floues	**tripoter**
gonflable	**victime**

1. Mehdi adore la natation alors il est maître-nageur dans une piscine.
2. Malheureusement, on ne peut jamais prévoir un accident!
3. Ces photos ont été mal prises: elles sont complètement floues!
4. Cette jeune femme a été victime d'un accident de voiture.
5. Quand je vais à la plage, je prends toujours mon ballon gonflable.
6. C'est un accident grave: trois personnes ont été blessées.
7. Arrête de tripoter ce portable! Tu vas finir par le casser!
8. Ma colocataire ne nettoie jamais sa chambre, alors elle est vraiment crado.

2 Inventez Avec un(e) camarade, choisissez six à huit mots ou expressions des listes de vocabulaire et écrivez un dialogue logique dans lequel vous utilisez les mots choisis.

3 Devinez Par groupes de trois, relisez les listes de vocabulaire, puis essayez de deviner de quoi va parler le court métrage *Manon sur le bitume*. Notez quelques idées, puis partagez-les avec la classe.

Practice more at **vhlcentral.com.**

4 **Un drame** *Manon sur le bitume* est considéré comme un drame psychologique. Quels sont les éléments que vous associez avec ce genre de films? Les aimez-vous? Quel est votre drame préféré? Faites un petit résumé de l'intrigue (*plot*) et expliquez pourquoi vous avez aimé ce film.

4 EXPANSION Ask students to do some research on the Internet to see which movies are considered the most popular dramas of all time. For homework, have students select a movie that they have seen from the list and have them write a short critique of it.

5 **Questions personnelles** Répondez à ces questions.

1. Vous êtes-vous déjà trouvé(e) dans une situation où vous n'avez pas fait quelque chose que vous auriez aimé avoir fait? Expliquez.
2. Pouvez-vous citer une chose que vous voulez absolument faire dans la vie? Expliquez pourquoi cette chose est importante pour vous.
3. Y a-t-il une chose que vous espérez ne jamais devoir faire? Qu'est-ce que c'est? Pourquoi ne désirez-vous pas faire cette chose?
4. À votre avis, peut-on souvent contrôler ce qui nous arrive dans la vie? Pourquoi?

6 **Anticipation** À deux, observez ces images et répondez aux questions.

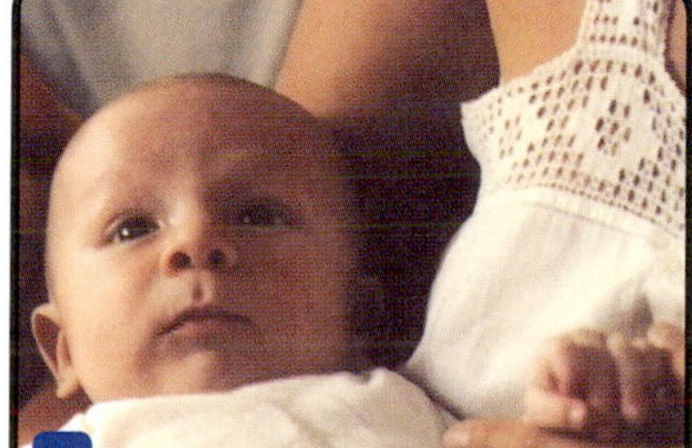

Image A

- Qui voyez-vous sur l'image? À votre avis, qui tient le bébé dans ses bras?
- Qu'est-ce que cette image représente pour Manon, d'après vous?

Image B

- Que font les personnages? Qui est l'homme avec Manon?
- Est-ce un événement important pour Manon, d'après vous?

6 PREPARATION Go over the **Note culturelle** on page 7 with students before they begin this activity, and explain that both images depict events that might or might not have happened in Manon's life.

6 EXPANSION Once students have answered the questions, ask them to compare and contrast the nature of the two scenes depicted in the video stills.

La Luna Productions présente

manon sur le bitume

un film de **Elizabeth MARRE** & **Olivier PONT**

UN FILM ÉCRIT ET RÉALISÉ PAR **ÉLIZABETH MARRE** ET **OLIVIER PONT** SCÉNARIO **OLIVIER PONT** PRODUIT PAR **SÉBASTIEN HUSSENOT** MUSIQUE ORIGINALE **CHRISTOPHE JULIEN** ACTEURS **AUDE LÉGER, XAVIER BOIFFIER, BASTIEN EHOUZAN, ÉDOUARD RAIX, ÉLIZABETH MARRE, YASMEEN EL MASRI, SAMUEL LAHU**

FICHE **Personnages** Manon, Matthieu, Francesco, Antoine, Jeanne, Mehdi, Yasmeen, Benjamin
Durée 15 minutes **Pays** France **Année** 2007

SCÈNES Video

Manon Ça doit être grave. Ça doit être grave vu comment ils me regardent… Mais ça va… J'ai dû tomber…
L'homme Bonjour, je vous appelle parce que je viens d'être témoin d'un accident de la circulation.

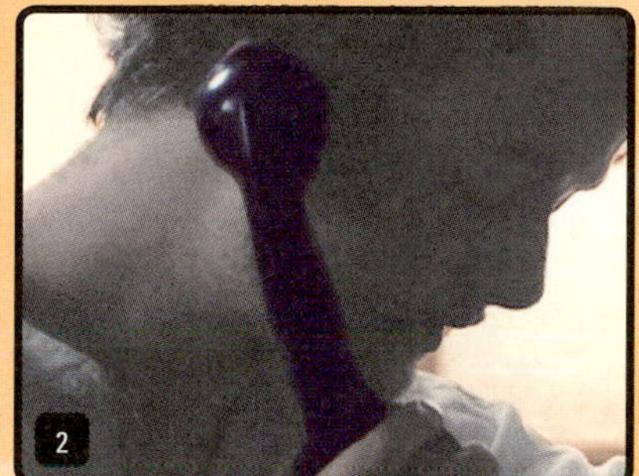

Manon Mais, là, regarde, voilà, sur mon bureau… mon petit carnet[1] mauve. Tu le connais. Tu peux appeler tout le monde… Tu vas les appeler, hein, Benjamin? Tu vas leur dire quoi?

Manon À un moment, on a parlé de la mort, comme ça, sans y penser vraiment… À un moment où, si on avait su, on aurait fait autrement. On aurait fait attention.

Manon Mehdi ne va trop rien dire. Je le connais, il ne va rien dire.

Manon Je me souviens une fois ensemble où j'ai failli te dire mille choses gentilles. Et puis, c'est resté là. Je n'ai pas osé[2]. Mais j'étais bien avec toi.

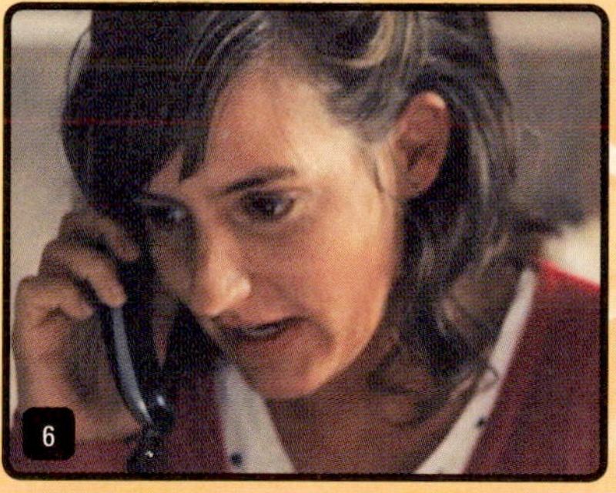

Manon Allô?… Oui, maman… Écoute, je t'ai dit que je le ferai, mais là, je suis hyper pressée, je suis à la bourre. Bon, il faut… il faut que… il faut que j'y aille, maman. Voilà, je suis pressée, je te dis, voilà. Allez… bisous, ciao, à plus!

[1] *address book* [2] *I did not dare*

Note CULTURELLE

Julien Clerc est un célèbre chanteur français qui est né à Paris en 1947. Il est le fils d'un haut fonctionnaire (*government official*) à l'Unesco et d'une Antillaise. Depuis 2003, il est ambassadeur de bonne volonté au profit du Haut Commissariat des Nations Unies pour les réfugiés. Il s'est marié en 2011 avec la romancière (*novelist*) Hélène Grémillon, qui est la mère de son cinquième enfant, Léonard. En 2014, il sort l'album *Partout la musique vient.*

PREPARATION Students should number the events in the chronological order in which they occurred, which is not necessarily the order in which they are recounted in the **court métrage.**

À L'ÉCRAN

Dans le bon ordre Numérotez ces événements dans l'ordre chronologique, d'après l'histoire.

_3_ a. Manon sort de chez elle et part à vélo.
_5_ b. Un passant utilise son portable pour appeler les secours.
_1_ c. Manon rencontre Matthieu pour la première fois.
_6_ d. Benjamin apprend la mauvaise nouvelle aux proches de Manon.
_4_ e. Manon a un accident de vélo.
_7_ f. Les amis de Manon évoquent les souvenirs qu'ils ont d'elle.
_2_ g. Manon et ses amis parlent de la mort dans un bar.

Analyse

1 PRESENTATION Write the characters' names on the board and have students brainstorm activities and places they associate with each one.

1 **Association** Associez les éléments de la colonne B à ceux de la colonne A.

A	B
1. c Jeanne	a. le voisin de Manon
2. e Manon	b. le petit ami de Manon
3. b Matthieu	c. une librairie
4. d Mehdi	d. une piscine
5. a Benjamin	e. la victime d'un accident
6. g Francesco	f. travailler avec des enfants
7. h Antoine	g. un accent étranger
8. f Yasmeen	h. le squash

2 EXPANSION Have students come up with additional sentence completions as a class.

2 **Sélection** Choisissez la meilleure réponse pour compléter chaque phrase.

1. Manon part de chez elle...
   a. à pied. (b.) à vélo. c. ni a ni b
2. Dans la rue, Manon...
   a. retrouve Matthieu. (b.) a un accident. c. ni a ni b
3. Matthieu et Manon sortaient ensemble depuis...
   a. un mois. b. un an. (c.) un peu plus d'un an.
4. Manon a des regrets en ce qui concerne...
   (a.) sa dernière conversation avec sa mère. b. sa carrière. c. a et b
5. Manon pense aux... qu'elle n'a pas eu(e)s avec Matthieu.
   a. enfants b. vacances (c.) a et b

3 EXPANSION When Manon does not show up to meet Matthieu, he leaves her a message on her answering machine giving her a hard time for being late. Ask students to discuss this in the context of the **court métrage.** Is this a typical reaction? Ask students at what point they start to worry when waiting for a loved one to arrive. What will Matthieu think when he finds out why Manon never made it? Discuss these questions as a class.

3 **Réponses brèves** Servez-vous des mots et des expressions de la liste pour compléter ces phrases.

a peur	**l'accent**
Antoine	**sa mère**
est en retard	**son appartement**

1. Immédiatement après l'accident, Manon __a peur__ que les gens dans la rue voient sa culotte.
2. Manon a aussi honte parce que __son appartement__ est en désordre.
3. Quand elle était au téléphone avec __sa mère__, Manon a été désagréable.
4. D'habitude, les amis de Manon se moquent de __l'accent__ de Francesco, mais aujourd'hui personne ne fait de commentaire à son sujet.
5. __Antoine__ veut faire quelque chose de spécial pour rendre hommage à Manon.
6. Matthieu pense que Manon __est en retard__ à leur rendez-vous.

4 **Actions et réactions** Complétez ces descriptions avec des mots et expressions appropriés.

A. Quand la police vient voir Benjamin, le voisin de Manon, il est en train de s'occuper de (1) ses plantes. C'est pour cela que Manon veut lui laisser son (2) olivier.

B. Au moment de l'accident, la mère de Manon prépare tranquillement (3) une tarte (aux pommes) sans se douter de ce qui vient de se passer.

C. Antoine ne répond pas au téléphone parce qu'il est en train de (4) jouer au squash et ne se doute pas de l'importance de l'appel.

D. Quand les amis sont réunis après «la mort» de Manon, Mehdi reste (5) silencieux, ce qui n'étonne pas Manon. Elle voudrait qu'il s'occupe de (6) son poisson Oswald parce qu'il aime l'eau.

4 EXPANSION Ask students to compare how the different characters react to Manon's death and how they deal with their grief. Have them hypothesize on what these reactions say about each character's personality.

5 **Mes regrets** Avez-vous des regrets dans la vie? Que feriez-vous différemment si vous aviez la possibilité de refaire les choses? Pourquoi? Y a-t-il des choses que vous n'avez pas encore faites mais que vous voudriez faire? Partagez-vous certains des regrets de Manon? Discutez avec votre partenaire.

5 PRESENTATION Give students a list of general ideas and topics to get them started. Ex: **les relations avec la famille, le choix d'études et/ou de profession, les relations sentimentales.** Tell them that, like Manon, they can also include everyday occurrences, like getting caught in the rain, and even fantasies, like singing with a famous singer.

6 **Conversation** Si Manon ne meurt pas à la suite de son accident, va-t-elle vraiment faire les choses auxquelles elle a pensé? Discutez-en avec la classe.

- D'abord faites une liste de toutes les choses auxquelles Manon a pensé. Décidez quelles préoccupations sont importantes, d'après vous, et lesquelles sont peut-être futiles.
- Ensuite, divisez-vous en deux groupes: un groupe qui pense que Manon va faire toutes ces choses et l'autre groupe qui pense qu'elle va faire les choses différemment.
- Les deux groupes expliquent leurs points de vue et débattent de chaque chose.
- Finalement, les deux groupes assemblent leurs idées et en font un résumé pour décrire la vie de Manon après l'accident.

6 PRESENTATION Replay the **court métrage** before students start working on this activity. As they watch the short film again, ask them to take notes on Manon's various regrets and rank them from most to least important.

7 **Rédaction** Écrivez un paragraphe dans lequel vous expliquez ce que vous faites pour rester en contact avec vos proches et pour leur montrer votre affection. Votre paragraphe doit comporter ces éléments:

Qui Pour commencer, faites une liste de vos proches et donnez quelques détails sur vos relations avec eux.

Quand Indiquez la fréquence de vos contacts avec chaque personne.

Comment Décrivez comment vous restez en contact avec chaque personne et dites pourquoi vous choisissez cette méthode plutôt qu'une autre.

Pourquoi Expliquez pourquoi il vous est important de rester en contact avec chaque personne et ce que vous faites d'autre pour lui montrer votre affection.

Quoi Décrivez ce que vous voudriez dire à chaque personne si vous étiez dans une situation où vous risquiez de ne jamais la revoir.

7 EXPANSION Have students write a letter or an e-mail to one of the people they mentioned in their paragraph. In the letter they should tell that person what they would like to say if they were never going to see each other again.

 Practice more at **vhlcentral.com.**

PRESENTATION Remind students that the **passé composé** is the equivalent of these three English past tenses: **Je suis sorti avec Cécile.** *I went out with Cécile. I did go out with Cécile. I have gone out with Cécile.*

PRESENTATION Remind students that, in the **passé composé**, most verbs use **avoir** as their auxiliary verb and the past participle agrees with the direct object when the latter precedes the verb. Some verbs (DR & MRS VANDERTRAMPP verbs) use **être** as their auxiliary and the past participle generally agrees with the subject.

Attention!

- Les verbes qui utilisent en général l'auxiliaire **être**, peuvent utiliser l'auxiliaire **avoir** s'ils sont suivis d'un complément d'objet direct.

*Elle **est sortie**.* mais *Elle **a sorti** le chien.*

*Élodie **est passée** devant la maison.* **mais** *Élodie a **passé** un an en France.*

PRESENTATION Point out that in the model sentence, the past participles **parlé** and **plu** do *not* agree with the subject. Although **parler** and **plaire** are reflexive, the subject is also the indirect object of the verbs.

Coup de main

Le verbe **être** est irrégulier à l'imparfait:

j'étais, tu étais, il/elle/on était, nous étions, vous étiez, ils/elles étaient.

Presentation

1.1 Le passé composé et l'imparfait

Rappel

On utilise soit le passé composé soit l'imparfait pour parler de faits passés. Leur usage respectif est déterminé par le contexte ou par le point de vue du narrateur.

Emplois du passé composé

- On utilise le passé composé pour parler d'un fait passé, spécifique et achevé (*completed*) au moment où l'on parle.

  *Martin **a rencontré** Julie chez des amis communs.*

- On l'utilise aussi pour parler d'un fait qui s'est passé à un moment précis du passé.

  *Ils se **sont mariés** il y a deux mois.*

- On utilise le passé composé pour parler d'une action passée en précisant le début ou la fin de cette action.

  *Ils **sont rentrés** chez eux à onze heures.*

*—Voilà, c'est Manon... elle **a eu** un accident.*

- On utilise le passé composé pour parler d'une action passée qui a eu lieu un certain nombre de fois sans être une action habituelle.

  *Alain et Murielle **se sont téléphoné** trois fois hier.*

- On l'utilise pour parler d'une suite d'événements passés.

  *Karim et Sonia **se sont parlé, se sont plu** et **ont décidé** de se revoir.*

Emplois de l'imparfait

- On utilise l'imparfait pour parler d'une action passée sans en préciser le début ni la fin.

*—**Je croyais** que j'aurais le temps de te le dire, mais j'**étais** bien avec toi, tu sais?*

- On utilise l'imparfait pour parler d'un fait habituel dans le passé.

  Ils se ***voyaient*** *tous les jours.*
  Chaque année, ils ***passaient*** *leurs vacances ensemble.*

- On l'utilise aussi pour décrire quelqu'un (son âge, son état d'esprit) ou quelque chose dans le passé.

  *C'****était*** *quelqu'un de calme et de réfléchi.*
  Les arbres ***étaient*** *en fleurs.*

Les différences entre le passé composé et l'imparfait

- Le passé composé et l'imparfait sont souvent utilisés ensemble quand on raconte une histoire.

Utilisez le passé composé pour raconter:	Utilisez l'imparfait pour décrire:
• les faits principaux de l'histoire • les différentes actions qui constituent la trame de l'histoire	• le contexte, le cadre de l'histoire, l'arrière-plan de l'action • ce que les gens étaient en train de faire • les gens (leur âge, leur personnalité, leur état d'esprit) et les choses

Dimanche dernier, il ***faisait*** *beau et je* ***me promenais*** *tranquillement dans le parc. Tout à coup, une jeune fille* ***est tombée*** *de son vélo devant moi.* ***J'ai voulu*** *l'aider mais heureusement, ce n'****était*** *pas grave. Elle* ***était*** *jolie et très sympa. Nous* ***avons passé*** *tout l'après-midi ensemble et… je* ***suis tombé*** *amoureux d'elle!*

- Quand on utilise le passé composé et l'imparfait dans la même phrase, on emploie l'imparfait pour l'action qui est en train de se passer (la situation, la scène de l'histoire) et le passé composé pour l'action qui interrompt le déroulement des faits.

La situation/la scène (imparfait)	**L'action qui interrompt la scène (passé composé)**
Ils se ***promenaient****…*	*quand il* ***a commencé*** *à pleuvoir.*
Éric ***était*** *triste…*	*quand Sandrine* ***est arrivée****.*
Justine ***dormait****…*	*quand Alex* ***a téléphoné****.*

- Dans certains cas, l'emploi de l'imparfait et du passé composé indique une relation de cause à effet, une conséquence.

  Elle ***s'est disputée*** *avec son petit copain parce qu'elle* ***était*** *de mauvaise humeur. (Elle était de mauvaise humeur et c'est pour cela qu'elle s'est disputée avec son petit copain.)*

Coup de main

Certains adverbes et expressions sont souvent utilisés avec le passé composé: **tout à coup, soudain, un jour, une fois, hier matin, la semaine dernière**, etc. D'autres sont normalement utilisés avec l'imparfait: **en général, souvent, d'habitude**.

Attention!

- Le sens des verbes **connaître, devoir, pouvoir, savoir** et **vouloir** peut changer au passé composé.

*J'****ai connu*** **(met)** *ma fiancée à Montréal.*

Elles ***ont dû*** *arriver* **(must have arrived)** *trop tard.*

Tu ***as pu*** *finir* **(managed to finish)** *le travail à temps.*

*Personne n'****a su*** **(found out)** *qui avait apporté le cadeau.*

*Vous n'****avez*** *pas* ***voulu*** *aider* **(refused to help)** *la victime.*

PRESENTATION Point out that either the **passé composé** or the **imparfait** can follow **quand**, depending on the action one wishes to describe: **Alain est parti quand Julie est arrivée.** (*Alain left when Julie arrived.*) **Alain est parti quand tu dormais.** (*Alain left when you were sleeping.*)

Mise en pratique

1 PRESENTATION You may want to explain to students that a small number of verbs, such as **apparaître** and **reparaître**, form the **passé composé** and other compound tenses with either **avoir** or **être**. Unlike verbs such as **passer** and **sortir**, the choice of auxiliary is open and not dependent on the presence of a following direct object.

2 PRESENTATION Explain to students that in many contexts both the **passé composé** and the **imparfait** are perfectly grammatical. The listener will interpret the speaker's perspective differently depending on which tense he or she used.

1 **Le bal masqué** Complétez le texte en mettant les verbes entre parenthèses à l'imparfait ou au passé composé.

Quand elle (1) était (être) jeune, Virginie (2) était (être) très timide et (3) aimait (aimer) la solitude. Un jour cependant, ses amies (4) ont invité (inviter) Virginie à un bal masqué. Et pour une fois, Virginie (5) a accepté (accepter) l'invitation. Pendant la soirée, Virginie (6) a remarqué (remarquer) un garçon déguisé en Zorro qui la (7) regardait (regarder) tout le temps. Finalement, il (8) est venu (venir) lui parler et ils (9) ont passé (passer) le reste de la soirée ensemble. À la fin de la soirée, le garçon (10) a disparu (disparaître) et elle (11) n'a jamais su (ne jamais savoir) qui il (12) était (être).

2 **Pauvre Malik!**

A. Lisez l'histoire de Malik.

À midi, Malik a faim et va au restaurant. Il regarde distraitement les gens qui passent dans la rue. Soudain, il voit sa petite amie Mina avec un autre garçon! Et ils ont l'air de bien s'amuser! Malik est furieux. Il sort du restaurant en courant et cherche le couple partout dans la rue. Finalement, il voit Mina et le mystérieux jeune homme. Les deux jeunes gens sont à l'arrêt de bus. Malik se précipite vers eux et demande une explication à sa petite amie. Mina éclate de rire et explique que le garçon qui est avec elle n'est autre que son… cousin, Reza. Malik se sent vraiment gêné.

B. Maintenant, mettez l'histoire au passé.

Hier midi, … avait; est allé; regardait; passaient; a vu; avaient; était; est sorti; a cherché; a vu; étaient; s'est précipité; a demandé; a éclaté; a expliqué; était; était; s'est senti

3 **Les vacances d'Aline** Faites des phrases avec les éléments donnés.

Modèle quand / elle / être / petite / Aline / aller à la mer / avec ses parents
Quand elle était petite, Aline allait à la mer avec ses parents.

1. cette année / elle / aller à la mer / avec ses copines — Cette année elle est allée à la mer avec ses copines.
2. elles / se promener sur la plage / quand / elles / voir / un garçon / qui / jouer de la guitare — Elles se promenaient sur la plage quand elles ont vu un garçon qui jouait de la guitare.
3. Aline / demander / au garçon / comment il / s'appeler — Aline a demandé au garçon comment il s'appelait.
4. il / répondre / qu'il / s'appeler / Lucas — Il a répondu qu'il s'appelait Lucas.
5. Aline et Lucas / devenir copains et / s'entendre très bien en général — Aline et Lucas sont devenus copains et s'entendaient très bien en général.
6. mais un jour / Lucas / vouloir faire de la planche à voile / et Aline, / qui / avoir peur, / ne pas vouloir — Mais un jour, Lucas a voulu/voulait faire de la planche à voile et Aline, qui avait peur, ne voulait pas/n'a pas voulu.
7. alors, ils / se disputer / et / rompre — Alors, ils se sont disputés et ont rompu.
8. heureusement ses amies / être là / et elles / la consoler — Heureusement ses amies étaient là et elles l'ont consolée.

Note CULTURELLE

En France, les jeunes sortent généralement en groupe. Ils se retrouvent en ville et vont au café, au cinéma ou à des concerts tous ensemble. Parfois, ils organisent des soirées chez eux. Le concept américain de *dating* n'existe pas.

Communication

4 **Histoire d'amitié** Posez ces questions à votre partenaire.

1. Qui était ton/ta meilleur(e) ami(e) quand tu étais plus jeune?
2. Comment vous êtes-vous rencontré(e)s?
3. Combien de temps avez-vous mis pour devenir bons/bonnes ami(e)s?
4. Comment êtes-vous devenu(e)s de grand(e)s ami(e)s?
5. Que faisiez-vous ensemble?
6. Est-ce que vous vous disputiez de temps en temps?
7. Est-ce que vous vous réconciliiez facilement?
8. Comment votre amitié s'est-elle terminée?
9. Est-ce que tu as revu cette personne récemment?
10. Est-ce que tu as gardé un bon souvenir d'elle?

4 **PRESENTATION** Point out to students that one normally answers a question in the tense it is asked, so they should listen carefully to what they are asked.

4 **PRESENTATION** Point out that verbs like **réconcilier** keep the **i** of the stem before the **imparfait** endings.

5 **Histoire d'amour** À deux, faites un jeu de rôle. L'un(e) de vous est l'hôte(sse) d'une émission de radio qui donne des conseils d'amour. L'autre est un auditeur / une auditrice qui a récemment eu des difficultés dans sa vie de couple, et qui appelle l'émission pour demander des conseils.

Modèle **—Est-ce que vous aviez rendez-vous avec votre petit ami hier?**
—Oui, nous avions rendez-vous mais il est arrivé en retard parce qu'il...

arriver en retard	être jaloux/jalouse	se réconcilier
attendre	se fâcher	se téléphoner
se disputer	(ne pas) se parler	se voir

5 **PRESENTATION** Encourage students to select Francophone celebrities with whom they are familiar, including not just historical figures but also authors whose work they may have read.

6 **Relations personnelles** Avec un(e) partenaire, choisissez deux personnes de la liste: une avec qui vous avez eu une bonne relation et une autre avec qui vous avez eu une mauvaise relation. Racontez ce qui s'est passé. Votre partenaire vous posera des questions pour avoir plus de détails.

- ta/ton meilleur(e) ami(e)
- ta/ton petit(e) ami(e)
- ta sœur / ton frère
- ta/ton voisin(e)

Modèle **—Quand elle était petite, ma sœur était vraiment...**
—Qu'est-ce qu'elle faisait?
—Un jour, elle...

Practice more at **vhlcentral.com.**

Presentation

PRESENTATION Point out to students that the rules for using the **plus-que-parfait** are the same in French and English.

1.2 Le plus-que-parfait et la concordance des temps

Rappel

On emploie soit l'imparfait soit le passé composé pour parler d'un fait passé. Mais pour parler d'un fait passé qui a eu lieu chronologiquement avant un autre, on utilise le plus-que-parfait.

*—Si j'**avais su**, je vous aurais laissé des trucs.*

Le plus-que-parfait

- Le plus-que-parfait est un temps composé comme le passé composé. Pour former le plus-que-parfait, on prend l'imparfait de l'auxiliaire **être** ou **avoir** et on ajoute le participe passé du verbe conjugué.

	dire	aller	se disputer
je/j'	avais dit	étais allé(e)	m'étais disputé(e)
tu	avais dit	étais allé(e)	t'étais disputé(e)
il/elle/on	avait dit	était allé(e)	s'était disputé(e)
nous	avions dit	étions allé(e)s	nous étions disputé(e)s
vous	aviez dit	étiez allé(e)(s)	vous étiez disputé(e)(s)
ils/elles	avaient dit	étaient allé(e)s	s'étaient disputé(e)s

PRESENTATION Tell students that all compound tenses of any given verb take the same auxiliary and follow the same rules of past participle agreement as the **passé composé** and the **plus-que-parfait**. Have students say which other compound tenses, such as the future perfect or the conditional perfect, they remember learning. Ask them to suggest a few sample sentences containing those tenses, and write them on the board.

*Il est arrivé à midi. Nous **avions** pourtant bien **dit** 10 heures!*
*Après tant d'années de séparation, ces deux amies se sont retrouvées comme si elles **ne s'étaient** jamais **quittées**.*

- Les règles d'accord du participe passé sont les mêmes au plus-que-parfait qu'au passé composé.

*Il n'a pas **vu** Farida cette semaine et la semaine dernière, il ne l'avait pas **vue** non plus! Je crois que c'est fini entre eux!*

- On peut aussi utiliser le plus-que-parfait pour exprimer un souhait ou un regret à propos d'une situation passée. Dans ce cas, il est introduit par **si** ou **si seulement.**

*Si seulement il lui **avait dit** toute la vérité!*
*Si seulement elle **n'était pas partie!***

La concordance des temps

- La concordance des temps établit le rapport entre le temps de la proposition subordonnée et le temps de la proposition principale dont elle dépend. La concordance des temps s'applique notamment quand on rapporte ce que quelqu'un a dit; c'est-à-dire, dans le discours indirect.

  *Tu **veux** m'expliquer pourquoi tu **attendais** dehors?*

  *Ils ne se **sont** pas **rendu** compte que nous **étions parties** tôt.*

- Quand le verbe de la proposition principale est au présent ou au futur, le verbe de la proposition subordonnée est au temps qu'on utiliserait logiquement selon le sens dans une phrase indépendante.

Proposition principale	Proposition subordonnée
Julien **dit**	qu'il **sort** avec Maya. (au moment présent)
	qu'il **sortira** avec Maya. (dans le futur)
	qu'il **sortait** avec Maya. / qu'il **est sorti** avec Maya. (dans le passé: soit habituellement, donc imparfait; soit occasionnellement, donc passé composé)

Proposition principale	Proposition subordonnée
Thomas **demandera**	**si** Paola **est** là.
	avec qui Paola **arrivera**.
	pourquoi Paola **est arrivée** en retard.

- Quand le verbe de la proposition principale est au passé, le verbe de la proposition subordonnée se met:

à l'imparfait s'il y a simultanéité entre les deux actions.
au conditionnel s'il y a postériorité.
au plus-que-parfait s'il y a antériorité.

Proposition principale	Proposition subordonnée
Julien **a dit**	qu'il **sortait** avec Maya. (au moment présent)
	qu'il **sortirait** avec Maya. (dans le futur)
	qu'il **était sorti** avec Maya. (dans un passé antérieur au moment où il parle)

Proposition principale	Proposition subordonnée
Thomas **demandait**	**si** Paola **était** là.
	avec qui Paola **arriverait.**
	pourquoi Paola **était arrivée** en retard.

Coup de main

Quand on rapporte ce que quelqu'un a dit, on utilise souvent des verbes tels que **dire, annoncer, expliquer** ou **répondre** dans des phrases affirmatives et **demander, se demander** dans des phrases interrogatives. La proposition subordonnée est introduite par **que** dans les phrases affirmatives et par **si** ou par un mot interrogatif (**pourquoi, quand, comment**, etc.) dans les phrases interrogatives.

*Je lui ai expliqué **que** tu lui avais pardonné.*

*Il se demandait **si** tu étais enore fâchée.*

Attention!

- **Si** devient **s'** devant **il** ou **ils** mais reste **si** devant **elle, elles** ou **on**.

*Paul pensait à ses copains et se demandait **s'ils** étaient déjà rentrés.*

PRESENTATION Point out to students that the words that follow **si** are used in the same order as in a declarative sentence.

EXPANSION Point out that **si** in indirect discourse can mean *if* or *whether.*

EXPANSION Tell students that **que** becomes **ce que** in indirect discourse.
Il se demandait: «Que dit-elle?» → Il se demandait ce qu'elle disait.

Mise en pratique

1 EXPANSION To help students understand how tense sequencing works, have them transform each sentence by choosing a different tense for the verb in both the main clause as well as the subordinate clause.

1  **Quelle malchance!** Le week-end dernier, Amélie n'a vraiment pas eu de chance. Complétez correctement les phrases.

1. Samedi soir, Amélie a téléphoné à Léa pour aller voir le dernier James Bond mais Léa __________ ce film.
   a. a vu b. voyait c. avait vu
2. Quand Amélie est arrivée au cinéma, le film __________ déjà __________.
   a. allait… commencer b. avait… commencé c. a… commencé
3. Après la séance, Amélie a voulu prendre le dernier métro pour rentrer chez elle, mais il __________.
   a. était déjà partie b. était déjà parti c. est déjà parti
4. Quand elle est arrivée chez elle, elle s'est rendu compte qu'elle __________ ses clés.
   a. avait perdu b. s'était perdue c. a perdu
5. Alors, elle est allée chez ses amies mais personne n'a ouvert parce qu'elles n' __________ pas encore __________.
   a. étaient… rentrés b. avaient rentré c. étaient…rentrées
6. Finalement, elle est allée chez ses parents qui étaient contents parce qu'ils __________ Amélie depuis très longtemps.
   a. n'avaient pas vu b. ne s'étaient pas vus c. ne s'étaient pas vues

2 **Les mésaventures de Jérémy** Mettez les verbes entre parenthèses au plus-que-parfait.

Une amie m'a raconté les mésaventures de Jérémy, un jeune Américain qui (1) avait décidé (décider) de venir en France pour apprendre le français. À peine arrivé, il (2) avait rencontré (rencontrer) une jeune fille très sympa qui s'appelait Gisèle. Au début, ils (3) étaient sortis (sortir) en bande, avec les copains de Gisèle, mais après quelques semaines, les parents de Gisèle (4) avaient insisté (insister) pour faire sa connaissance et (5) avaient invité (inviter) Jérémy à venir dîner chez eux.

Le soir du dîner, Jérémy (6) s'était présenté (se présenter) chez les parents de Gisèle avec un beau bouquet de chrysanthèmes qu'il (7) avait acheté (acheter) pour la maman de son amie. Mais, à la surprise de Jérémy, elle (8) n'avait pas eu (ne pas avoir) l'air d'apprécier ses fleurs. Comme Jérémy ne comprenait pas pourquoi elle avait l'air si contrariée, Gisèle lui (9) avait expliqué (expliquer) la signification de ces fleurs et le pauvre Jérémy (10) avait dû (devoir) se dire qu'il n'y avait pas que la langue française qu'il devait apprendre, mais aussi la culture et les coutumes du pays!

Note CULTURELLE

En France, les chrysanthèmes sont les fleurs associées au souvenir des morts. Traditionnellement, le premier novembre, le jour de la Toussaint, les familles vont déposer des pots de chrysanthèmes sur les tombes de leurs parents. Certaines personnes superstitieuses pensent que ces fleurs portent malheur.

 Practice more at **vhlcentral.com.**

Communication

3 **Et avant ça?** Votre partenaire vous dit ce qu'il/elle et son amie Lise ont fait récemment. Posez des questions pour savoir ce qui s'était passé avant.

Modèle —Hier, j'ai téléphoné à Lise. (avant-hier / envoyer)
—Avant-hier, tu lui avais envoyé un e-mail?

1. La semaine dernière, Lise et moi, nous avons vu le dernier film de Marion Cotillard. (la semaine d'avant / aller)
2. Aujourd'hui, Lise s'est réconciliée avec Emma. (hier / se disputer)
3. Cet après-midi, Lise s'est promenée en ville toute seule. (hier matin / rencontrer)
4. Hier soir, les parents de Lise ont invité mes parents au restaurant. (il y a une semaine / rendre visite)
5. Cet été, je suis allé en France et Lise est allée au Canada. (l'été dernier / voyager)

4 **Emplois du temps** Que faisaient vos copains quand vous avez téléphoné? Et le matin? Et l'après-midi? Décrivez l'emploi du temps de vos amis à votre partenaire.

Modèle **—Qu'est-ce que Samira t'a dit?**
—Quand j'ai téléphoné à Samira, elle m'a dit qu'elle avait joué au tennis avec Jean ce matin, qu'elle déjeunait avec Lili quand j'ai téléphoné et qu'elle irait au cinéma avec Mia et Raoul cet après-midi.

	samedi	Nom
10h00	laver la voiture	Adrien
12h00	jouer de la guitare avec des copains	
20h00	dîner au restaurant avec Elsa	
9h00	jogging avec Patrick	Anne
12h00	faire les magasins avec Patricia	
21h00	assister à un concert avec Serge	
9h00	jogging avec Anne	Patrick
12h00	étudier à la bibliothèque	
16h00	prendre un café avec des copains	

5 **Voilà pourquoi!** À deux, parlez de ce qui est arrivé hier à vos amis Rose et Fabien. Choisissez chacun(e) une des deux situations et dites à votre partenaire ce que vous avez entendu dire.

Modèle Rose et Fabien ne sont pas allés au concert. (oublier les billets / devoir retourner / ne pas trouver / aller au concert)
—Il paraît qu'ils ne sont pas allés au concert parce qu'ils avaient oublié leurs billets, qu'ils avaient dû retourner à la maison, qu'ils ne les avaient pas trouvés et qu'ils iraient au concert la prochaine fois.

1. Rose et Fabien se sont disputés. (avoir un accident / s'accuser / arriver en retard / rater / aller au cinéma)
2. Rose et Fabien se sont réconciliés. (finalement téléphoner / demander pardon / offrir / inviter)

5 PRESENTATION Tell students to use these expressions to start indirect discourse: **J'ai entendu dire que..., Il paraît que...**

5 EXPANSION Have students write a story about Rose getting angry with her best friend Carole because somebody told her that Carole had been seen with Fabien at a café. In reality, Carole was planning a surprise party for Rose's birthday and was meeting secretly with Fabien to organize it.

Préparation

À propos de l'auteur

Montaigne, de son vrai nom Michel Eyquem, est un écrivain du XVIe siècle. Il naît en 1533 au château de Montaigne, en Périgord, dans le sud-ouest de la France et meurt en 1592. Aîné (*Eldest*) de sa famille, il prendra le nom du château en héritant du domaine, à la mort de son père. Dans *Les Essais*, son œuvre principale, il raconte sa vie à travers des réflexions sur l'éducation, sur l'amitié et sur la colonisation du Nouveau Monde, entre autres thèmes. Ce texte ne respecte pas l'ordre chronologique des événements de sa vie parce que Montaigne l'a constamment édité afin de refléter le mouvement de sa pensée. C'est pourquoi le texte se présente comme une superposition de strates (*layers*) successives.

PRESENTATION Have students name all the words they can think of belonging to the same family as **ami**. Ex: **aimable, aimer, amical, amie, amitié, amour**.

PRACTICE Read each definition aloud and have students guess the vocabulary word to which it corresponds.
1. La relation qui existe entre deux amis (amitié)
2. Une tradition (coutume)
3. Éliminer les traces (effacer)
4. Partie spirituelle d'un être humain (âme)
5. Déprimé (languissant)

Vocabulaire de la lecture

une âme *soul*
conseiller *to advise*
la couture *seam*
dérober *to steal*
dès lors *since then*
doux/douce *sweet*
effacer *to erase*
se joindre *to join*
languissant(e) *melancholic*
se mêler *to mix*
partout *everywhere*
la perte *loss*
sauf *except*
tromper *to deceive*

Vocabulaire utile

aimable *kind*
amical(e) *friendly*
une amitié *friendship*
l'amour (m.) *love*
la coutume *custom*
entretenir *to sustain*
fidèle *faithful*
le lien *link*
offrir *to give (as a gift)*
se quitter *to leave one another*

1 **Antonymes** Complétez chaque phrase avec le mot de vocabulaire qui exprime le mieux le sens contraire du mot souligné.

1. Pourquoi veux-tu te séparer de notre groupe? Viens __te joindre__ à nous!
2. Un vrai ami ne doit jamais tromper ses amis. Il doit les __conseiller__ pour qu'ils prennent les meilleures décisions.
3. La patronne leur a parlé d'une manière agressive, mais quand ils lui ont expliqué leur retard, elle les a traités d'une manière plus __douce__.
4. Après la __perte__ de sa grand-mère, qui est morte le mois dernier, l'arrivée du nouveau bébé doit être un heureux événement.
5. D'abord, le criminel va __dérober__ le diamant. Ensuite, il va l'offrir à sa femme.

2 PRÉPARATION Before starting this activity, ask pairs to write a definition for **amitié** and one for **amour**.

2 EXPANSION Ask students to write an essay for homework about the difference between love and friendship. After they have read Montaigne's essay, have them tell the class how his interpretation of love and friendship differs from theirs.

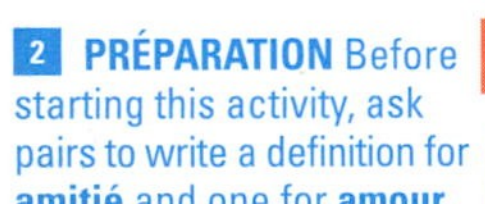

2 **Amour ou amitié?** Classez ces activités dans la catégorie **amitié** ou **amour**. Ensuite, avec un(e) partenaire, justifiez vos réponses.

Activités	Amour	Amitié
1. se voir de temps en temps		
2. manger une pizza		
3. aller à des réunions de famille		
4. parler dans un langage familier		
5. avoir le même compte en banque		

Practice more at **vhlcentral.com.**

QU'UN AMI VÉRITABLE EST UNE DOUCE CHOSE!

Michel de Montaigne

Ce que nous appelons ordinairement amis et amitiés, ce ne sont qu'accointances et familiarités nouées° par quelque occasion ou commodité, par le moyen° de laquelle nos âmes s'entretiennent. En l'amitié de quoi je parle, elles se mêlent et confondent° l'une en l'autre, d'un mélange° si universel qu'elles effacent et ne retrouvent plus la couture qui les a jointes. Si on me presse de dire pourquoi je l'aimais, je sens que cela ne se peut exprimer qu'en répondant: «Parce que c'était lui, parce que c'était moi».

Il y a, au delà° de tout mon discours et de ce que j'en puis dire particulièrement, ne sais quelle force inexplicable et fatale, médiatrice de cette union. Nous nous cherchions avant que de nous être vus, et par des rapports que nous oyions° l'un de l'autre, qui faisaient en notre affection plus d'effort que ne porte la raison des rapports°; je crois, par quelque ordonnance° du ciel. Nous nous embrassions par nos noms; et à notre première rencontre, qui fut° par hasard en une grande fête et

- nouées: tied
- moyen: means
- confondent: merge
- mélange: mix
- au delà: beyond
- oyions: heard
- rapports; ordonnance: connections; arrangement
- fut: was

compagnie de ville, nous nous trouvâmes si pris, si connus, si obligés entre nous, que rien dès lors ne nous fut si proche que l'un à l'autre...

Qu'on ne me mette pas en ce rang° ces autres amitiés communes; j'en ai autant de connaissance qu'un autre, et des plus parfaites en leur genre, mais je ne conseille pas qu'on confonde leurs règles: on s'y tromperait. Il faut marcher en ces autres amitiés la bride° à la main, avec prudence et précaution; la liaison n'est pas nouée en manière qu'on n'ait aucunement à s'en défier°...

L'ancien Ménandre° disait celui-là heureux, qui avait pu rencontrer seulement l'ombre° d'un ami. Il avait certes raison de le dire, même s'il en avait tâté°. Car, à la vérité, si je compare tout le reste de ma vie, quoiqu'avec la grâce de Dieu je l'aie passée douce, aisée et, sauf la perte d'un tel ami, exempte d'affliction pesante°, pleine de tranquillité d'esprit, ayant pris en paiement mes commodités naturelles et originelles sans en rechercher d'autres; si je la compare, dis-je, toute, aux quatre années qu'il m'a été donné de jouir de la douce compagnie et société de ce personnage, ce n'est que fumée, ce n'est qu'une nuit obscure et ennuyeuse. Depuis le jour que je le perdis, ... je ne fais que traîner° languissant; et les plaisirs mêmes qui s'offrent à moi, au lieu de me consoler, me redoublent le regret de sa perte. Nous étions à moitié de tout; il me semble que je lui dérobe sa part.

J'étais déjà si fait et accoutumé à être deuxième partout qu'il me semble n'être plus qu'à demi. ⊠

rang rank
bride bridle
défier mistrust
Ménandre Menander, ancient Greek dramatist
ombre shadow
tâté attempted
pesante burdensome
traîner mope

Analyse

1 **Vrai ou faux?** Indiquez si les phrases sont **vraies** ou **fausses.** Corrigez les fausses.

1. Les deux amis se sont rencontrés à l'école. Faux. Ils se sont rencontrés pendant une fête.
2. La vie de Montaigne a été difficile et malheureuse sauf le jour où il a perdu son ami. Faux. Elle a été douce et aisée.
3. L'amitié pour Montaigne est plus qu'une relation spéciale. C'est une douce expérience. Vrai.
4. Montaigne dit que les coutures de leurs âmes s'effacent entre lui et son ami. Vrai.
5. La compagnie de son ami était agréable, alors sa mort n'a pas été un moment pesant. Faux. Montaigne a été triste.
6. Depuis la mort de son ami, Montaigne n'a plus de plaisirs et se sent languissant. Vrai.
7. Rien ne peut consoler Montaigne de la perte de son ami. Vrai.
8. Maintenant qu'il est seul, Montaigne a l'impression d'avoir retrouvé son âme. Faux. Il lui semble n'être plus qu'à demi.

2 **Une amitié spéciale** À deux, répondez à ces questions.

1. Ce texte est-il une fiction ou une histoire vraie? Justifiez votre réponse.
2. Comment le destin est-il intervenu dans la naissance de l'amitié de ces deux personnes?
3. Quel exemple Montaigne donne-t-il pour montrer que toute forme d'amitié rend la vie plus douce? Expliquez cet exemple.
4. Comment cette amitié si douce a-t-elle transformé la vie de Montaigne? Qu'est-ce qui a changé depuis la perte de son ami?
5. Pourquoi Montaigne dit-il qu'il dérobe la part des plaisirs qu'il partageait avec son ami?

3 **Une métaphore** À deux, expliquez la métaphore dans la phrase «qu'elles effacent et ne retrouvent plus la couture qui les a jointes». À quel mot se réfère le pronom sujet **elles**? Quel est le sens littéral de **couture**? Que dit cette métaphore sur l'unité des deux amis?

4 **George Sand** Montaigne pensait que les femmes ne sont pas capables d'une amitié aussi profonde que celle des hommes. Lisez cette protestation de George Sand, écrivaine française du XIXe siècle. Ensuite, à deux, relevez les points qu'elle choisit pour défendre la femme.

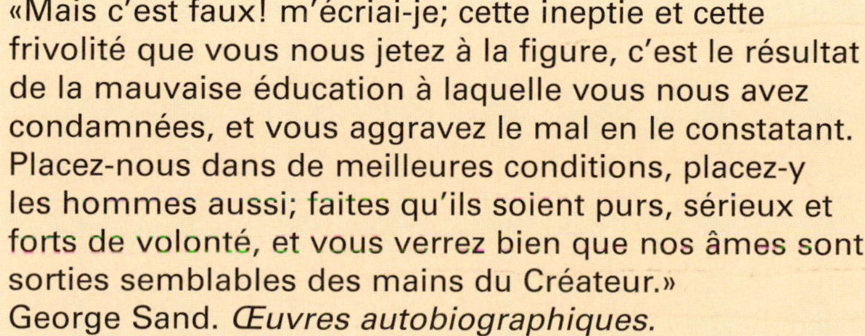

«Mais c'est faux! m'écriai-je; cette ineptie et cette frivolité que vous nous jetez à la figure, c'est le résultat de la mauvaise éducation à laquelle vous nous avez condamnées, et vous aggravez le mal en le constatant. Placez-nous dans de meilleures conditions, placez-y les hommes aussi; faites qu'ils soient purs, sérieux et forts de volonté, et vous verrez bien que nos âmes sont sorties semblables des mains du Créateur.»
George Sand. *Œuvres autobiographiques.*

Practice more at **vhlcentral.com.**

1 PRESENTATION Have students read these items before reading the essay in order to help them anticipate its general theme.

1 EXPANSION This essay is part of Montaigne's celebrated account of his friendship with philosopher and writer Étienne de la Boétie. Ask students for their general impressions of the narrator's sentiments. Then ask them if they think Montaigne is expressing his happiness at having had such a great friend or focusing more on the sadness from losing him.

2 PRESENTATION Ask students to think of a very close friend. Ask them if it would be possible to describe that friendship using only one adjective and what that adjective would be.

4 PRÉPARATION George Sand is the pen name of a famous 19th-century woman writer. She was born Aurore Dupin and lived from 1804 to 1876. In her autobiography titled *Histoire de ma vie*, she expresses her discontent with Montaigne's opinion of women.

4 EXPANSION Ask small groups to imagine a conversation between George Sand and Montaigne about friendship between men and women. Ask volunteers to role-play the dialogue.

4 EXPANSION Ask groups of three to explain how persons of different sex, generations, cultural backgrounds, or political ideologies are able to establish close friendships. Have groups report their discussions to the class.

Préparation

À propos de l'auteur

Antoine de Saint-Exupéry est né à Lyon en 1900 dans une famille aristocratique. Il est attiré par l'aviation dès l'enfance. En 1927, il est engagé comme pilote par la Compagnie générale d'aéronautique et chargé du transport du courrier de Toulouse à l'Afrique du Nord. À partir de 1931, Saint-Exupéry consacre de plus en plus de temps à l'écriture et transpose son expérience de l'aviation dans ses romans. Il connaît un premier succès avec *Courrier sud* (1929) puis *Vol de nuit*, qui obtient le prix Fémina en 1931. *Le Petit Prince*, écrit entre 1942 et 1943, est l'un de ses derniers récits. Saint-Exupéry est mort en 1944 pendant la Seconde Guerre mondiale au cours d'une mission aérienne.

PRESENTATION Ask students these questions.
1. Vous adorez les animaux mais vos parents ne veulent pas d'animaux à la maison. Que dites-vous pour les convaincre?
2. Pensez-vous que les animaux comprennent quand on leur parle? Comment le savez-vous?
3. Imaginez que vous ayez un animal domestique. Quelles activités partagez-vous avec lui?
4. Comment un animal exprime-t-il ce qu'il veut?
5. Pensez-vous que les animaux souffrent comme les êtres humains?

Vocabulaire de la lecture

apprivoiser *to tame*
arroser *to water*
un(e) chasseur/chasseuse *hunter*
éteindre *to extinguish*
le fusil *gun*
gêné(e) *embarrassed*
inutile *useless*
n'importe quand *anytime*
le renard *fox*
semblable *similar*
soigner *to take care*
se taire *to become quiet*
tousser *to cough*
vexé(e) *upset, hurt*
vide *empty*

Vocabulaire utile

un animal de basse-cour *farmyard animal*
un animal domestique *pet*
le conte *tale*
déçu(e) *disappointed*
un(e) ennemi(e) *enemy*
s'entendre bien *to get along*
mordre *to bite*
le rêve *dream*
sauvage *wild*

1 **Vocabulaire** Complétez les phrases à l'aide des mots des listes de vocabulaire.

1. Un ___renard___ est un animal sauvage qui adore manger les poules (*hens*).
2. Ce n'est pas facile d' ___apprivoiser___ un animal sauvage qui n'a pas l'habitude de vivre parmi (*among*) les humains.
3. C'est normal de beaucoup ___tousser___ quand on a un rhume.
4. On est ___déçu/gêné/vexé___ que notre chien et notre chat ne s'entendent pas bien.
5. Les animaux sauvages sont libres. Ils mangent ___n'importe quand___ et où ils veulent.
6. Tous les matins, il faut ___arroser___ les fleurs parce qu'elles ont soif.

PRACTICE Read these words and expressions aloud and ask students to provide an antonym for each from the vocabulary lists.
1. un ami (un ennemi)
2. abandonner (apprivoiser)
3. parler (se taire)
4. différent (semblable)
5. allumer (éteindre)

2 **Les enfants et les animaux** À deux, posez-vous ces questions à tour de rôle.

1. Penses-tu que les enfants sont plus responsables quand ils ont un animal? Pourquoi?
2. Quel type d'animal vaut-il mieux donner à un enfant qui habite dans une grande ville?
3. Quels films aimais-tu quand tu étais petit(e)? Pourquoi les films d'animation ou les films avec de vrais animaux-acteurs attirent-ils les enfants?
4. Quand tu étais petit(e), allais-tu souvent au cirque pour voir les animaux? Quel spectacle aimais-tu le plus? Si tu n'y es jamais allé(e), quel spectacle aurais-tu aimé?

2 EXPANSION Ask groups of three to make a list of four well known legendary animals from movies or cartoons. Then ask them to describe their characteristics and decide if each is portrayed as a friend or an enemy to other characters.

Practice more at **vhlcentral.com.**

3 **Mon animal sauvage préféré** Quel est votre animal sauvage préféré? À tour de rôle, décrivez votre choix à votre partenaire à l'aide de cette liste. Ensuite, partagez avec la classe ce que vous avez appris.

- son apparence
- ses activités
- son habitat
- son alimentation
- sa condition (en voie d'extinction, protégé, etc.)

4 **Les refuges** La ville où vous habitez doit faire des économies et pense fermer le refuge pour animaux (*animal shelter*). Vous pensez que c'est une bonne idée, mais votre partenaire n'est pas du tout d'accord. À deux, créez un dialogue pour défendre vos opinions. N'oubliez pas de discuter des thèmes de cette liste. Ensuite, jouez le dialogue devant la classe.

- les animaux abandonnés
- les programmes d'adoption
- les vaccinations
- la surpopulation des animaux
- la saleté (*dirtiness*)
- le coût d'entretien élevé du refuge

5 **Langage animalier** Beaucoup d'expressions françaises illustrent une condition physique ou atmosphérique à l'aide d'un nom d'animal. Par petits groupes, étudiez ces expressions et trouvez leur équivalent en anglais. Puis employez-les dans des phrases.

Avoir une fièvre de cheval

Avoir une faim de loup

Dormir comme un loir (*dormouse*)

Il fait un froid de canard

Il fait un temps de chien

Être rusé comme un renard

6 **Anticiper** À deux, observez cette photo et imaginez ce qui va se passer dans ce texte. Que pouvez-vous déduire du récit à partir du titre de la photo? Quels rapports y a-t-il entre l'animal et la personne? Présentez vos idées à la classe.

Apprendre à se connaître

3 EXPANSION Have students share their opinions about owning potentially dangerous animals like snakes, attack dogs, or mountain lions. Should such animals be left in the wild or is it possible to tame them? What is the responsibility of the owner of an animal that has bitten someone? Ask students if animal breeding (**l'élevage d'animaux**) should be encouraged to protect endangered species.

4 EXPANSION Ask students these questions about pet laws:

1. Les chiens agressifs devraient-ils toujours porter une muselière?
2. Devrions-nous accepter les animaux domestiques de toutes les tailles sur les transports en commun?
3. Les restaurants devraient-ils admettre les chiens et les chats?
4. Les lois devraient-elles être plus strictes?

5 EXPANSION Have groups come up with examples of English idioms that include the name of an animal or a word derived from the name of an animal (*you're such a rat, he's so foxy*). Ask them to explain the idioms' meanings in French.

Le Petit Prince

ANTOINE DE SAINT-EXUPÉRY

MAIS IL ARRIVA que le petit prince, ayant longtemps marché à travers les sables°, les rocs et les neiges, découvrit enfin une route. Et les routes vont toutes chez les hommes.

sables°: sands

—Bonjour, dit-il.

C'était un jardin fleuri de roses.

—Bonjour, dirent les roses.

Le petit prince les regarda. Elles ressemblaient toutes à sa fleur.

—Qui êtes-vous? leur demanda-t-il, stupéfait.

—Nous sommes des roses, dirent les roses.

—Ah! fit° le petit prince...

fit°: said

Et il se sentit très malheureux. Sa fleur lui avait raconté qu'elle était seule de son espèce dans l'univers. Et voici qu'il en était cinq mille, toutes semblables, dans un seul jardin!

«Elle serait bien vexée, se dit-il, si elle voyait ça... elle tousserait énormément et ferait semblant de mourir pour échapper au ridicule. Et je serais bien obligé de faire semblant de la soigner, car, sinon, pour m'humilier moi aussi, elle se laisserait vraiment mourir...»

Puis il se dit encore: «Je me croyais riche d'une fleur unique, et je ne possède qu'une rose ordinaire. Ça et mes trois volcans qui m'arrivent au genou, et dont l'un, peut-être, est éteint pour toujours, ça ne fait pas de moi un bien grand prince...» Et, couché dans l'herbe, il pleura.

C'EST ALORS QU'APPARUT le renard:

—Bonjour, dit le renard.

—Bonjour, répondit poliment le petit prince, qui se retourna mais ne vit° rien.

vit°: saw

—Je suis là, dit la voix, sous le pommier...

—Qui es-tu? dit le petit prince. Tu es bien joli...

—Je suis un renard, dit le renard.

—Viens jouer avec moi, lui proposa le petit prince. Je suis tellement triste...

—Je ne puis pas jouer avec toi, dit le renard. Je ne suis pas apprivoisé.

—Ah! pardon, fit le petit prince.

Mais, après réflexion, il ajouta:

—Qu'est-ce que signifie «apprivoiser»?

—Tu n'es pas d'ici, dit le renard, que cherches-tu?

—Je cherche les hommes, dit le petit prince. Qu'est-ce que signifie «apprivoiser»?

—Les hommes, dit le renard, ils ont des fusils et ils chassent. C'est bien gênant°! Ils élèvent aussi des poules°. C'est leur seul intérêt. Tu cherches des poules?

—Non, dit le petit prince. Je cherche des amis. Qu'est-ce que signifie «apprivoiser»?

—C'est une chose trop oubliée, dit le renard. Ça signifie «créer des liens°...»

—Créer des liens?

—Bien sûr, dit le renard. Tu n'es encore pour moi qu'un petit garçon tout semblable à cent mille petits garçons. Et je n'ai pas besoin de toi. Et tu n'as pas besoin de moi non plus. Je ne suis pour toi qu'un renard semblable à cent mille renards. Mais, si tu m'apprivoises, nous aurons besoin l'un de l'autre. Tu seras pour moi unique au monde. Je serai pour toi unique au monde...

—Je commence à comprendre, dit le petit prince. Il y a une fleur... je crois qu'elle m'a apprivoisé...

—C'est possible, dit le renard. On voit sur la Terre toutes sortes de choses...

—Oh! ce n'est pas sur la Terre, dit le petit prince.

Le renard parut très intrigué:

—Sur une autre planète?

—Oui.

—Il y a des chasseurs, sur cette planète-là?

—Non.

—Ça, c'est intéressant! Et des poules?

—Non.

—Rien n'est parfait, soupira le renard.

Mais le renard revint à son idée:

—Ma vie est monotone. Je chasse les poules, les hommes me chassent. Toutes les poules se ressemblent, et tous les hommes se ressemblent. Je m'ennuie donc un peu. Mais, si tu m'apprivoises, ma vie sera comme ensoleillée. Je connaîtrai un bruit de pas qui sera différent de tous les autres. Les autres pas me font rentrer sous terre. Le tien m'appellera hors du terrier°, comme une musique. Et puis regarde! Tu vois, là-bas, les champs de blé°? Je ne mange pas de pain. Le blé pour moi est inutile. Les champs de blé ne me rappellent rien. Et ça, c'est triste! Mais tu as des cheveux couleur d'or. Alors ce sera merveilleux quand tu m'auras apprivoisé! Le blé, qui est doré, me fera souvenir de toi. Et j'aimerai le bruit du vent dans le blé...

Le renard se tut° et regarda longtemps le petit prince:

—S'il te plaît... apprivoise-moi, dit-il!

—Je veux bien, répondit le petit prince, mais je n'ai pas beaucoup de temps. J'ai des amis à découvrir et beaucoup de choses à connaître.

gênant: *annoying*
poules: *hens*
liens: *bonds*
terrier: *burrow*
blé: *wheat*
se tut: *became quiet*

—On ne connaît que les choses que l'on apprivoise, dit le renard. Les hommes n'ont plus le temps de rien connaître. Ils achètent des choses toutes faites chez les marchands. Mais comme il n'existe point° de marchands d'amis, les hommes n'ont plus d'amis. Si tu veux un ami, apprivoise-moi!

° *synonym of* ***pas***

—Que faut-il faire? dit le petit prince.

—Il faut être très patient, répondit le renard. Tu t'assoiras d'abord un peu loin de moi, comme ça, dans l'herbe. Je te regarderai du coin de l'œil et tu ne diras rien. Le langage est source de malentendus. Mais, chaque jour, tu pourras t'asseoir un peu plus près...

Le lendemain revint le petit prince.

—Il eût mieux valu° revenir à la même heure, dit le renard. Si tu viens, par exemple, à quatre heures de l'après-midi, dès trois heures je commencerai d'être heureux. Plus l'heure avancera, plus je me sentirai heureux. À quatre heures, déjà, je m'agiterai et m'inquiéterai: je découvrirai le prix du bonheur! Mais si tu viens n'importe quand, je ne saurai jamais à quelle heure m'habiller le cœur... Il faut des rites.

° *it would have been better*

—Qu'est-ce qu'un rite? dit le petit prince.

—C'est aussi quelque chose de trop oublié, dit le renard. C'est ce qui fait qu'un jour est différent des autres jours, une heure, des autres heures. Il y a un rite, par exemple, chez mes chasseurs. Ils dansent le jeudi avec les filles du village. Alors le jeudi est jour merveilleux! Je vais me promener jusqu'à la vigne. Si les chasseurs dansaient n'importe quand, les jours se ressembleraient tous, et je n'aurais point de vacances.

AINSI LE PETIT PRINCE apprivoisa le renard. Et quand l'heure du départ fut proche:

—Ah! dit le renard... Je pleurerai.

—C'est ta faute, dit le petit prince, je ne te souhaitais point de mal, mais tu as voulu que je t'apprivoise...

—Bien sûr, dit le renard.

—Mais tu vas pleurer! dit le petit prince.

—Bien sûr, dit le renard.

—Alors tu n'y gagnes rien!

—J'y gagne, dit le renard, à cause de la couleur du blé.

Puis il ajouta:

—Va revoir les roses. Tu comprendras que la tienne est unique au monde. Tu reviendras me dire adieu, et je te ferai cadeau d'un secret.

LE PETIT PRINCE s'en fut° revoir les roses:

went

—Vous n'êtes pas du tout semblables à ma rose, vous n'êtes rien encore, leur dit-il. Personne ne vous a apprivoisées et vous n'avez apprivoisé personne. Vous êtes comme était mon renard. Ce n'était qu'un renard semblable à cent mille autres. Mais j'en ai fait mon ami, et il est maintenant unique au monde.

Et les roses étaient bien gênées.

—Vous êtes belles, mais vous êtes vides, leur dit-il encore. On ne peut pas mourir pour vous. Bien sûr, ma rose à moi, un passant ordinaire croirait qu'elle vous ressemble. Mais à elle seule elle est plus importante que vous toutes, puisque c'est elle que j'ai arrosée. Puisque c'est elle que j'ai mise sous globe. Puisque c'est elle que j'ai abritée° par le paravent°. Puisque c'est elle dont j'ai tué les chenilles° (sauf les deux ou trois pour les papillons). Puisque c'est elle que j'ai écoutée se plaindre, ou se vanter°, ou même quelquefois se taire. Puisque c'est ma rose.

sheltered
screen; caterpillars
brag

ET IL REVINT vers le renard:

—Adieu, dit-il...

—Adieu, dit le renard. Voici mon secret. Il est très simple: on ne voit bien qu'avec le cœur. L'essentiel est invisible pour les yeux.

—L'essentiel est invisible pour les yeux, répéta le petit prince, afin de se souvenir.

—C'est le temps que tu as perdu pour ta rose qui fait ta rose si importante.

—C'est le temps que j'ai perdu pour ma rose... fit le petit prince, afin de se souvenir.

—Les hommes ont oublié cette vérité, dit le renard. Mais tu ne dois pas l'oublier. Tu deviens responsable pour toujours de ce que tu as apprivoisé. Tu es responsable de ta rose...

—Je suis responsable de ma rose..., répéta le petit prince, afin de se souvenir.

1 PRESENTATION Before doing this activity, ask students to summarize the excerpt in order to verify their understanding of the story. Then, use the activity to confirm their summary.

2 EXPANSION Ask pairs to choose another character or place that is not in the activity and ask them to write a characteristic about it. Then, ask them to read their examples aloud and have the class guess what they describe.

3 EXPANSION Ask students to imagine what the little Prince tells his rose once he goes back to his own planet. Have them write their dialogue and perform it for the class.

3 EXPANSION Ask students to think of a children's tale in which an animal and a child become friends. Ask them to write down a few sentences explaining what the animal does to befriend the child and why it does that. Ex: ***Le Petit Chaperon rouge:* Le loup demande à la petite fille où elle va parce qu'il veut la manger.**

Analyse

1 **Élimination** Choisissez le mot qui ne peut pas être utilisé pour compléter la phrase.

1. Le Petit Prince marche longtemps à travers...
   a. les sables b. les rocs c. les rivières
2. Le Petit Prince croyait qu'il était riche parce qu'il possédait...
   a. une rose unique b. un renard c. trois volcans
3. Sur la planète du Petit Prince, il n'y a pas de...
   a. chasseurs b. poules c. roses
4. Quand il sera apprivoisé, le renard aimera le bruit...
   a. de pas des chasseurs b. du vent dans le blé c. de pas du Petit Prince
5. Pour protéger sa rose, le Petit Prince a...
   a. mis la rose sous un globe b. tué le renard c. tué les chenilles
6. Le renard explique son secret de l'amitié en trois points importants:
   a. on oublie son ami(e) b. on est responsable de son ami(e)
   c. on aime avec le cœur

2 **Associations** Indiquez quel personnage ou quel lieu vous associez avec ces caractéristiques.

c Elle est unique.	a. le désert
e Ils ont un fusil.	b. le jardin
a Il est couvert de sable.	c. la rose du Petit Prince
g Il veut être apprivoisé.	d. les champs de blé
b Il y a cinq mille roses.	e. les chasseurs
h Elles ont peur du renard.	f. le Petit Prince
d Ils sont dorés.	g. le renard
f Il cherche des amis.	h. les poules

3 **Imaginaire ou réalité?** Lisez chaque phrase et mettez une croix dans la catégorie qui correspond.

Phrases	Catégories	
	Imaginaire	Réalité
1. Les fleurs parlent.	x	
2. Les volcans sont plus petits qu'un enfant.	x	
3. Les renards vivent dans des terriers.		x
4. Les chenilles mangent les fleurs.		x
5. Les renards sont les amis des enfants.	x	
6. Les roses poussent dans un jardin.		x
7. Les chenilles se transforment en papillons.		x
8. Les roses toussent.	x	
9. Un enfant a besoin d'amis.		x
10. On fait du pain avec du blé.		x

Practice more at **vhlcentral.com.**

4 **Interprétation** Répondez à ces questions.

1. Qui sont les personnages dans le conte? Est-ce que ce sont des personnages de contes traditionnels?
2. Pourquoi croyez-vous que l'auteur a choisi une rose et un renard comme compagnons du Petit Prince?
3. Où se passe l'action?
4. Comment l'auteur fait-il la différence entre le monde des adultes et celui des enfants?
5. Qu'est-ce que le personnage principal cherche?
6. Quelle leçon le renard veut-il enseigner à l'enfant?
7. Expliquez comment l'enfant montre qu'il a bien compris la leçon.
8. Montrez comment le renard commence à se comporter comme un humain.
9. Qu'est-ce que l'enfant explique aux roses du jardin?
10. Comment est-ce que la rencontre du Petit Prince avec le renard va changer la relation qu'il a avec sa rose?

4 EXPANSION Ask pairs to imagine a situation in which an animal teaches a child something. Ask them to justify their choice for the animal. Have them imagine their reaction to the animal's teaching. Do the children do what the animal advises them to? Ask volunteers to share their ideas with the class.

5 **Conversation** Par petits groupes, organisez une discussion à propos de ces thèmes. Ensuite, comparez vos conclusions avec celles des autres groupes.

- La définition de l'amitié
- Les types d'amitiés qui existent
- Comment conserver une amitié
- Les bases de l'amitié

5 EXPANSION Ask the same groups to imagine that a new student has transferred to your school. How would they make him or her feel welcome? How would they include him or her in their circle of friends?

6 **Un ami pour la vie** Votre meilleur(e) ami(e) est parti(e) vivre dans une autre ville et vous restez en contact en vous écrivant. Écrivez-lui une carte postale à l'aide de cette liste pour lui dire qu'il/elle vous manque. Ensuite, à deux, corrigez vos cartes, puis incorporez les éléments des deux pour rédiger la plus belle carte possible.

cher/chère	**penser à quelqu'un**
un e-mail	**se souvenir de**
manquer à quelqu'un	**téléphoner à quelqu'un**

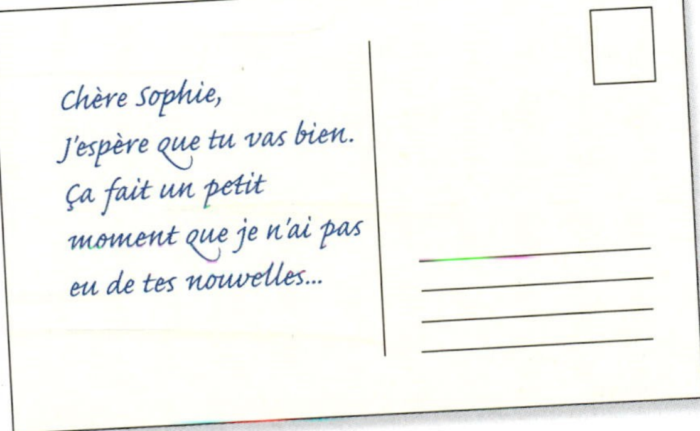

6 PRESENTATION Before they write the post cards, ask students how they prefer to stay in touch: writing traditional letters, sending e-mails, composing text messages (**des textos**), etc. Ask them to explain their choices.

Préparation

Vocabulary Tools

À propos des auteurs

René Goscinny, né en 1926 à Paris et mort en 1977, est un écrivain français, humoriste et scénariste de bande dessinée. Il commence à dessiner très tôt et devient mondialement connu pour les albums d'Astérix et de Lucky Luke. C'est à lui que l'on doit la reconnaissance du métier de *scénariste de bande dessinée*. L'ensemble des bandes dessinées et livres qu'il a écrits représente environ 550 millions d'ouvrages vendus.

Albert Uderzo est né en France en 1927. En 1951, il rencontre René Goscinny et, ensemble ils créent le personnage d'Astérix pour le premier numéro du magazine *Pilote*. Le succès de la bande dessinée est immédiat. En 1961, Uderzo et Goscinny publient *Astérix le Gaulois*, le premier album de la série sur les aventures des habitants d'un village gaulois. Après la mort de Goscinny en 1977, Uderzo continue seul la création des albums.

PRACTICE Read each definition aloud and have students supply the word that best fits it.
1. C'est une imperfection. (défaut)
2. C'est un adjectif qui montre que vous avez du talent. (doué)
3. C'est un verbe qui décrit le mouvement du cœur. (battre)
4. On fait souvent ça avant de se marier. (se fiancer, se fréquenter)
5. C'est un objet qu'un fiancé offre à sa fiancée. (bague)

PRESENTATION Explain to students that the Astérix stories take place in the year 50 B.C., soon after the Roman conquest of Gaul.

1 EXPANSION Explain that **Ririx** is the pet name that Astérix's mother calls him by.

2 EXPANSION Have the same groups discuss whether parents should get involved in their children's lives and help choose a partner for them.

Vocabulaire de la bande dessinée		Vocabulaire utile	
battre *to beat*	**doué(e)** *gifted*	**la bague** *ring*	**se fréquenter** *to date*
		le défaut *defect*	**se vanter** *to brag*
		se fiancer *to get engaged*	

1 **Faire connaissance** Imaginez que vous allez faire connaissance de la famille de votre fiancé(e). Quels genres de question vous poserait-on? Discutez-en avec un(e) partenaire.

Analyse

1 **Compréhension** Répondez aux questions sur la bande dessinée.

1. Quels sont les liens de famille entre les deux personnages principaux? Pourquoi l'homme a-t-il l'air énervé?
2. Qui vient rendre visite à la mère d'Astérix? Pourquoi?
3. Qui parle quand tous les personnages sont entrés dans la maison? De quoi ces personnages parlent-ils?
4. Quelle impression avez-vous d'Astérix en apprenant comment l'appelle sa mère? Est-il le seul homme dans l'histoire?
5. Pourquoi Ririx crie-t-il «Assez!» avant de sortir? Pourquoi les trois hommes âgés se moquent-ils de lui? D'après vous, quelle est la réputation d'Astérix?

2 **Le portrait d'un Gaulois** Astérix est un Gaulois typique qui aime manger, se promener dans la forêt et se battre contre les Romains. Par groupes de quatre, imaginez ce qu'il a fait après être parti et présentez vos histoires à la classe.

Practice more at **vhlcentral.com.**

Presentation

Astérix et Latraviata

de René Goscinny et Albert Uderzo

www.asterix.com © 2009 LES ÉDITIONS ALBERT RENÉ / GOSCINNY - UDERZO

Un blog

PREPARATION Ask your students if any of them have a blog. If so, ask them if it would be possible to share a few entries with the class. If you have access to the Internet in your classroom, project each student's blog and have the author present it and explain why he or she started it.

ALTERNATIVE If you have Internet access in your classroom, select a few blogs ahead of time (preview them to make sure they are appropriate) and present them to the class. Ask questions about the various blogs and their authors: **Qui est l'auteur de ce blog? Où habite-t-il/elle? De quoi parle-t-il/elle dans son blog?** Then ask students to give their opinions of the blogs.

ALTERNATIVE Instead of a table, use a Venn diagram for this activity.

Avez-vous un blog? De quoi parlez-vous dans votre blog? Pensez-vous que ce soit intéressant de lire le journal en ligne de quelqu'un d'autre? Pourquoi?

Plan de rédaction

Vous allez écrire le premier article d'un blog qui servirait à rencontrer des étudiants francophones et à échanger des informations et des idées avec eux. Le but de ce premier article est donc de vous présenter et de décrire quelques personnes qui vous sont chères.

Planifiez et préparez-vous à écrire

1. **Stratégie: Visionner des médias pour s'en inspirer** Utilisez un moteur de recherche pour trouver des blogs d'étudiants francophones. Vous pouvez utiliser des mots clés tels que **blog étudiant français, blog francophone, blogueur francophone,** etc.
2. **Stratégie: Examiner des modèles d'écriture** Choisissez deux ou trois blogs qui vous paraissent particulièrement intéressants, non seulement du point de vue de leur contenu mais aussi du point de vue de leur format et de leur apparence générale. Imprimez les pages et gardez-les pour plus tard.
3. **Stratégie: Utiliser des listes pour classifier les informations** Réunissez les informations personnelles que vous allez présenter dans votre blog. Vous pouvez utiliser un tableau comme celui-ci pour les organiser de façon logique:

Nom de la personne	**moi**	**Paul**	**ma mère**	**le professeur Smith**
Âge	21	24		
Relation	–	frère		
Description physique	grand, blond, yeux bleus	grand, blond, yeux verts, mince		
Personnalité	travailleur, sportif	sociable		
Pourquoi cette personne est importante		Il m'aide beaucoup dans mon travail à l'université, il est toujours là quand j'ai besoin de lui.		
Pourquoi nous nous entendons bien		Nous avons beaucoup d'intérêts en commun.		

1-1½ pg. double spaced

Écrivez

4 **Introduction** Commencez votre blog par une petite introduction:

- Saluez vos lecteurs potentiels et présentez-vous.
- Donnez les raisons pour lesquelles vous écrivez ce blog.
- Décrivez brièvement ce dont vous allez parler dans votre premier article.

5 **Développement** Dans la partie principale de votre blog, décrivez les personnes que vous avez choisies et expliquez pourquoi chacune joue un rôle important dans votre vie. Utilisez les informations du tableau de l'activité 3.

Il n'est pas nécessaire d'inclure toutes les informations pour chaque personne. Essayez de donner celles qui sont les plus importantes ou les plus intéressantes.

6 **Conclusion** Terminez votre premier article en saluant vos lecteurs potentiels et en expliquant ce que vous espérez tirer de ce blog. (Par exemple, voulez-vous qu'on vous réponde? Pour échanger quels types d'informations?)

Révisez et lisez

7 **Révision** Relisez le texte de votre blog en faisant attention à ces éléments et faites les corrections nécessaires pour l'améliorer.

- Avez-vous bien respecté l'organisation décrite dans la section **Écrivez**?
- Le blog est-il facile à lire et intéressant pour vos lecteurs potentiels? (Souvenez-vous que vous vous adressez à de jeunes étudiants francophones, alors le style doit être simple, concis et approprié pour des étudiants de votre âge.)
- La grammaire et l'orthographe sont-elles correctes? Vérifiez les formes des verbes, les accords (sujet-verbe, nom-adjectif), etc.

8 **Lecture** Lisez le texte de votre blog à vos camarades de classe. Ils prendront des notes et poseront des questions pour mieux vous connaître ainsi que pour en apprendre davantage sur les personnes qui sont importantes dans votre vie.

TIP Remind students to use the blogs they selected in Activity 2 as models for their own blogs.

EXPANSION Encourage the class to use this **Rédaction** as a springboard for starting a class blog. Students could revise their individual compositions and combine them into a class blog entry to be published on the Internet and shared with other French classes at your school. Students could even add photos, video clips, and hyperlinks of interest, and they could maintain the blog throughout the term.

Les relations personnelles

PRESENTATION Ask students to react to the information and the percentages given in the introduction: **Est-ce que vous êtes d'accord avec les Français ou bien est-ce qu'à votre avis, il y a d'autres choses dans la vie qui sont plus importantes que les relations personnelles? Lesquelles? D'après vous, qu'est-ce qu'on doit prendre en considération quand on mesure la réussite personnelle de quelqu'un?** Ask students if they think North Americans in general would have answered the question in the survey as the French did, and why.

Qu'est-ce que cela veut dire, réussir sa vie? Pour les Français, le plus important dans la vie, ce sont les relations personnelles. D'après un Sondage CSA fait en 2011:

- Pour 95% des Français, avoir une famille heureuse est ce qui compte le plus.
- Pour 94% d'entre eux, il est également nécessaire d'avoir de vrais amis pour avoir une vie réussie.

Et pour vous, qu'est-ce qui est important dans la vie? Placez-vous les relations personnelles au même rang que les Français ou bien pensez-vous qu'il y a d'autres choses aussi ou même plus importantes? Expliquez.

1 La classe se divise en groupes de cinq. Chaque groupe doit lire ces citations et proverbes et en choisir un(e) avec lequel/laquelle il est en accord ou en désaccord. Les membres du groupe doivent commenter la citation ou le proverbe choisi et en donner leur interprétation personnelle. Utilisez des exemples pour l'illustrer.

Citations

PRESENTATION Ask students questions to check comprehension. Ex: **Qu'est-ce que c'est, la complicité?** Explain any unfamiliar or difficult terms from the quotes.

EXPANSION Ask students if they are familiar with any of the quotes' authors. Have volunteers share what they know about them with the class.

ALTERNATIVE Assign the author of each quote to one or more students ahead of time and ask them to research this person and prepare a brief presentation for the class.

«Au contraire de l'amour, qui peut naître instantanément, la complicité met longtemps à mûrir.» –Jean Amadou

«Le cœur a ses raisons que la raison ne connaît point.» –Blaise Pascal

«La famille sera toujours la base des sociétés.» –Honoré de Balzac

«L'amitié, comme l'amour, demande beaucoup d'efforts, d'attention, de constance, elle exige surtout de savoir offrir ce que l'on a de plus cher dans la vie: du temps!» –Catherine Deneuve

«Toujours présente, jamais pesante, telle devrait être la devise de toute amitié.» –Tahar Ben Jelloun

«Ce ne sont pas les individus qui sont responsables de l'échec du mariage: c'est l'institution elle-même qui est originellement pervertie.» –Simone de Beauvoir

Proverbes français

«Les bons comptes font les bons amis.»

«Qui se ressemble s'assemble.»

«On choisit ses amis, on ne choisit pas sa famille.»

«Loin des yeux, loin du cœur.»

2 Ensuite, les étudiants donnent leur interprétation de la citation ou du proverbe choisi à la classe, qui explique si elle est d'accord avec cette idée et justifie ses opinions avec des exemples ou des anecdotes personnelles.

Dans le cas où les différents membres d'un même groupe ne sont pas d'accord, il faut expliquer les différentes opinions du groupe. La classe prend des notes et pose des questions au groupe qui présente.

3 Une fois les présentations terminées:

- Toute la classe vote pour sélectionner sa citation ou son proverbe préféré parmi ceux que les groupes ont présentés.
- La classe débat pour déterminer si, dans l'ensemble, elle est d'accord avec la citation ou le proverbe.

Utilisez les notes que vous avez prises pendant l'activité 2 et illustrez votre point de vue avec des exemples ou des anecdotes personnelles.

Citation ou proverbe choisi: «Loin des yeux, loin du cœur.»	
D'accord	**Pas d'accord**
1. C'est vrai; on a tendance à oublier les gens petit à petit quand on ne les voit pas assez souvent.	1. Ce n'est pas vrai car, même si on n'a pas la possibilité de voir un(e) ami(e) souvent, on peut quand même rester en contact grâce au téléphone, à Internet, aux portables, etc.
2. Je suis d'accord avec ce proverbe. J'ai déménagé il y a deux ans. Au début, je suis restée en contact avec mes anciens voisins, mais maintenant nous ne nous parlons plus...	2. C'est faux; quand une relation est solide, on n'oublie pas la personne même si on ne la voit pas pendant longtemps. Par exemple, je ne vois mon meilleur ami qu'une ou deux fois par an, mais il reste quand même mon meilleur ami.
3. ...	3. ...

TIP Remind students to use specific examples to support their opinion of the selected quote.

EXPANSION Have students create a survey they could use to find out what their friends and family members think is important in life. Ask them to use the Internet to get some ideas on what to include in their survey. As homework, have them poll 10 people they know using the survey they created. Then, as a class, discuss the results.

LEÇON 2

Les médias et la technologie

Nous avons constamment accès aux informations par l'intermédiaire des journaux, de la radio, de la télévision et de l'Internet. Le contrôle des médias sur les infos augmente avec le développement de la technologie. Pourtant, le danger ne vient jamais du progrès lui-même mais de l'usage que l'on en fait.

À votre avis, quelle a été la découverte la plus révolutionnaire de tous les temps? Pourquoi?

Qui est maître de nos opinions? Nous-mêmes ou les médias?

Qu'aimeriez-vous inventer?

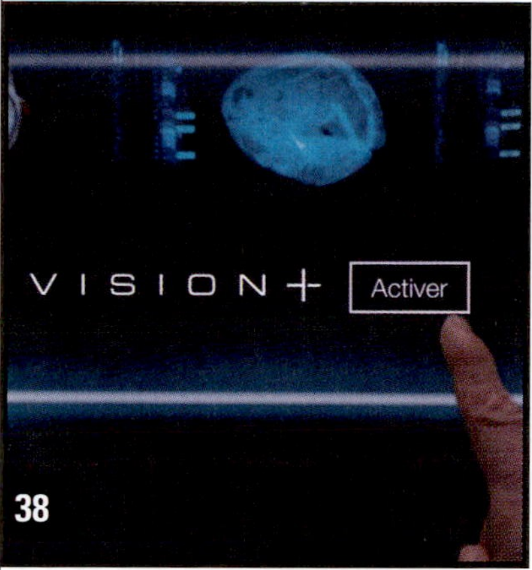

PREVIEW Remind students that without the invention of the printing press in the 15th century, many technologies developed since would not have been possible. Continue class discussion by asking these questions:

1. Pourriez-vous passer une journée entière sans surfer sur le web?
2. Les médias présentent-ils une perspective fidèle de la réalité?
3. Quel média offre la perspective la plus proche de la réalité: Pourquoi?

Préparation

PRESENTATION Ask students if they are actively involved in any online communities or social networks. Ask them to give examples of how people's "virtual" identities can differ from their "real-life" identities.

PRESENTATION Explain that the expressions **draguer, se faire choper**, and **se planter** are colloquial and should not be used in formal situations.

PRACTICE Read these words and expressions and ask students to give a synonym from the new vocabulary.
1. faire une erreur (se planter)
2. tenter de séduire quelqu'un (draguer)
3. une imperfection (une faille)
4. à partir de maintenant (désormais)
5. se faire attraper (se faire choper)

Vocabulaire du court métrage

annuler *to cancel*
appuyer (sur) *to press*
le bridage *security*
désormais *from now on*
se faire choper *to get caught*
faire sauter *to unlock*
le paramétrage *configuration*
la paume *palm (of hand)*
se planter *to screw up*
la puce *chip*
sauvegarder *to save*
le ticket de caisse *receipt*

Vocabulaire utile

aller en boîte *to go to a club*
une cicatrice *scar*
draguer *to flirt (with someone)*
un écran tactile *touchscreen*
une faille *defect*
faire défiler *to scroll*
une interface *interface*
le mode d'emploi *user's guide*
la nuque *nape of the neck*
réfléchir *to think*
une touche *key (on keyboard)*

EXPRESSIONS

Le cerveau doit être mis en repos. *The brain needs to rest.*
C'est pas que c'est pas joli... *Not that it isn't pretty . . .*
un clavier à projection laser *laser-projected keyboard*
Il me reste que dix minutes. *I only have 10 minutes left.*
un message d'avertissement *warning message*
rebonsoir *good evening again*

1 EXPANSION Have students use one of the two correct options and create a logical sentence for each word or expression. Ex: **La serveuse au café m'a donné le ticket de caisse.**

1 **L'intrus** Sélectionnez le mot ou l'expression qui ne va pas avec les autres.

1. le cerveau
   a. la paume — (b. le bridage) — c. la nuque
2. un ordinateur
   a. la puce — b. le clavier — (c. la cicatrice)
3. une serveuse
   a. un café — (b. un écran) — c. un ticket de caisse
4. le rendez-vous
   (a. faire défiler) — b. aller en boîte — c. annuler
5. une faille
   a. se planter — b. se faire choper — (c. sauvegarder)

2 EXPANSION Have pairs share their ideas with the class, who will vote for the most imaginative suggestion, as well as the most useful, the most elaborate, etc.

2 **Les nouvelles technologies à l'avenir** À deux, imaginez comment on se servira des nouvelles technologies (ordinateur, tablette, smartphone, etc.) à l'avenir. Utilisez au moins cinq mots et expressions du nouveau vocabulaire.

3 EXPANSION Have groups share their responses with the class. As a class, brainstorm examples of how fabricated or manipulated versions of reality are presented in the media, e.g., in the form of "reality television".

3 **La réalité** Le titre du court métrage que vous allez regarder est *Reality+*. Par groupes de trois, discutez des notions de «réalité» et de «réalité virtuelle». Qu'est-ce qui différencie ces deux concepts? Qu'est-ce qui les rapproche? Comment ces deux notions sont-elles représentées dans les médias? Essayez d'imaginer pourquoi la réalisatrice du film a ajouté le signe + à son titre.

4 **Questions personnelles** Répondez à ces questions.

1. À quel âge avez-vous eu votre premier ordinateur, votre premier téléphone portable ou votre première tablette? Avez-vous tout de suite compris comment utiliser ces appareils ou avez-vous eu besoin que quelqu'un vous montre comment vous en servir? Décrivez cette expérience.
2. Combien d'appareils technologiques possédez-vous aujourd'hui? Sont-ils des outils de travail ou de loisir? Que faites-vous avec ces appareils?
3. Achetez-vous toujours les derniers modèles d'appareils technologiques? Pourquoi ou pourquoi pas?
4. Aimeriez-vous que la technologie puisse vous changer (par exemple, vous donner des pouvoirs que vous n'avez pas naturellement)? De quelle manière?

5 **Citations du film** Avec un(e) partenaire, lisez ces deux citations tirées du court métrage *Reality+* et donnez-en votre interprétation. Aidez-vous des photos ci-dessous. Ensuite, présentez vos idées à la classe.

> «J'ai fait sauter les bridages de ma puce hier! Je suis activé H 24!»

> «Je vais prendre un double café et une deuxième chance, s'il vous plaît.»

6 **Anticipation** Avec un(e) partenaire, observez ces images du court métrage et répondez aux questions.

Image A

- Que voit-on sur l'image? Où se passe la scène?
- Décrivez le document que l'homme tient à la main. D'après vous, quel est ce document?

Image B

- Décrivez la jeune femme. De votre avis, où se trouve-t-elle?
- Quelles émotions l'expression sur son visage révèle-t-elle? Pourquoi cette jeune femme ressent-elle ces émotions, d'après vous?

Practice more at **vhlcentral.com.**

4 **EXPANSION** Ask students to write a short paragraph describing three ways in which technology has significantly affected their lives. Have pairs exchange their paragraphs for peer-editing.

5 **EXPANSION** Ask students to close their books. Then read each quotation, omitting the final word or phrase. Have students supply the last word or phrase from memory.

6 **EXPANSION** Have students speculate on the connection between the two characters. After they have watched the short film, ask them to reconsider their answers to this activity's questions.

FICHE **Personnages** Vincent, Stella, Hervé **Durée** 22 minutes **Pays** France **Année** 2013

SCÈNES

Video

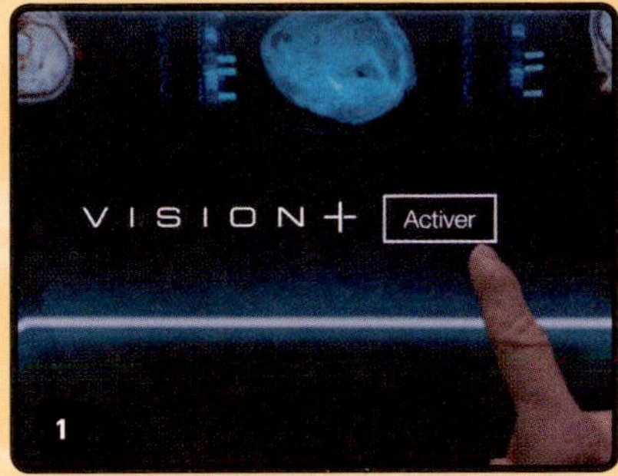

Voix de femme Bienvenue dans la communauté Reality+. Tous les membres équipés de la puce pourront désormais voir votre nouvelle apparence et vous pourrez voir les leurs. La puce est activée pour une durée de 12 heures. Les 12 heures suivantes, le cerveau doit être mis en repos.

Hervé Ah, ouais... Je savais pas que toi aussi, tu...
Vincent Ah, si, si. Enfin, c'est tout récent.

Vincent Excusez-moi, mademoiselle. Vous avez oublié de noter votre numéro de téléphone sur le dos du ticket de caisse.
Stella Bien, d'accord... okay. Je connais un endroit[1] peut-être, si tu as envie d'un dernier verre[2].

Vincent Oui, voilà. D'abord, il y a eu «Erreur système». Et ensuite plus rien. Et à ce... Oui, mon numéro de puce, c'est le 08T56JK. Voilà. Vincent Dangeville. Okay, j'attends... Oui, allô? Oui, je suis toujours là, oui...

Hervé J'ai fait sauter les bridages de ma puce hier! Je suis activé H 24! H 24. Il y a des mecs[3] qui te vendent ça... 30, 40 euros. Faut juste pas se faire choper.

Voisine Merci pour le dessin.
Vincent Ah, oui... C'est joli ce que vous dessinez.

[1] *place* [2] *drink* [3] *guys*

Note CULTURELLE

Le court métrage se termine sur un air d'opéra extrait de *La Traviata* (1853) de Giuseppe Verdi. Cet opéra est basé sur la pièce de théâtre *La Dame aux camélias* (1852) d'Alexandre Dumas fils, elle-même adaptée du roman portant le même titre (1848). L'intrigue amoureuse entre une courtisane et un fils de bonne famille illustre la vie parisienne faite de plaisirs à l'époque du dix-neuvième siècle. En choisissant cet opéra en conclusion du film, la réalisatrice du court métrage nous plonge dans la réalité parisienne de cette époque.

À L'ÉCRAN

Le bon ordre Numérotez ces événements dans l'ordre chronologique d'après l'histoire.

5 a. Hervé propose à Vincent de se faire activer H 24.
4 b. La puce se désactive et il doit vite rentrer chez lui.
2 c. Vincent sélectionne ses paramètres pour se transformer en jeune homme séduisant.
6 d. Vincent découvre que sa voisine est en fait Stella.
1 e. Vincent se fait implanter une puce électronique Reality+.
3 f. Vincent sort en boîte avec Stella.

EXPANSION Ask students to come up with additional statements and have them say where they would fit within the activity. Ex: **Vincent va à l'opéra avec sa voisine. (entre a et d)**

Analyse

1 PRESENTATION Have students point out the scene from the previous page that corresponds to each sentence.

1 **Soyez précis(e)** Remplacez le terme souligné par le mot ou l'expression de la liste qui convient.

les bridages dessinez	être mis au repos l'interface	une puce un ticket de caisse

1. Vincent se fait implanter un objet dans la nuque. une puce
2. La serveuse donne un morceau de papier à Vincent. un ticket de caisse
3. Appuyez dans la paume de votre main pour activer la machine. l'interface
4. Le cerveau doit dormir. être mis au repos
5. J'ai supprimé la sécurité de ma puce. les bridages
6. C'est joli ce que vous faites. dessinez

2 EXPANSION Have students suggest additional associations for each character. You may want to add **la voisine** as a separate character. Ask students to write a paragraph describing any two characters, using the elements in the activity and the additional associations they came up with.

2 **Associations** Associez les personnages du film (**Vincent**, **Vincent+**, **Stella** et **Hervé**) aux endroits et aux descriptions correspondants.

1. la salle de bains Vincent
2. le club Vincent+, Stella
3. travailler dans un café Stella
4. ne jamais aller à l'opéra Stella
5. inviter quelqu'un à boire un verre Stella
6. sûr de lui avec les femmes Vincent+
7. faire sauter les bridages de sa puce Hervé
8. appeler assistance Reality+ Vincent
9. accepter des excuses Stella
10. parler avec sa voisine Vincent

3 EXPANSION Vincent decides to join the Reality+ community because he is insecure about his physical appearance. Ask students to give examples of how modern media and technology perpetuate unrealistic standards of attractiveness, and how people attempt to modify their appearance (in the real world, and online) in order to conform to these standards.

3 **Oui ou non?** Écrivez **oui** si ces phrases sont correctes et **non** si elles sont incorrectes. Corrigez les phrases incorrectes.

1. Tout le monde peut voir la nouvelle apparence de Vincent. Non. Seules les autres membres de Reality+ peuvent voir sa nouvelle apparence.
2. Stella écrit son numéro de téléphone sur le ticket de caisse. Oui.
3. Hervé est devenu membre de Reality+ avant Vincent. Oui.
4. Vincent active sa nouvelle identité de manière permanente. Non. Il a un cauchemar dans lequel il rêve qu'il le fait.
5. Il rêve qu'il a une cicatrice dans le dos parce qu'il est tombé de son balcon. Non. Dans son cauchemar, il a une cicatrice dans le dos parce qu'il a fait sauter les bridages de sa puce.
6. La voisine a dessiné le portrait de Vincent+. Oui.

4 EXPANSION Ask students to justify their answers and to expand on each item with information from the film. In the case of differing opinions, have students debate the opposing views.

4 **Questions** Répondez aux questions d'après le court métrage. Answers may vary. Suggested answers.

1. Que voit Vincent lorsqu'il se regarde dans le miroir après avoir activé sa puce? Il voit l'image d'un jeune homme séduisant.
2. Où est-ce que Vincent et Stella se rencontrent pour la première fois? Ils se rencontrent au café où Stella travaille.
3. Pourquoi la puce de Vincent se désactive subitement au club? Sa puce se désactive après qu'il reçoit un coup de poing au visage.
4. Comment Hervé a-t-il fait activer sa puce 24 heures sur 24? Il s'est fait opérer pour faire sauter les bridages de sa puce.
5. Pourquoi est-ce que Stella quitte Vincent brusquement après qu'ils se sont embrassés? Elle le quitte parce que sa puce va se désactiver dans dix minutes.
6. Pourquoi est-ce que Stella doit annuler pour l'opéra? Elle s'est trompée dans son planning d'activation.
7. Qui accompagne Vincent à l'opéra? Sa voisine l'accompagne.
8. Que découvre Vincent à propos de sa voisine? Il découvre que sa voisine et Stella sont la même personne.

Practice more at **vhlcentral.com.**

5 **Futurisme ou modernité?** Les événements du film se déroulent dans un monde qui ressemble beaucoup au nôtre, sauf qu'il est plus avancé au niveau de la technologie. Avec un(e) partenaire, identifiez au moins trois situations dans le film qui correspondent à la vie actuelle, et trois situations qui appartiennent au futurisme.

Modèle —**Voir la Tour Eiffel au milieu de gratte-ciel, ça c'est du futurisme.**
—**Oui, mais envoyer des SMS, ça se fait déjà dans la vie actuelle.**

5 EXPANSION Have students give examples of other stories that combine familiar elements of modern life with futuristic elements.

6 **Retour à la réalité?** De retour de l'opéra, Vincent semble désirer revenir à une vie moins futuriste. Il regarde sa voisine ramasser ses dessins qui se sont envolés. Au même moment, son portable sonne. Quelle est l'ironie de la situation? D'après vous, est-ce que Vincent et sa voisine vont continuer à activer leurs puces de temps en temps, maintenant qu'ils se connaissent vraiment? Pourquoi ou pourquoi pas? Que feriez-vous à leur place? Discutez-en par petits groupes.

7 **Cendrillon futuriste** À deux, faites un résumé du film en montrant les ressemblances et les différences avec le conte de fée de Charles Perrault *Cendrillon*. Utilisez le vocabulaire suivant.

différent(e) de	**la fée**
la baguette magique	**ressembler à**
le carosse	

7 PRESENTATION Make sure students know that *Cendrillon* is the original French version of the Cinderella story. Replay the film before students start working on this activity so that they can watch it with the *Cendrillon* story in mind.

8 **Rédaction** Comment définit-on son identité? Rédigez une rédaction qui répond à cette question. Prenez en compte ces considérations et donnez des exemples.

- Quels sont les éléments qui constituent l'identité humaine?
- L'identité d'une personne évolue-t-elle avec le temps? De quelle manière?
- Qu'est-ce qui forge l'identité à chaque étape de la vie (l'enfance, l'adolescence, l'âge adulte)?
- Le processus de création d'une identité est-il facile ou pose-t-il des problèmes? Lesquels? Comment ces problèmes peuvent-ils être résolus?
- Est-ce qu'une personne peut avoir plusieurs identités?
- De quelle manière se sert-on de la technologie et des médias pour établir ou exprimer sa véritable identité? De quelle manière ceux-ci nous permettent-ils aussi de nous inventer une identité qui ne correspond pas à la réalité?

8 EXPANSION Encourage students to consider the ways in which communities (including virtual communities) play a role in regulating individual identities.

Practice more at **vhlcentral.com.**

2.1

Le conditionnel présent et le conditionnel passé

PRESENTATION Remind students that the conditional in English is usually expressed with the word *would*.

PRESENTATION Remind students that there is always an **r** sound before the conditional ending.

PRESENTATION Tell students that the **e caduc** is often dropped in the pronunciation of most conditional forms of **–er** verbs except the **nous** and **vous** forms. Ex: **j'inventerais** but **vous écouteriez.**

Rappel

On utilise le conditionnel présent pour parler d'un fait simplement possible, éventuel, ou même imaginaire. Quand on veut parler d'un fait passé qui n'a pas eu lieu, on utilise le conditionnel passé.

*—Attends... on **pourrait**...*

Le conditionnel présent

- Pour former le conditionnel présent d'un verbe, on prend le radical du futur de l'indicatif et on ajoute les terminaisons de l'imparfait de l'indicatif: **-ais, -ais, -ait, -ions, -iez, aient.**

	aimer	amener	préférer	finir	rendre
je/j'	aimerais	amènerais	préférerais	finirais	rendrais
tu	aimerais	amènerais	préférerais	finirais	rendrais
il/elle/on	aimerait	amènerait	préférerait	finirait	rendrait
nous	aimerions	amènerions	préférerions	finirions	rendrions
vous	aimeriez	amèneriez	préféreriez	finiriez	rendriez
ils/elles	aimeraient	amèneraient	préféreraient	finiraient	rendraient

*Nous **vendrions** notre vieux magnétoscope pour si peu d'argent?*
*Il **aimerait** acheter un nouvel ordinateur mais il n'a pas assez d'argent.*

- On utilise le conditionnel pour exprimer une possibilité, une éventualité.

*—La télé ne marche pas. **Serait**-elle en panne?*
*Comment? Elle n'**abandonnerait** jamais ses études pour travailler dans les médias.*

- On utilise le conditionnel dans la proposition subordonnée pour parler d'une action future quand le verbe de la proposition principale est au passé.

*J'ai cru que cet article t'**intéresserait**.*
*Nous nous sommes dit que vous **trouveriez** une copie du magazine.*
*Qui vous a prévenu que les acteurs **viendraient** pour l'interview?*

Attention!

- N'oubliez pas d'omettre le **e** final de l'infinitif des verbes en **-re**.

éteindre → éteindrais
rendre → rendrais
vendre → vendrait

Attention!

- Voici quelques verbes irréguliers qui, au futur, ont un radical différent de l'infinitif.

aller	**ir-**
avoir	**aur-**
devenir	**deviendr-**
devoir	**devr-**
être	**ser-**
faire	**fer-**
pouvoir	**pourr-**
recevoir	**recevr-**
savoir	**saur-**
venir	**viendr-**
voir	**verr-**
vouloir	**voudr-**

- On utilise le conditionnel pour marquer un désir ou une volonté atténuée. C'est ce qu'on appelle le conditionnel de politesse. Les verbes **vouloir, pouvoir, devoir** et **savoir** au conditionnel sont souvent utilisés dans ce contexte.

  ***Pourriez**-vous me dire où trouver la revue* Comment surfer sur Internet*?*
  *Vous ne **devriez** pas dépenser tant d'argent pour des jeux vidéo!*
  *Je **voudrais** écouter les nouvelles. **Pourrais**-tu allumer la radio?*

Le conditionnel passé

- Le conditionnel passé est un temps composé. Pour le former, on prend le conditionnel présent de l'auxiliaire **être** ou **avoir** et on y ajoute le participe passé du verbe.

Les formes du conditionnel passé

	aimer	aller
je/j'	aurais aimé	serais allé(e)
tu	aurais aimé	serais allé(e)
il/elle/on	aurait aimé	serait allé(e)
nous	aurions aimé	serions allé(e)s
vous	auriez aimé	seriez allé(e)(s)
ils/elles	auraient aimé	seraient allé(e)s

- On utilise le conditionnel passé pour parler d'un fait passé qui ne s'est pas réalisé.

  *Je t'**aurais suggéré** ce logiciel, mais il ne marche pas très bien.*
  *Il **aurait pu** faire réparer son ordinateur au lieu d'en acheter un nouveau.*

- Les règles d'accord du participe passé sont les mêmes au conditionnel passé qu'au passé composé.

  *Elle se serait **présentée** comme étant la fille de nos voisins. Et comme ça nous l'aurions **reconnue**!*
  *Après l'interview, nous nous serions **parlé** plus longtemps et vous ne seriez pas **partis**.*

*Elle l'**aurait accompagné** à l'opéra, si elle ne **s'était** pas **trompée** dans son planning d'activation.*

PRESENTATION Point out that the conditional of **devoir** is equivalent to the word *should* in English. Ex: **Tu devrais lire cet article; il est très intéressant.** The conditional of **pouvoir** is equivalent to *could.* Ex: **Je pourrais éditer cet article et devenir très riche!**

PRESENTATION Point out that in English, too, the conditional is used to convey politeness. Ex: *Could you help me?*

Coup de main

Il faut au conditionnel devient **il faudrait**, **il pleut** devient **il pleuvrait** et **il y a** devient **il y aurait.**

*La météo a annoncé qu'**il y aurait** une tempête demain.*

Attention!

- Le participe passé du verbe **devoir** est **dû**, avec un accent circonflexe pour le différencier de l'article **du**.

*Nous **aurions dû** écouter la météo.*

*Pour son test d'endurance, elle **a dû** faire **du** vélo.*

Mise en pratique

1 **Quelques conseils** Votre ami(e) vient d'acheter un nouvel ordinateur et il/elle ne sait pas l'utiliser. Dites-lui ce que vous feriez à sa place. Utilisez le conditionnel présent.

Modèle commencer par brancher l'ordinateur
À ta place, je commencerais par brancher l'ordinateur.

1. utiliser un clavier AZERTY À ta place, j'utiliserais un clavier AZERTY.
2. allumer l'ordinateur À ta place, j'allumerais l'ordinateur.
3. ouvrir une session À ta place, j'ouvrirais une session.
4. naviguer sur Internet pour trouver un site intéressant À ta place, je naviguerais sur Internet pour trouver un site intéressant.
5. sauvegarder le site dans les «Favoris» À ta place, je sauvegarderais le site dans les «Favoris».
6. graver un CD À ta place, je graverais un CD.
7. cliquer sur «Aide» pour savoir comment faire À ta place, je cliquerais sur «Aide» pour savoir comment faire.
8. suivre un cours d'informatique À ta place, je suivrais un cours d'informatique.

Note CULTURELLE

Aux États-Unis, on utilise le clavier QWERTY, mais en France, on utilise le clavier AZERTY. Les noms viennent de la place qu'occupent ces lettres sur le clavier.

2 **Quel week-end!** Nathalie n'a que des regrets. Mettez les verbes entre parenthèses au conditionnel passé.

Je/J' (1) aurais dû (devoir) écouter la météo et je/j'(2) aurais su (savoir) qu'il allait pleuvoir tout le week-end. Alors, mes copains et moi, nous (3) ne serions pas allés (ne pas aller) camper et nous (4) n'aurions pas été (ne pas être) surpris par l'orage sur la route. Le toit de notre voiture (5) n'aurait pas eu (ne pas avoir) de fuite (*leak*) et on (6) n'aurait pas passé (ne pas passer) tout le week-end à se disputer! Je/J'(7) aurais mieux fait (mieux faire) de rester à la maison et rien de tout cela ne (8) serait arrivé (arriver).

3 **EXPANSION** Take a survey of students' responses and tally the results on the board.

3 **Préférences** À deux, posez-vous des questions d'après les options suggérées. Quelle serait votre préférence? Ensuite, justifiez votre réponse.

Modèle aller au cinéma / télécharger des films sur ordinateur
—Irais-tu au cinéma ou téléchargerais-tu des films sur ordinateur?
—J'irais au cinéma parce que l'écran de mon ordinateur est petit.

1. lire les nouvelles dans le journal / regarder les informations à la télé
2. avoir un abonnement / acheter le journal tous les jours
3. faire des études d'informatique / suivre des cours de journalisme
4. acheter le journal / lire le journal en ligne
5. envoyer des e-mails à tes amis / téléphoner à tes amis
6. créer un blog / tenir un journal

Note CULTURELLE

De plus en plus de jeunes créent leur blog, qui est un journal en ligne où ils parlent de leur passion, rapportent et discutent des faits d'actualité et dialoguent avec d'autres blogueurs. Le langage utilisé par les blogueurs est fait d'abréviations de style SMS. Voici quelques exemples.

à plus tard = @+
à demain = @2m1
pourquoi = pk

Communication

4 **Le métier de journaliste** Votre partenaire rêve de devenir journaliste. Posez-lui des questions.

1. Pour quel genre de journal travaillerais-tu?
2. Quelle personnalité aimerais-tu interviewer?
3. Cela t'ennuierait de devoir voyager pour ton métier? Pourquoi?
4. Quels genres d'événements couvrirais-tu dans tes reportages?
5. Dirais-tu toujours toute la vérité à tes lecteurs? Pourquoi?
6. Que ferais-tu pour devenir un(e) grand(e) journaliste et recevoir le prix Pulitzer?

4 EXPANSION Ask pairs to come up with two more questions. Then have them work in groups of four to ask and answer all the questions.

5 **Les faits divers** Vous et votre partenaire travaillez pour une chaîne de télévision. Présentez les dernières informations aux téléspectateurs sous forme d'interview. Les faits n'ayant pas été vérifiés, utilisez le conditionnel.

Modèle Vol de bijoux dans un musée parisien... nuit du samedi au dimanche... Valeur estimée: plus de deux millions d'euros... La police suspecte deux personnes...
—On a volé des bijoux dans un musée parisien.
—Sait-on quand ça a eu lieu?
—Ça se serait passé dans la nuit du samedi au dimanche.
—Connaît-on la valeur des bijoux volés?
—Les bijoux volés auraient une valeur de plus de deux millions d'euros.

Catastrophe aérienne dans les Alpes... quelques survivants... accident dû au mauvais temps...

Inondation dans le sud de la France... habitants sans électricité... arrivée imminente des secours...

Découverte d'un trésor... ayant appartenu à des pirates... milliers de pièces d'or...

Château suisse hanté... fantôme aperçu... bruits suspects pendant la nuit...

5 EXPANSION Encourage students to add at least one more piece of information to each news story.

5 EXPANSION You might want to allow students some time to prepare this activity in advance and have them present it to the class.

6 **L'an 3000** Avec un(e) partenaire, imaginez comment serait la vie en l'an 3000. L'un(e) de vous est très futuriste et l'autre est plus réaliste. Utilisez le conditionnel présent et le conditionnel passé.

Modèle **—On pourrait partir en vacances sur d'autres planètes.**
—Mais non, on n'aurait pas encore inventé de fusées pour aller si loin.

Practice more at **vhlcentral.com.**

Presentation

PRESENTATION If students need to review the formation of the various tenses mentioned on this page, refer them to the verb conjugation tables in the appendix of their books.

2.2 Les propositions introduites par si

Rappel

La plupart du temps, la conjonction **si** introduit une proposition conditionnelle. Mais **si** peut aussi servir à faire une suggestion ou exprimer un souhait ou un regret.

Attention!

- **Si** devient **s'** devant **il** ou **ils** mais reste **si** devant **elle, elles** ou **on.**

S'il cherche un article intéressant à lire, conseille-lui La revue informatique.

Si elles veulent utiliser mon imprimante, elles peuvent.

*—Je connais un endroit, peut-être... **si** tu **as** envie d'un dernier verre.*

Les propositions conditionnelles introduites par si

- **Si** introduit une proposition conditionnelle qui exprime une simple hypothèse. La conséquence dans la proposition principale dépend de la réalisation de cette condition.

Proposition introduite par **si**	Proposition principale
présent	présent futur simple futur proche impératif

***Si** vous **voulez**, je **peux** vous montrer comment ça marche.*
***S'**il **pleut**, il ne **viendra** pas.*
*Il **va acheter** un portable **s'**il **a** assez d'argent.*
***Si** tu ne **comprends** pas comment faire, **clique** sur «Aide».*

- **Si** introduit une proposition conditionnelle qui exprime un fait éventuel, hypothétique ou imaginaire.

Proposition introduite par **si**	Proposition principale
imparfait	conditionnel présent

***Si** tu **pouvais** me montrer comment faire, cela m'**aiderait** beaucoup.*
***Si** mon ordinateur n'**était** pas en panne, je t'**apprendrais** à graver un CD.*
*Ils ne **perdraient** pas leurs documents **s'**ils les **sauvegardaient** plus souvent.*

Coup de main

La proposition introduite par **si** peut précéder ou suivre la proposition principale.

***Si** tu veux un beau fond d'écran, tu n'as qu'à faire une recherche sur le net.*

*Vous trouverez ce dont vous avez besoin **si** vous cherchez bien.*

- **Si** introduit une proposition conditionnelle qui exprime un fait passé qui est contraire à la réalité. Le verbe de la proposition principale est au conditionnel présent si on parle d'une situation présente et au conditionnel passé si on parle d'une situation passée.

Proposition introduite par **si**	Proposition principale
plus-que-parfait	conditionnel présent conditionnel passé

*Si j'**avais suivi** un cours d'informatique, je **saurais** comment utiliser mon ordinateur.*
*Si j'**avais suivi** un cours d'informatique, j'**aurais pu** réparer mon ordinateur moi-même.*

Suggestions, souhaits et regrets introduits par si

- On utilise **si** + l'imparfait pour faire une suggestion ou exprimer un souhait.

*Si on **allait** au cybercafé?*
*Et **si** tu **étudiais** un peu au lieu de jouer à des jeux vidéo?*
*Ah! **Si** nous **pouvions** remonter dans le temps...*

- On utilise **si** + l'imparfait ou le plus-que-parfait pour exprimer un regret.

Si** je t'**avais écoutée!
*Si seulement nous **connaissions** le logiciel!*

***Si** seulement il n'**avait** pas **reçu** un coup de poing au visage!*

- Dans le discours indirect, on utilise **si** pour introduire une phrase interrogative.

*Je me demande **s'il comprend comment ça marche**.*
*Vous avez demandé **si elle avait publié cet article.***

*Il se demande **si sa voisine est la même fille qu'il a rencontrée au café.***

Attention!

- Le verbe de la proposition conditionnelle introduite par **si** n'est jamais ni au futur ni au conditionnel.

PRESENTATION Point out that the sequence of tenses used varies according to the situation being described.

EXPANSION Since this use of the **si + imparfait** construction might seem like an incomplete sentence, point out that the question mark should serve as a reminder that an invitation is being extended or a suggestion made.

PRESENTATION You might want to remind students that the **plus-que-parfait** is formed with the **imparfait** of **être** or **avoir** and the past participle of the main verb.

Mise en pratique

1 PRESENTATION Explain to students that there are several ways of translating the word *e-mail*. One can say or write **un e-mail**, **un mail**, **un mél**, **un courriel**, or **un courrier électronique**. Also explain that **un portable** refers to either a cell phone or a laptop computer, depending on the context.

1 **Un nouvel ordinateur** Trouvez la suite logique de chaque phrase.

A	B
c 1. Si tu veux acheter un nouvel ordinateur, ...	a. tu l'aurais gardé?
e 2. Si tu voyais une pub pour un ordinateur à 100 euros, ...	b. tu pourras encore l'utiliser.
f 3. Si tu avais le choix, ...	c. demande conseil à Luc.
d 4. Si on t'avait dit que l'informatique te passionnerait, ...	d. tu l'aurais cru?
	e. tu l'achèterais?
a 5. Si ton vieil ordinateur était tombé en panne, ...	f. tu préférerais un portable?
b 6. Si ton ordinateur peut être réparé, ...	

2 EXPANSION As an alternative, write these sentences on the board, giving only one of the choices in each and have students fill in the blank with the other verb form.

2 **Les relations modernes** Lors d'une soirée, Simon a rencontré une fille qu'il voudrait bien revoir mais il a oublié de lui demander ses coordonnées.

1. Si j' ____________ son adresse, je lui ____________ un mail.
   a. avais eu... enverrai — **b. avais... enverrais** — c. ai... aurais envoyé
2. Si j'y ____________, j' ____________ son numéro de mobile.
   a. avais pensé... aurais pris — b. pensais... aurais pris — c. pense... prenais
3. Si elle ____________ un blog sur Internet, je ____________ peut-être reprendre contact avec elle.
   a. a... pourrai — b. avait eu... peux — c. aurait... peux
4. Si tu la ____________, ____________-lui que je veux la revoir.
   a. verrais... disais — b. verras... dit — **c. vois... dis**
5. Si elle ____________, on ____________ se donner rendez-vous dans un cybercafé.
   a. veut... pourra — b. avait voulu... pourrait — c. voudrait... aurait pu
6. Si nous ____________ nous revoir, je ne la ____________ plus!
   a. pourrions... quitterai — **b. pouvions... quitterais** — c. avions pu... quitte

3 PRESENTATION Tell students that **SIDA** stands for **Syndrome d'Immunodéficience Acquise** and is the French acronym for AIDS.

3 **Les remèdes miracle** Complétez la conversation d'Alain et de Martine.

ALAIN Si seulement on (1) ___pouvait___ (pouvoir) découvrir une cure contre le cancer, tout (2) ___irait___ (aller) mieux!

MARTINE Oui bien sûr, ce (3) ___serait___ (être) bien aussi si on (4) ___découvrait___ (découvrir) des remèdes miracle contre le SIDA et contre le diabète.

ALAIN Si tu (5) ___crois___ (croire) que c'est si facile, alors (6) ___trouve___ (trouver)-les toi-même, ces remèdes miracle!

MARTINE Et si on (7) ___allait___ (aller) au cinéma au lieu de se disputer? Nous (8) ___nous calmerions___ (se calmer) un peu, non?

ALAIN Oui, je suis d'accord avec toi pour une fois. Tu peux même choisir le film si tu (9) ___veux___ (vouloir).

Note CULTURELLE

C'est un Français, le professeur Luc Montagnier de l'Institut Pasteur, qui a obtenu le prix Nobel de médecine en 2008 pour ses travaux portant sur le virus d'immunodéficience humaine (VIH) responsable du SIDA.

Practice more at **vhlcentral.com.**

Communication

4 **Situations hypothétiques** Demandez à votre partenaire ce qu'il/elle ferait dans ces situations.

Modèle si tu pouvais voyager dans le temps
—Qu'est-ce que tu ferais si tu pouvais voyager dans le temps?
—Si je pouvais voyager dans le temps, je retournerais à l'époque de Louis XVI et ferais la connaissance de Marie-Antoinette.

1. si tu pouvais prévoir l'avenir
2. si tu découvrais une formule qui rend invisible
3. si tu voyais un OVNI atterrir dans ton jardin
4. si tu pouvais voyager dans l'espace
5. si tu pouvais lire dans la pensée des autres
6. si tu inventais un produit qui change tout en or

4 **PRESENTATION** Tell students that **OVNI** stands for **Objet Volant Non Identifié** and is the French acronym for UFO.

5 **Si j'avais été toi** Votre partenaire vous dit ce qu'il/elle a fait. Dites ce que vous auriez fait différemment.

Modèle J'ai laissé mon portable dans le cybercafé.
Si j'avais été toi, je n'aurais pas parlé distraitement au serveur pendant un quart d'heure. J'aurais mieux surveillé mes affaires.

1. J'ai oublié mon mot de passe.
2. J'ai ouvert cet e-mail et j'ai attrapé un virus.
3. J'ai payé trop cher pour ce logiciel.
4. J'ai oublié de sauvegarder mon document.
5. J'ai cliqué sur «Effacer» et j'ai perdu tout mon travail.
6. Je suis resté(e) en ligne pendant des heures.

5 **EXPANSION** Have students tell their partners about a real problem for which they need advice. Those giving the advice should say what they would do or would have done under the same circumstances.

6 **Remonter le temps** Avec un(e) partenaire, discutez de deux ou trois choses que vous aimeriez changer dans votre passé et donnez les conséquences éventuelles de ces changements dans votre vie actuelle.

Modèle **—Qu'est-ce que tu aurais fait différemment si tu avais pu?**
—J'aurais fait des études d'informaticien et maintenant, j'aurais ma propre compagnie d'informatique et je serais riche. Et toi?

6 **EXPANSION** Pair up students with similar abilities to ensure that the exchanges are well balanced.

Préparation

PRESENTATION Ask students to name all the activities they can do with a cell phone. Ex: **téléphoner, envoyer des messages, prendre des photos, écouter des chansons,** etc.

PRACTICE Read these phrases aloud and have students say whether each one is **logique** or **illogique**. Have them correct illogical phrases with the new vocabulary.
1. allumer le message (illogique: allumer le mobile)
2. recharger le mobile (logique)
3. se brancher sur un pouce (illogique: se brancher sur un réseau)
4. éteindre le répertoire (illogique: éteindre le mobile)
5. taper avec le pouce (logique)
6. appuyer sur la communication (illogique: appuyer sur la touche)

2 EXPANSION Tell students to look at the title of the article on the following page. Ask a volunteer to write out the verb form expressed in the title by the letter **M (aime)**. Then have students explain the title and the use of the word **pouce**.

Vocabulaire de la lecture

un carnet d'adresses *address book*
un clavier *keyboard*
un écran *screen*
l'envoi (m.) *sending*
éteindre *to turn off*
un mobile *cell phone*
n'importe quand *anytime*
numérique *digital*
le pouce *thumb*
un(e) proche *loved one*
un réseau *network*
un SMS *text message (Short Message Service)*
un texto *text message*

Vocabulaire utile

allumer *to turn on*
se brancher *to connect*
la communication *air time*
enregistrer *to record*
le fond d'écran *computer wallpaper*
une icône *icon*
une mobicarte *prepaid card*
recharger *to recharge*
un smartphone *smartphone*
taper *to type*
valider *to enter*

1 **Le mot juste** Complétez les phrases avec le mot de vocabulaire qui convient.

1. Quand on prend une photo avec un appareil photo ___numérique___, on peut la voir tout de suite.
2. J'ai mis la photo de mon chat en ___fond d'écran___ sur mon ordinateur. Comme ça, il ne me manque pas.
3. Il faut appuyer sur la touche «Message» pour lire un ___SMS/texto___.
4. Mon grand-père n'envoie jamais de textos parce qu'il ne voit pas bien les lettres sur le ___clavier___.
5. Ma fille achète une ___mobicarte___ pour appeler moins cher sur son mobile.
6. Grâce à la technologie, on peut facilement rester en contact avec sa famille et tous ses ___proches___.

2 **Accro du mobile** Par groupes de quatre, faites ce test pour déterminer si vous êtes des accro du téléphone mobile. Comparez vos résultats au bas de la page et puis à ceux du reste de la classe.

Êtes-vous accro au mobile?

1. Vous envoyez des textos à vos amis en mangeant.
2. Vous lisez vos textos en classe.
3. Vous achetez toujours le dernier modèle de mobile.
4. Vous contrôlez bien l'usage de votre mobile et vous ne dépassez (*go over*) jamais votre temps de communication.
5. Vous dormez avec votre mobile et vous l'utilisez aussi dans les toilettes.
6. Vous répondez tout de suite quand votre mobile sonne.
7. Vous n'interrompez pas votre conversation quand votre mobile sonne.
8. Vous gardez votre mobile allumé jour et nuit pour ne pas perdre d'appels.
9. Vous éteignez votre mobile la nuit pour économiser la batterie.

Si vous avez répondu «oui» aux questions: 1, 2 et 5, vous êtes sans aucun doute accro; 3, 6 et 8, vous avez tendance à être accro; 4, 7 et 9, vous n'êtes pas du tout accro.

Practice more at **vhlcentral.com.**

Louis Asana

SMS textos: dites «Je t'M» avec le pouce!

En quelques années, les mini-messages ou SMS ont conquis tous les propriétaires de mobile! À tel point que le pouce est devenu un organe de communication à part entière. Qui aujourd'hui envoie encore une lettre d'amour par la poste pour la Saint-Valentin? Un message texte suffit! Mais que révèle cette habitude? Découvrez la face cachée des textos...

Plus de 85% des gens possèdent un téléphone portable en Europe. Et les SMS sont devenus une partie essentielle de cette révolution numérique. En Angleterre, plus d'un milliard° de messages sont envoyés par mois. En France, ce sont plus de 535 millions de vœux électroniques qui ont été échangés le 1er janvier 2014.

milliard: billion

Qui sont les «texters»?

Mais qui sont les agités du pouce? Si tout le monde envoie des messages de temps en temps, les véritables adeptes, qui privilégient ce moyen de communication, sont essentiellement les plus jeunes. 90% des ados° préféreraient envoyer des messages que de parler de vive voix au téléphone. Et les jeunes adultes ne sont pas en reste°: 78% des Français de 18–24 ans sont des habitués des SMS. Et 80% des moins de 45 ans jugent que l'envoi de messages textes est la fonction la plus utile de leur téléphone. Les femmes seraient un peu plus textos que les hommes sans qu'on puisse parler de féminisation du pouce. Et il ne faut pas croire que les SMS sont utilisés uniquement pour leur côté pratique ou fonctionnel. Moins d'un tiers les utilisent dans ce but. Les utilisations majoritaires seraient les messages d'amour, l'amitié et autres fonctions plutôt relationnelles et sociales. Le développement des textos est tel que certains spécialistes n'hésitent pas à parler d'addiction, et des cliniques proposent même des cures° de désintoxication.

ados: adolescents; ne sont pas en reste: won't be outdone; cures: treatments

Un monde à part

Mais surtout aujourd'hui les messages textes sont devenus un moyen à part entière de contacter son réseau de proches. Et cela s'adresse pratiquement exclusivement au cercle d'amis: une étude anglaise a montré que les «texters» n'envoient pas des SMS indifféremment à tout leur carnet d'adresses. Ils envoient de manière intensive des textos à un petit groupe d'amis. Les SMS sont envoyés moins facilement à un membre de la famille. Ce cercle de proches est d'ailleurs quasiment en permanence relié° par clavier interposé. Et paradoxalement, ce type de liaison virtuelle serait plus forte! Car les communications par textos seraient plus nombreuses et moins superficielles.

relié°: connected

À noter que de nouvelles fonctionnalités, telles que l'accès aux logiciels de messagerie instantanée du web sur son mobile, devraient renforcer ce phénomène.

Le pouce des timides

Pour certains spécialistes, les textos seraient, encore plus que les forums de discussions, la bouée de sauvetage° des grands timides et des phobiques sociaux. En clair, tous ceux qui ont du mal à s'exprimer en face à face. Ces véritables «handicapés sociaux» en sont réduits à même éviter la conversation téléphonique pour lui préférer le message texte. Des scientifiques ont montré que les personnes qui ont tendance à nouer° des amitiés plutôt dans le monde virtuel de l'Internet sont aussi plus attirées par les messages textes. Les SMS seraient même utilisés par certains à la manière d'un «chat». Et les échanges instantanés, n'importe quand, feraient des SMS de véritables discussions à bâtons rompus°... sans paroles. Avec l'avantage pour le timide d'avoir plus de temps pour réfléchir à ses réponses.

bouée de sauvetage°: life preserver
nouer°: establish
à bâtons rompus°: on all kinds of subjects

Y a klk1?

Si le SMS est devenu un mode de communication à part entière, il a aussi son langage... qui d'ailleurs hérisse le poil° des puristes. Écriture phonétique, lettres qui remplacent des syllabes... Il s'agit pratiquement d'un rébus sur petit écran. Celui-ci renforce encore plus le sentiment d'appartenance à un groupe, avec son langage et ses codes. Mais ses détracteurs soulignent que cette simplification limite la richesse de la discussion. Difficile en effet de philosopher en langage SMS... On notera néanmoins des initiatives intéressantes, telles que les fables de La Fontaine en SMS publiées par Phil Marso (son site propose un cours de CP° du SMS...).

hérisse le poil°: raises the hackles
CP°: cours préparatoire (first year of primary school)

Même si vous êtes un adepte des SMS, n'oubliez pas tout de même de rencontrer vos amis dans la vraie vie. Et alors éteignez votre portable! ■

Analyse

1 PRESENTATION Have students read these items before they read the article in order to help them anticipate its general theme.

1 EXPANSION Ask small groups to discuss whether the codified language used in text messages is an obstacle to understanding them. Ask them if they think texting has made their own spelling worse.

1 **Allô?** Répondez à ces questions.

1. SMS veut dire *Short Message Service*. Quel mot français dans le texte est équivalent à SMS? Le mot français **texto** est équivalent à SMS.
2. Dans quel pays l'enquête a-t-elle été menée? Elle a été menée en France.
3. Quelle catégorie de la population préfère envoyer des SMS? Les ados préfèrent envoyer des SMS.
4. Quelles fonctions constituent les utilisations majoritaires des textos? Les fonctions relationnelles et sociales constituent les utilisations majoritaires des textos.
5. À qui les «texters» envoient-ils des textos de manière intensive? Ils envoient des textos de manière intensive à un petit groupe d'amis.
6. Qu'est-ce que des scientifiques ont montré à propos des personnes qui ont tendance à nouer des amitiés sur Internet? Ils ont montré qu'elles sont aussi plus attirées par les messages textes.
7. Quel sentiment le langage et les codes des SMS renforcent-ils? Ils renforcent le sentiment d'appartenance à un groupe.

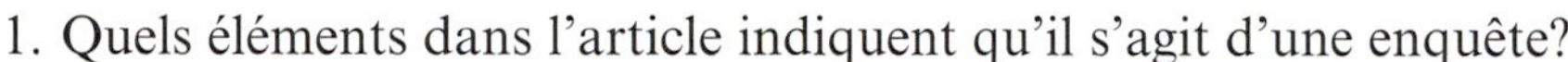

2 EXPANSION Ask students if they think that cell phone use can turn into an invasion of privacy. Ask them if owning one is indispensable.

2 **À interpréter** À deux, répondez à ces questions.

1. Quels éléments dans l'article indiquent qu'il s'agit d'une enquête?
2. Pourquoi les adolescents préfèrent-ils envoyer des SMS, à votre avis?
3. Pourquoi ce mode de communication peut-il créer des problèmes d'addiction?
4. Êtes-vous d'accord sur le fait qu'on adresse de préférence des SMS à des amis plutôt qu'à sa famille? Pourquoi croyez-vous que ce soit le cas?
5. Pourquoi est-il difficile de philosopher en langage SMS?

3 **Valeur littéraire** Phil Marso, écrivain français qui a publié le premier livre en langage SMS, a pris l'initiative d'envoyer des fables de La Fontaine en SMS. Par petits groupes, répondez à ces questions et puis comparez vos opinions à celles du reste de la classe.

- D'après vous, pourquoi Phil Marso a-t-il choisi des fables pour ce type de texte?
- Quels autres textes d'un genre littéraire pourraient être envoyés dans des SMS? Donnez des exemples précis.

4 PREPARATION Explain to students that Egyptians communicated through hieroglyphs as early as 4000 B.C. The system consisted of drawings representing humans, gods, objects, animals, or plants that could refer to ideas or actions. These drawings could be phonetic as well as ideographic in nature. For example, the drawing of an eye, a dog, and water could mean «I see a dog swimming.»

4 **Textos en images** Imaginez qu'au lieu d'envoyer des messages de textes on envoyait des textes imagés. Chaque dessin signifierait un mot ou une idée comme les hiéroglyphes. Avec un(e) partenaire, préparez six dessins qui vous permettront de communiquer avec vos amis et écrivez la définition de chaque dessin. Ensuite, assemblez ces dessins pour formuler un message. Présentez-le à un autre groupe, qui va le traduire avec des mots. Pour finir, travaillez par groupes de quatre pour répondre à cette question.

> Quelles caractéristiques les symboles graphiques et les textos ont-ils en commun?

5 EXPANSION Ask pairs to imagine that they must help a person with limited mobility or a visually impaired person to use a cell phone designed especially for him or her. Have pairs write five sentences to guide the person step-by-step using transition words such as **d'abord, puis, ensuite,** and **enfin**.

5 **Un accident** Vous avez eu un accident grave qui vous empêche d'utiliser vos mains. À deux, rédigez un paragraphe où vous incluez ces thèmes.

- Votre désir de recommencer à envoyer des textos après deux semaines sans le faire
- Comment vos proches peuvent vous aider pendant l'immobilisation de vos bras

Practice more at **vhlcentral.com.**

Préparation

À propos de l'auteur

André Berthiaume est né à Montréal en 1938. Il a obtenu un doctorat en littérature française de l'Université de Tours en 1969 et a enseigné à l'Université Laval pendant plus de vingt ans. Berthiaume est un romancier, nouvelliste et essayiste qui a contribué à la renaissance de la nouvelle au Québec. Son recueil *Incidents de frontière* (1984) lui a valu le prix Adrienne-Choquette ainsi que le Grand Prix de la science-fiction et du fantastique québécois. Il est secrétaire de la Société artistique et culturelle de Québec et l'auteur de plusieurs recueils de nouvelles, y compris *Contretemps* (1971), *Le Mot pour vivre* (1978), *Presqu'îles dans la ville* (1991) et *Les Petits Caractères* (2003).

PRESENTATION Ask students these questions.
1. Que préférez-vous lire, un magazine ou un journal?
2. Où aimez-vous le lire?
3. Buvez-vous ou mangez-vous quelque chose en lisant? Expliquez.
4. Au café, vous installez-vous au comptoir pour lire ou bien préférez-vous un fauteuil confortable?
5. Quelles sortes d'articles lisez-vous? Les nouvelles, les articles politiques, scientifiques? Les enquêtes? Ou bien regardez-vous simplement la publicité et les photos?

PRACTICE Write these items on the board and read the answers in parentheses aloud and in random order. Have students pick the word or expression from the board that they associate with each answer they hear.
1. le couvercle (le bidon)
2. du café (un déca)
3. la chaussée (le carrefour)
4. le journal (le quotidien)
5. le tireur (le coup de feu)
6. le bois (le feu)

2 EXPANSION Ask groups of three to make a list of six well-known magazines and newspapers. Then ask them to group them by the kind of information they contain. Have groups evaluate their quality by assigning to each a number between 1 and 5, 5 being top quality. Have them justify their evaluations.

Vocabulaire de la lecture

à bout de souffle *breathless*
atteindre *to reach*
un bidon *container*
le bois *firewood*
un camion-citerne *tank truck*
un carrefour *intersection*
la chaussée *road surface*
une cible *target*
un coup de feu *gunshot*
un couvercle *lid*
un déca *decaffeinated coffee*
éreinté(e) *exhausted*
une gorgée *sip*
gras(se) *boldface*
un(e) piéton(ne) *pedestrian*
un quotidien *daily newspaper*
les relents (m.) *bad odors*
se répandre *to spill*
un sapeur(-pompier) *firefighter*
un siège *seat*
un tireur *sniper*

Vocabulaire utile

un abonnement *subscription*
annuel(le) *yearly*
bimensuel(le) *semimonthly*
une couverture *front cover*
gratuit(e) *free (of cost)*
hebdomadaire *weekly*
mensuel(le) *monthly*
la une *front page*

1 **Vocabulaire** Complétez les phrases à l'aide des mots des listes de vocabulaire.

1. Les chiens errants (*stray*) sont attirés par les __relents__ de la cuisine des restaurants.
2. En hiver, les __piétons__ marchent plus vite pour ne pas rester longtemps dehors.
3. J'ai choisi un magazine __hebdomadaire__ parce que je préfère lire les nouvelles une fois par semaine.
4. Quand je vais à la plage, j'apporte toujours un __siège__ parce que je n'aime pas m'asseoir sur le sable.
5. Mon frère joue bien aux fléchettes (*darts*). Il ne rate (*misses*) jamais la __cible__ .
6. Ce n'est pas parce que la __couverture__ d'un livre est laide qu'on ne devrait pas lire ce livre!

2 **Gros ou petits caractères?** À deux, répondez à ces questions.

1. Qu'est-ce qui vous attire dans un journal, les photos ou les titres des articles?
2. Pourquoi certains titres d'articles sont-ils écrits en gros caractères et d'autres en petits caractères? Lisez-vous les deux types de titres?
3. D'après vous, pourquoi certains mots sont-ils mis en italiques?
4. Comparez un magazine sérieux avec un magazine à sensations. Pouvez-vous parler de la différence de présentation des articles sur la couverture?

Practice more at **vhlcentral.com.**

3 **Coin lecture** Choisissez un magazine que vous aimez lire. À tour de rôle, décrivez votre choix à votre partenaire à l'aide de cette liste. Ensuite, décrivez votre magazine à la classe et comparez vos choix.

- Ses thèmes: mode, sports, informations, sciences, cuisine, etc.
- Sa fréquence: hebdomadaire, mensuel
- Son degré de difficulté
- Son origine: domestique, étrangère

4 **L'avenir** Par petits groupes, discutez de l'avenir de l'édition (*publishing*). Ensuite, présentez vos idées à la classe. N'oubliez pas de répondre à ces questions.

1. Les journaux et les magazines devraient-ils être toujours imprimés sur papier? Devraient-ils être offerts seulement électroniquement? Expliquez.
2. Quel journal ou quel magazine connaissez-vous qui ne soit plus imprimé? Pourquoi ne l'est-il plus?
3. Quelles solutions possibles existe-t-il au problème des journaux et des magazines menacés d'extinction?

4 EXPANSION Ask students whether they prefer reading electronic books, magazines, and newspapers, or their print versions. Have the class discuss the advantages and disadvantages of reading electronic books versus print books.

5 **Atelier d'imprimerie** À deux, créez la première page de votre propre journal ou magazine. Donnez ces informations et puis montrez votre travail à la classe, qui va commenter.

- titre de votre journal ou magazine
- sa fréquence
- la date du numéro
- le prix
- quelques titres d'articles
- quelques photos
- le premier paragraphe d'un article
- la mise en page (*layout*)

5 EXPANSION Have pairs describe how their newspaper or magazine would look different if it were published online.

6 **Les réactions** Par groupes de trois, expliquez en quoi les nouvelles que vous lisez dans les journaux ou sur Internet et les infos que vous regardez à la télévision vous affectent. Donnez un exemple d'une nouvelle...

- qui vous surprend.
- qui vous met en colère.
- que vous trouvez ridicule.
- qui vous fait rire.
- qui vous fait frémir (*shudder*).
- qui vous laisse indifférent(e).

6 EXPANSION Ask students if they think that society is so oversaturated with news that people have become desensitized to news stories, positive and negative. Ask them how much news they think is too much and why. What types of news stories could they live without?

7 **Anticiper** À deux, regardez cette photo et imaginez la réaction de l'homme. Qu'a-t-il appris en lisant cet article? Maintenant, lisez le titre du texte que vous allez lire sur les prochaines pages. Que pouvez-vous en déduire? Pourquoi l'auteur a-t-il choisi ce titre? Présentez vos idées à la classe.

Les Petits Caractères

André Berthiaume

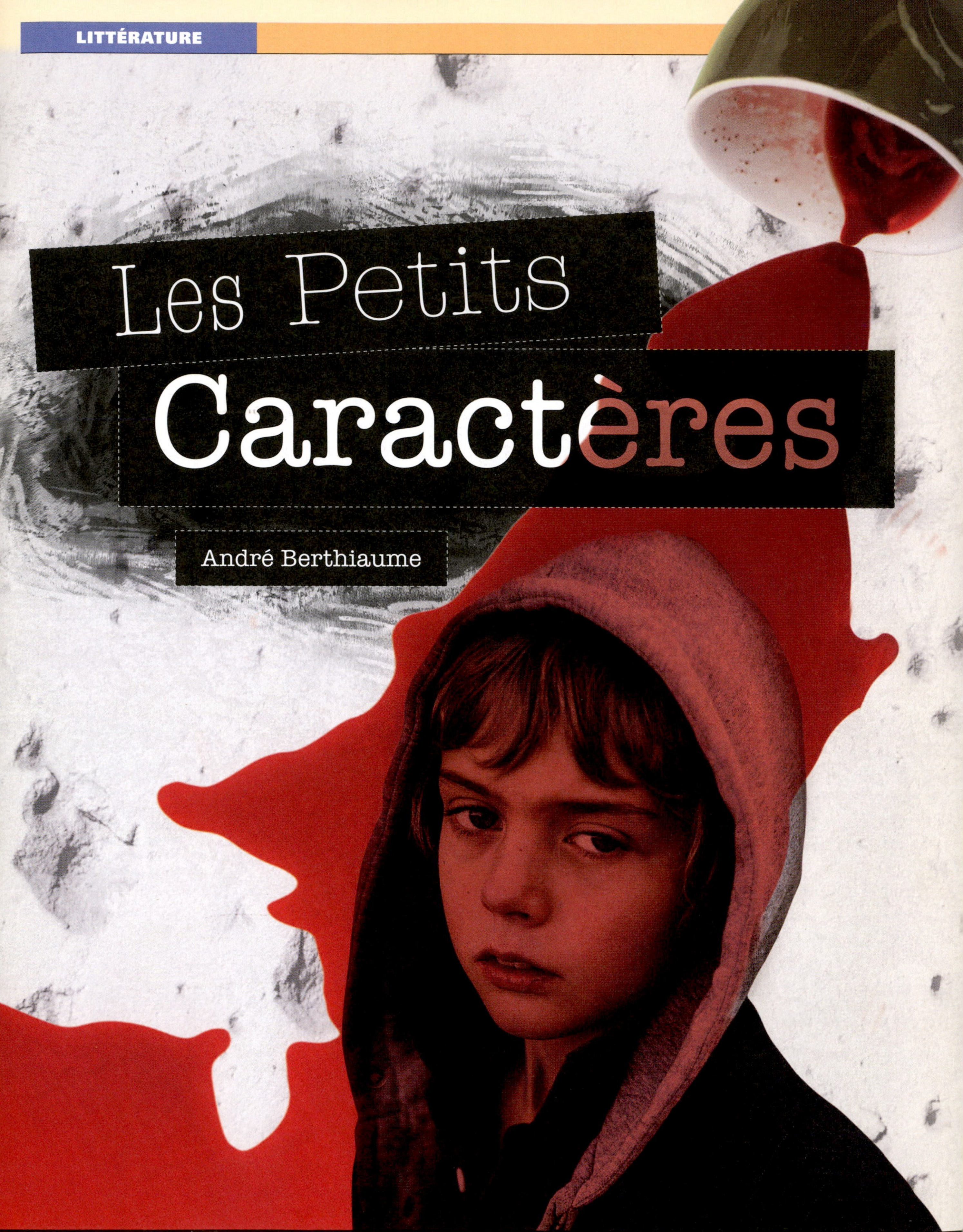

Audio: Dramatic Reading

Imaginez une espèce de fosse° circulaire au plafond bas, au plancher de céramique pâle. L'aire° est appelée pompeusement «Jardin de la restauration». Beaucoup de plantes, évidemment fausses, et d'ensoleillement, évidemment artificiel. Des comptoirs en enfilade°, des serveuses au regard quasi implorant. Un café? Dans une tasse, un verre? Rien qu'un café? Petit, moyen, grand? Velouté°, corsé°, déca?

Nikola atteint le carrefour, à bout de souffle. Éreinté par l'angoisse autant que par la course. Il s'impose une halte. Le visage de sa mère repasse dans sa tête, comme amené par son halètement°. Puis celui de sa sœur. Elles ne parlent pas, mais leurs yeux crient la faim, la soif, le froid. Il pense à l'appartement toujours privé de lumière, délabré°, suintant°, envahi par les fantômes. Il pense aux carreaux° maintenant givrés° au petit matin. La buée° sort par saccades° de sa bouche ouverte. Son regard fait le tour. Les rares piétons traversent l'espace découvert en courant, l'air hagard, le dos très voûté°, silhouettes cassées. Une auto surgit comme un gros insecte fou, tous pneus crissant°, ignorant les feux qui clignotent pour rien.

Un café? Dans une tasse, un verre? Rien qu'un café? Petit, moyen, grand? Velouté, corsé, déca?

Maintenant, le voilà qui cherche une place pour boire son arabica et parcourir en paix le journal mis gracieusement à la disposition de l'aimable clientèle. Une tasse dans une main, le journal dans l'autre, il hésite car il a des exigences. Non, pas ici, trop près de ces dames volubiles qui fument comme des sapeurs. Pas sur ce siège vissé° au plancher, qui vous éloigne ridiculement de la table. Pas sur cette chaise qui a un dossier inconfortable, deux barres de métal qui vous amochent° un dos en un rien de temps.

Aujourd'hui, tout en allongeant les ombres au sol, le soleil bas d'automne éblouit°, brouille° la vue, multiplie les contre-jour°, déchire, déchiquette°. Les cibles ne sont pas nettes° dans l'œil du viseur°. À l'autre extrémité du vaste carrefour bondé° d'immeubles éventrés°, Nikola voit le camion-citerne garé à l'ombre des platanes°. Le chauffeur fait les cent pas en grillant° nerveusement une cigarette. Il a hâte de repartir.

pit
area
in a line
smooth
full-flavored
panting
dilapidated
oozing
window-panes/frosted/steam
haltingly
arched
screeching
screwed
mess up
dazzles/clouds/backlighting/shreds
clear/(gun)sight
packed/disemboweled
plane trees/smoking

Pas si près des relents de la Frite fraîche. Non, non, pas ici, trop près du haut-parleur qui déverse un cha-cha-cha aussi endiablé qu'énervant. Exotisme de mes deux°. Non, pas ici, le coin est trop crûment° éclairé, on n'est quand même pas à l'hôpital, merde, ou dans un poste de police.

Le chauffeur ne veut plus franchir° ce carrefour, c'est trop risqué, trop dénudé. Tout le monde sait qu'il peut y avoir des tireurs embusqués° aux alentours, sur les toits des édifices croulants°.

Enfin, ce coin lui paraît convenable. Il s'assoit, commence à boire son café à petites gorgées tout en parcourant le tabloïd étalé° devant lui à plat, quotidien aux dimensions parfaitement adaptées à la petite table. La grille des mots croisés a dûment été complétée, celle du mot mystère aussi.

Nikola sait qu'il risque sa vie tous les jours pour avoir de l'eau, remplir le bidon cabossé° qu'il traîne avec lui. Il n'a pas le choix. On ne peut pas vivre sans eau. L'eau, c'est comme le feu, maintenant qu'il n'y a plus d'électricité, on ne peut pas s'en passer. L'hiver approche comme un ours blanc. Le bois pour le foyer, il l'obtient en abattant° des arbres aux abords° des avenues, en arrachant° des planches dans les arrière-cours°.

Nikola sait qu'il risque sa vie tous les jours pour avoir de l'eau, remplir le bidon cabossé qu'il traîne avec lui. Il n'a pas le choix. On ne peut pas vivre sans eau.

Profonde respiration puis, légèrement accroupi°, il s'élance avec son récipient, entreprend de traverser. Il s'arrête quelques secondes derrière chaque lampadaire. Se plaque° contre le métal avant de reprendre sa course. Arrive sain et sauf de l'autre côté. Il salue le chauffeur qui l'a vu venir en fronçant les sourcils°; celui-ci jette son mégot° par terre, traite le garçon d'imprudent, de cinglé°. Fais un détour, qu'il lui dit. Viens par les petites rues, qu'il lui dit. Mais le détour est trop long, interminable. Nikola n'écoute plus, il surveille l'eau qui monte dans le bidon, puis il visse soigneusement le couvercle. Salutations, recommandations, à demain gamin.

- *stupid exoticism/harshly*
- *cross*
- *positioned*
- *collapsing*
- *spread out*
- *dented*
- *cutting down/around*
- *pulling out*
- *backyards*
- *crouched*
- *flattens himself*
- *frowning/cigarette butt*
- *crazy*

Ah! l'instant de répit. Le confort, la félicité. Le moment du quant-à-soi, gâtons-nous un peu, on l'a bien mérité on l'a pas volé la vie nous doit bien ça merde on en demande si peu.

Sur le chemin du retour, il court courbé. Sous ses pas défilent les crevasses dans l'asphalte et les feuilles mortes qui s'y blottissent°. Le bidon alourdi frôle° le sol, bute° parfois contre une fissure. L'eau clapote° contre le métal. Le moteur crachotant° du camion s'éloigne. Le bruit empêche d'entendre le coup de feu.

On respire à fond, on apprécie de siroter° en paix le liquide brûlant. Titres gras, joyeuses réclames° de Noël déjà, grandes photos, courts textes qu'il ne prend pas la peine de lire. Les sections se succèdent, locale, régionale, les annonces classées, l'horoscope, les numéros de la loto...

Il est tombé face contre terre. Le bidon, à côté de lui, se répand lentement sur la chaussée. Que de l'eau. Pas de sang. Pas encore.

Il avale° une autre gorgée, tourne la page et tombe sur la photo d'un garçon allongé dans une rue de la ville en guerre, un bidon renversé à ses côtés. Il marque un temps d'arrêt, projette son corps en avant pour mieux voir, lire la légende en petits caractères. La tasse vacille, se renverse, se répand vite, le café fait tache d'huile brune, odorante et chaude, envahit la photo, la page, multiplie les rigoles° jusqu'à la bouille° du Père Noël. ■

blottissent: curl up; frôle: skims; bute: bumps; clapote: laps; crachotant: sputtering; siroter: sip; réclames: ads; avale: swallows; rigoles: rivulets; bouille: face

Ah! l'instant de répit. Le confort, la félicité. Le moment du quant-à-soi, gâtons-nous un peu, on l'a bien mérité...

pour il → répit, confort, félicité } "gâtons-nous un peu"

le coup de feu

il lit le journal en savourant son café

the two story lines meet here

Mikola, tué par un tireur

spilled water, spilled blood, spilled coffee

Analyse

1 PRESENTATION Before starting this activity, ask students to skim the text and explain why some paragraphs are written in regular print and others in italics. Make sure they understand that there are two stories, each embedded in the other. Have them determine who the main character is in each story.

1 **Vrai ou faux** Dites si ces phrases sont vraies ou fausses. Corrigez les fausses.

1. La serveuse demande à l'homme s'il veut son café avec du lait. Faux. Elle lui demande s'il le veut corsé ou velouté.
2. Nikola est éreinté par tous les devoirs qu'il doit faire. Faux. Il est éreinté par l'angoisse.
3. Il fait froid, alors les carreaux des fenêtres sont givrés. Vrai.
4. L'homme dans le café cherche la meilleure place pour lire son journal. Vrai.
5. Le tireur ne voit pas bien sa cible dans le viseur à cause de la pluie. Faux. Il ne la voit pas bien à cause du soleil.
6. Nikola est mort de froid et de fatigue. Faux. Il est mort d'un coup de feu.

2 EXPANSION Ask pairs to choose one of the descriptions and have them find sentences in the text that illustrate it. Have pairs share their information with the class.

2 **Guerre et paix** Une des histoires de la nouvelle *Les Petits Caractères* a lieu dans une ville moderne en paix, l'autre dans une ville détruite par la guerre. Mettez une croix dans la colonne qui correspond au contexte de la description donnée. Ensuite, comparez vos réponses avec celles d'un(e) partenaire.

Descriptions	Ville détruite par la guerre	Ville moderne en paix
1. Il n'y a ni eau ni électricité.	X	
2. L'endroit est illuminé naturellement.	X	
3. On a recréé un jardin artificiel.		X
4. Il faut être courageux pour vivre dans cet endroit.	X	
5. L'endroit est moderne mais inconfortable.		X
6. Les gens ont faim et froid.	X	
7. Ça sent mauvais et il y a du bruit.		X
8. On peut passer un bon moment tranquille dans cet endroit.		X

3 PRESENTATION Before starting this activity, ask students to make a list of elements found in each story, organized by these categories: light, liquids, objects, movement, plants, people, and time of year. Ask them to look for resemblances among these elements in order to categorize them.

3 **Ressemblances** Dans les deux récits, les situations ont une certaine ressemblance entre elles. Associez chaque phrase du récit dans le café avec une phrase dans le récit de guerre qui lui correspond, soit par équivalence, soit par opposition.

Au café

f 1. L'ensoleillement est artificiel.
b 2. Il demande un café.
e 3. Le café se renverse sur la table.
a 4. Elles fument comme des sapeurs.
d 5. Il cherche la meilleure chaise.
c 6. La tasse vacille.

Récit de guerre

a. Il grille une cigarette.
b. Il a besoin d'eau.
c. Il tombe par terre.
d. Il s'arrête derrière chaque lampadaire.
e. L'eau se répand par terre.
f. Le soleil éblouit.

 Practice more at **vhlcentral.com.**

4 **Deux maisons** Imaginez la maison de Nikola et celle de l'homme dans le café. Choisissez quelle maison est évoquée par chaque élément de la liste.

a. Maison de Nikola

b. Maison de l'homme

<u>b</u> 1. une assiette de frites
<u>a</u> 2. des carreaux cassés
<u>b</u> 3. des chaises confortables
<u>a</u> 4. il fait froid
<u>a</u> 5. des murs dénudés
<u>b</u> 6. de la musique
<u>b</u> 7. des plantes vertes
<u>a</u> 8. des rideaux déchiquetés

5 **Compréhension** À deux, répondez à ces questions.

1. À quels pays pensez-vous en voyant l'orthographe du prénom «Nikola»? Selon votre réponse, le récit de guerre est-il proche de la réalité?
2. Pourquoi l'auteur a-t-il choisi d'alterner les deux récits? Y a-t-il un ou plusieurs indices (*clues*) dans le récit qui justifie cette technique?
3. À quelle époque de l'année se passe le récit de guerre? Quelle est l'importance de ce détail? Comment le lecteur découvre-t-il l'époque de l'année dans le premier récit? Expliquez pourquoi l'auteur a choisi cette technique.
4. Comment Nikola a-t-il été tué? Quel détail a contribué à sa mort?
5. Comment est la vie de l'homme qui boit son café? Pensez-vous qu'il ait aussi une vie difficile? Justifiez votre réponse.
6. Quelle est la réaction de l'homme en voyant la photo du jeune homme mort? D'après vous, pourquoi a-t-il eu cette réaction?

6 **Une autre fin** Imaginez que le tireur n'ait pas tué Nikola. Qu'aurait-il raconté à sa mère en rentrant? Comment aurait-elle réagi? À deux, suivez ces instructions pour créer leur conversation.

- Faites une liste des moments les plus intenses de l'expérience de Nikola.
- Faites une liste des questions les plus pressantes de sa mère.
- Travaillez avec un autre groupe pour incorporer les éléments les plus intéressants des deux conversations dans une seule.
- Jouez le deuxième dialogue devant la classe.

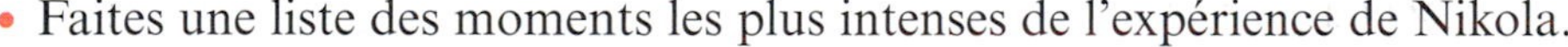

7 **Catastrophes** Par groupes de trois, choisissez un autre type de catastrophe qui pourrait affecter votre vie. Écrivez un paragraphe de 15 lignes décrivant comment votre vie serait changée.

- Commencez votre paragraphe par une phrase hypothétique et utilisez des verbes au conditionnel. **S'il y avait un(e)... dans ma région, ...**
- Décrivez comment serait la situation.
- Terminez en disant ce que vous feriez.

4 EXPANSION Ask groups to imagine that the man in the café becomes aware of the young boy's plight. What items from his house would he give up to help the boy? Have students explain their groups' choices.

5 EXPANSION Ask students to imagine that they see the photo of someone that they know in a newspaper. What do they do? Have them explain their decisions and share them with the class.

7 PRESENTATION Before starting this activity, ask students to name other types of catastrophes and provide any unfamiliar vocabulary. Ex: **une tempête de neige, un tremblement de terre, une inondation, un ouragan, une grande sécheresse, un crash économique,** etc.

7 EXPANSION Have students write a list of three items that they would like to send to a friend or relative who lives in a part of the world that has been affected by a catastrophe. Then have them write a letter explaining why they are sending those items. Have them use the expression **je t'envoie** and justify their choices.

Préparation

PRACTICE Read each sentence aloud and have students supply the word that best matches the definition.
1. Un être humain a deux jambes mais un chien en a quatre. (pattes)
2. C'est le bébé de la vache. (veau)
3. Pour faire de la publicité, on doit la coller sur les murs. (affiche)
4. Un joueur de football fait ce geste pour lancer le ballon. (coup de pied)
5. C'est un adjectif qui décrit ce qui maintient la bonne santé. (sain)
6. C'est un synonyme de «mon ami». (mon vieux)

1 EXPANSION Have each pair work with two other pairs. Then, one student in each group presents his or her slogan while the others guess what kind of product he or she is advertising.

1 PRÉPARATION Explain to students that *Boule et Bill* is a comic strip for children that first appeared in a children's magazine called Spirou. Bill is a Cocker Spaniel and Boule is an ordinary boy who lives with his parents. He is always dressed in overalls and a yellow shirt and has a pet turtle and friends in the neighborhood. Together with his dog, they like to play pranks.

1 EXPANSION Have students imagine what kind of food Bill will ask for from now on. Have them describe its ingredients. Ask students to share their ideas with the class.

À propos de l'auteur

Jean Roba, né le 28 juillet 1930, à Bruxelles, est un auteur belge de bandes dessinées. Il pratique d'autres arts avant de se consacrer à la bande dessinée. En 1957 commence sa collaboration avec le journal pour enfants *Spirou* et plus tard, en 1959, il crée la bande dessinée *Boule et Bill*. Jean Roba s'inspire de son propre chien pour dessiner Bill et de son propre fils pour Boule. Roba a écrit et illustré plus de 1000 pages de *Boule et Bill*, sans compter ses autres séries de bandes dessinées, notamment *La Ribambelle*. Chevalier de l'ordre de Léopold, la plus prestigieuse décoration décernée (*awarded*) par la Belgique, Jean Roba est décédé à Bruxelles, en 2006.

Vocabulaire de la bande dessinée	Vocabulaire utile
un aliment *food*	**aboyer** *to bark*
c'est bien les humains *that's typical of humans*	**une affiche** *poster*
se laisser faire *to let oneself be taken advantage of*	**une annonce publicitaire** *commercial*
mon vieux *buddy*	**un collier** *collar*
sain(e) *sane, healthy*	**un coup de pied** *kick*
un veau *calf*	**une patte** *paw*

1 **Slogan publicitaire** À deux, examinez la structure des slogans publicitaires. Quelles catégories de mots sont utilisées? Des noms, des adjectifs, des verbes? Y a-t-il des répétitions de mots ou de sons? Écrivez votre propre slogan en suivant ces instructions.

- Choisissez un produit (une boisson, une friandise (*candy*), un aliment).
- Inventez le nom de ce produit.
- Écrivez la première ligne du slogan avec le nom du produit en italiques.
- Écrivez la deuxième ligne du slogan.

Analyse

1 **Compréhension** Répondez aux questions sur la bande dessinée *Boule et Bill*.

1. Où se trouve le chien dans la première image? Qu'entend-il à la radio?
2. Où voit-il le mot *Wouffy* écrit partout? À quoi ce mot se réfère-t-il? Est-il bien choisi? Est-ce que ce mot rend Bill heureux?
3. Que pense Bill des humains? Pourquoi déclare-t-il que les animaux ne sont pas des veaux?
4. Qu'est-ce que Boule apporte à son chien? Comment l'auteur montre-t-il que Boule est fier de ce qu'il lui apporte?
5. Pourquoi Bill donne-t-il un coup de pied dans le plat que lui apporte Boule?

Practice more at **vhlcentral.com.**

BOULE ET BILL de Jean Roba

PuBillcité

Boule et Bill - 16: Souvenirs de famille, © DUPUIS, © SPRL JEAN ROBA 1979 by Roba.

Un article à sensation

PREPARATION After previewing it for appropriateness, bring a tabloid to class and summarize one of the articles in French. Then ask students questions about the story and have them react to it. Ex: **Quel est le sujet de cet article? Qui sont les personnes mentionnées? Que s'est-il passé? Comment trouvez-vous cet article? Intéressant? Peu crédible?** Ask students to analyze the article's tone and format. How is it different from an article in a conventional newspaper or magazine? What specific elements contribute to making it **un article à sensation?**

PREPARATION Give students 10 minutes to brainstorm and write down ideas for their stories. They could then share these ideas with a partner and give each other feedback to select the best topics for their respective articles.

TIP Have students work on Activity 2 with a partner to brainstorm words and expressions to incorporate in their respective stories.

Lisez-vous parfois des journaux à sensation (*tabloids*)? Regardez-vous des émissions de télévision sur des sujets à sensation? Pouvez-vous citer et résumer un article que vous avez lu ou une émission que vous avez vue récemment? À votre avis, pourquoi ce genre d'histoires intéresse les gens?

Plan de rédaction

Vous allez écrire un article dans lequel vous décrivez un événement remarquable dans la vie d'une célébrité à la façon d'un article de journal à sensation.

Planifiez et préparez-vous à écrire

1 **Stratégie: Réfléchir** Choisissez une de ces deux options.

A. Votre star préférée est accusée d'un crime Réfléchissez aux points faibles de votre star préférée et inspirez-vous-en pour créer une histoire «sensationnelle». Prenez des notes pour mieux décrire son crime: quand, où, quoi, etc. Ajoutez des détails que vous inventez pour rendre votre histoire plus «sensationnelle».

B. Votre star préférée va recevoir un prix prestigieux Réfléchissez aux atouts (*assets*) de votre star préférée et expliquez ce qu'elle a fait pour qu'on lui décerne (*award*) un prix si important. Prenez des notes: qui, quand, où, quoi, etc. Ajoutez des détails que vous inventez pour rendre l'histoire plus «sensationnelle».

2 **Stratégie: Évaluer les lecteurs** Pensez à vos lecteurs et posez-vous ces questions.

- Qui lit la presse à sensation?
- Pourquoi les gens lisent-ils ce genre de presse?
- Quels types d'informations les lecteurs de la presse à sensation s'attendent-ils à trouver dans les articles qu'ils lisent?
- Quel style d'écriture et quel ton sont appropriés pour ces articles?

En considérant le sujet de votre article, faites une liste de mots ou d'expressions que vous pourriez utiliser pour captiver vos lecteurs. Utilisez vos notes de l'activité 1.

Sujet de l'article: Chanteur célèbre accusé de vol		
Adjectifs	**Verbes**	**Autres mots ou expressions**
incroyable	cambrioler (*to burglarize*)	un scandale

Écrivez

3 **Introduction** Commencez votre article avec une introduction qui va brièvement décrire ce dont vous allez parler. Attention! Votre introduction ne doit pas révéler toute l'histoire aux lecteurs; elle doit capter leur attention et leur donner envie de lire le reste de l'article.

4 **Développement** Dans la partie principale de votre article, racontez l'histoire en détail. Utilisez vos notes de l'activité 1 et les mots et expressions du tableau de l'activité 2. Faites bien attention à raconter l'histoire de façon logique et soyez convaincant(e).

5 **Conclusion** Terminez votre article en expliquant l'importance de cet événement. Faites aussi des hypothèses sur ce qui aurait pu arriver d'autre si les choses s'étaient passées différemment. Utilisez des phrases avec **si** et le conditionnel: **Si la police était arrivée plus tôt, peut-être que le chanteur n'aurait pas eu assez de temps,** etc.

TIP Remind students to use the **imparfait** to set the scene and the **passé composé** to tell what happened.

TIP Tell students to include transition words in their stories to make the text flow better and to ensure that readers can follow the chronology: **un jour, d'abord, (et) puis, ensuite, enfin, finalement,** etc.

Révisez et lisez

6 **Révision** Demandez à un(e) partenaire de lire votre article et de vous faire des suggestions pour l'améliorer. Révisez votre article en incorporant les suggestions de votre partenaire et en faisant attention aux éléments ci-dessous. Puis, trouvez un titre captivant pour votre article.

- Avez-vous bien respecté l'organisation décrite dans la section **Écrivez**?
- L'article est-il captivant et contient-il assez d'éléments «sensationnels»?
- La grammaire et l'orthographe sont-elles correctes? Vérifiez le choix des temps et les formes des verbes au passé (utilisation de l'imparfait et du passé composé), l'emploi des mots de transition, la structure des phrases avec **si** et les formes du conditionnel.

7 **Lecture** Par petits groupes, lisez votre article à vos camarades de classe. Ils vous poseront des questions pour en apprendre davantage et ils vous donneront leurs réactions.

7 EXPANSION Have students take notes as they listen to the various stories. Ask them to vote for the best one and explain why they picked it.

PRESENTATION Ask students what first comes to mind when they hear the word **technologie**. Have them brainstorm a list of words that convey everything this term implies.

TIP To help students get started, give them a list of fields to consider. Ex: **l'informatique, les transports, le domaine médical, les médias, l'énergie, la communication,** etc.

EXPANSION Have students research how the five technological advances they selected were developed.

PRESENTATION Ask: **Qu'est-ce que vous voyez sur les photos? Décrivez ces technologies. Les utilisez-vous? Laquelle? Quand et pourquoi les utilisez-vous? Connaissez-vous ce train? Comment s'appelle-t-il? Que savez-vous d'autre à son sujet? Y a-t-il d'autres technologies que vous associez à la France? Lesquelles?**

TIP Tell students that they do not need to write complete sentences in their tables, but that they should provide an example to illustrate each argument.

TIP Have students fill in the table by suggesting other pros and cons of cell phones.

Les nouvelles technologies

D'après vous, quelles sont les technologies récentes qui ont eu, ou ont toujours, le plus grand impact sur notre vie? Quel aspect de notre vie a été le plus transformé par ces nouvelles technologies? Pensez-vous que les nouvelles technologies sont toutes de bonnes choses?

1 La classe va d'abord faire une liste de technologies apparues ces 20 dernières années qui ont eu, ou ont toujours, un impact important sur notre vie. Un(e) volontaire écrit cette liste au tableau. Ensuite, toute la classe discute et vote pour choisir les cinq technologies qui paraissent les plus importantes.

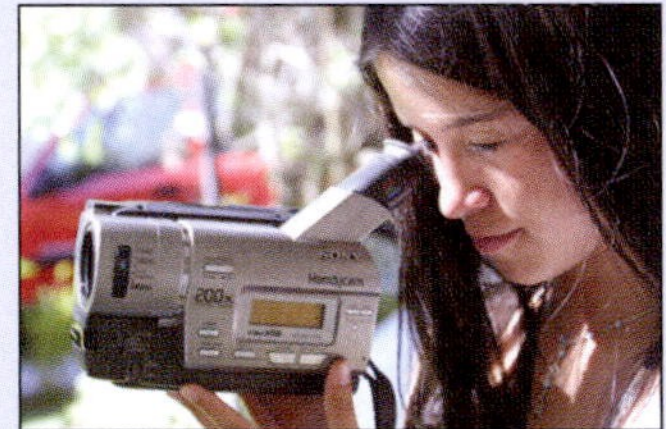

2 La classe se divise en deux groupes.

- Le premier groupe va réfléchir aux aspects positifs de chacune des cinq technologies choisies.
- Le deuxième groupe va réfléchir aux aspects négatifs.

Les groupes doivent trouver au moins trois arguments pour ou contre chaque technologie. Les groupes utilisent des tableaux pour organiser leurs arguments. Ils doivent prendre des notes et donner des exemples qui illustrent leur opinion au sujet de chaque technologie.

1. les téléphones portables	
Positif	**Négatif**
1. peut sauver la vie (urgence, accident, etc.)	1. manque de respect (les gens qui utilisent leurs portables dans des lieux publics)
2. pratique (pour rester en contact à tout moment)	2. dangereux (conduire en parlant au téléphone et ne pas faire attention à la route)
3. ...	3. ...

3 Les deux groupes se font face et chacun présente ses idées et ses arguments en utilisant les notes et les exemples de l'activité 2. Les membres de chaque groupe posent des questions pour mieux comprendre la position de l'autre groupe et ils réagissent aux arguments de leurs camarades.

Ensuite, la classe débat ensemble pour décider si chaque technologie choisie a plus d'aspects positifs ou plus d'aspects négatifs.

4 Enfin, la classe entière doit considérer cette question:

> Si chacune de ces technologies n'existait pas, en quoi notre vie serait-elle différente?

Les étudiants discutent de cette idée en utilisant des phrases avec **si** et le conditionnel présent ou passé. Ils peuvent également raconter des anecdotes personnelles en rapport avec la question. Voici quelques exemples:

- Si les téléphones portables n'existaient pas, on devrait utiliser des téléphones publics et ce ne serait pas pratique.
- Si ma cousine n'avait pas parlé au téléphone en conduisant, elle n'aurait pas eu son accident de voiture.

TIP Briefly review **si** clauses and the conditional with students before they begin this activity.

EXPANSION Have small groups research some of these technologies, inventions, and inventors, then ask them to prepare a brief oral report for the class: **le Minitel, la fusée Ariane, l'Airbus A380, le stéthoscope, le viaduc de Millau, le snowmobile, le moteur à combustion interne, la montgolfière, le saxophone, la pasteurisation; Robert Cailliau, Émile Gagnan, Auguste et Louis Lumière, Alphonse Pénaud, George de Mestral, Jacques Piccard.**

LEÇON 3

Les générations

Le concept de famille varie selon les cultures. Dans certains pays, la famille comprend juste le père, la mère et les enfants. Ailleurs, les grands-parents et les enfants mariés vivent parfois sous le même toit. De plus, les relations familiales peuvent être bonnes ou difficiles, mais une vérité ne varie jamais: elles sont intenses.

Quels avantages y a-t-il à être membre d'une famille?

Quels conflits peuvent connaître différentes générations qui vivent ensemble?

Comment les membres d'une famille se soutiennent-ils?

72

86

100

PREVIEW Discuss the photo and text on p. 70. Continue the discussion by asking students these questions: **1. Quelle importance votre famille a-t-elle pour vous? 2. Qui fait partie de votre famille? 3. À quelles occasions voyez-vous votre famille? 4. Que faites-vous ensemble? 5. Voulez-vous avoir beaucoup d'enfants et de petits-enfants?**

Préparation

PRESENTATION Have students look over the vocabulary words and try to make predictions about the **court métrage**. Ask them what clues they offer about the film's plot.

PRACTICE Read these words and expressions aloud and ask students to provide an antonym for each one, using the vocabulary.
1. content (contrarié)
2. approuver (désapprouver)
3. garder un secret (avouer)
4. abandonner un rêve (réaliser un rêve)
5. la vérité (le mensonge)

PRESENTATION Point out that the words **septante**, **huitante**, and **nonante** are used in Switzerland instead of **soixante-dix**, **quatre-vingts**, and **quatre-vingt-dix**.

Vocabulaire du court métrage

un âne *donkey*
avouer *to confess*
des bâtons (m.) *ski poles*
une caméra cachée *hidden camera*
croiser *to cross*
une croix *cross*
un chasse-neige *snow plow*
contrarié(e) *upset*
faire semblant *to pretend*
une frontière *border*
un mensonge *lie*
Salam Aleikum (arabe) *hello*
septante-neuf (Suisse) *seventy-nine*
un singe *monkey*
des somnifères (m.) *sleeping pills*

Vocabulaire utile

désapprouver *to disapprove*
un drapeau *flag*
faire l'innocent(e) *to play dumb*
faire plaisir à quelqu'un *to make someone happy*
ne pas être dupe *not to be fooled*
réaliser un rêve *to realize a dream*
se faire prendre à son propre jeu *to get caught in one's own lies*
une station de ski *ski resort*
vouloir bien faire *to mean well*

EXPRESSIONS

Ça ne risque rien. *It's no problem.*
Ça vaut tous les mensonges du monde! *It's worth all the lies in the world!*
C'est du n'importe quoi, ton truc! *Your idea is totally crazy!*
De toutes façons, c'est grillé. *Anyway, it's a miss.*
Encore heureux déjà qu'il ait toute sa tête *Lucky his head is still intact*
Tu ne vas pas me laisser tomber! *Don't let me down!*

1 **Définitions** Associez chaque mot ou expression avec sa définition.

A	B
_b_ 1. On en utilise deux quand on fait du ski.	a. âne
_h_ 2. Médicaments qui aident à dormir	b. bâtons
_e_ 3. Qui n'est pas coupable	c. croiser
_d_ 4. Ligne qui sépare un pays d'un autre	d. frontière
_a_ 5. Animal qui ressemble au cheval	e. innocent
_f_ 6. Soixante-dix-neuf pour les Suisses	f. septante-neuf
	g. singe
	h. somnifères

EXPANSION Ask students to come up with true/false statements using the unused vocabulary words. Have them read their statements aloud and have the class decide whether each one is true or false. Ask students to correct the false statements.

2 **Dialogue rapide** À deux, créez en cinq minutes un dialogue avec le maximum de mots et d'expressions des listes de vocabulaire. Ensuite, jouez la scène devant la classe.

Practice more at **vhlcentral.com.**

3 **Le Maroc et la Suisse** Par groupes de trois, indiquez avec quel pays, le Maroc ou la Suisse, vous associez ces caractéristiques. Justifiez vos réponses et puis discutez-en avec la classe.

	Le Maroc	La Suisse
1. l'Afrique		
2. les banques		
3. Casablanca		
4. le chocolat		
5. le désert		
6. Genève		
7. la Méditerranée		
8. les montagnes		
9. le roi		
10. le ski		
11. le fromage		
12. la neige		

3 EXPANSION Have the class work together to research additional information about Morocco and Switzerland. Compile a list of features for students to refer to as they continue working with the **court métrage.**

4 **Le titre** Le titre du court métrage que vous allez voir est *Il neige à Marrakech*. Quelle est votre réaction à ce titre? À votre avis, neige-t-il à Marrakech? Pourquoi le cinéaste a-t-il choisi ce titre, d'après vous? À deux, faites des hypothèses et discutez-en avec la classe.

5 **Anticipation** Avec un(e) camarade, observez ces images du court métrage. Répondez aux questions pour faire des prédictions sur ce qui va se passer dans l'histoire.

5 EXPANSION After pairs have guessed the answers to the questions, play one minute from each of the scenes shown in the activity. Have pairs reconsider their answers and explain any discrepancies to the class.

A

B

Image A

- Qui sont les personnages? Quels rapports ont-ils entre eux?
- De quoi parlent-ils, d'après vous? Ont-ils l'air contents? Expliquez.

Image B

- Que voit-on sur la deuxième image? Où se passe la scène, d'après vous?
- Que font les personnages? De quoi parlent-ils?
- Et après, que va-t-il se passer, à votre avis?

AMIR Productions et Bord Cadre Films
Présentent

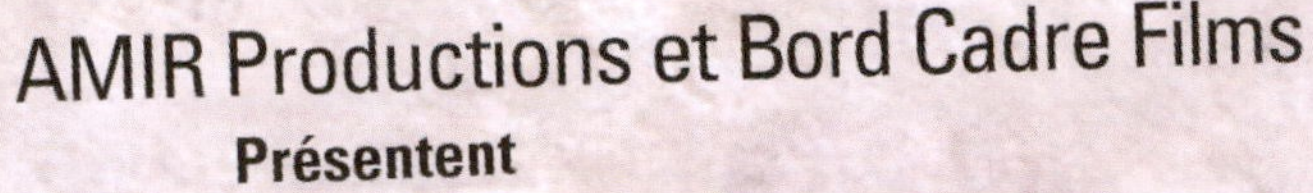

Il neige à Marrakech

Un film de Hicham Alhayat

Nominé au Prix du Cinéma Suisse 2008

Scénario et réalisation: Hicham Alhayat **Script:** Diego Pizarro
Producteur exécutif et directeur de production: Dan Wechsler
Musique originale: Abdessamad Miftah Elkheir, Julien Sulser
Acteurs: Atmen Kelif, Abdeljabbar Louzir, Abdessamad Miftah Elkheir, Majdoline Drissi, Aaron Henry, Madeleine Piguet, Hicham Alhayat

FICHE **Personnages** Karim, M. Bazzi, Samir, Aïsha **Durée** 15 minutes **Pays** Suisse **Année** 2006

SCÈNES

Video

Samir Alors?
Karim À ton avis? ...
Samir Qu'ils me refusent, à moi, le visa, je peux comprendre, mais pour ton père!

Le vendeur S'il veut vraiment faire du ski, il n'a qu'à aller à Oukaïmeden. C'est à deux heures d'ici et pas besoin de visa.

Karim On part demain matin. On a trois jours de visa.
M. Bazzi C'est ça, le visa?
Karim Oui. VI-SA.

Karim Bien dormi, papa?
M. Bazzi On est où?
Karim Comment ça, on est où? Mais on est arrivé! On est à Splügen!
M. Bazzi À Splü... À Splü...?
Karim Splügen, en Suisse!

M. Bazzi Une fondue au fromage, s'il vous plaît.
Karim Une fondue?!
M. Bazzi Oui.

Karim Bonjour, excusez-moi. Est-ce que je peux vous prendre en photo avec mon père? C'est votre plus grand fan.
M. Bazzi Merci, merci beaucoup, mademoiselle.
Marina Heiniz Tout le plaisir est pour moi. ... *Salam Aleikum.*

Note CULTURELLE

Située à environ 70 kilomètres de Marrakech, Oukaïmeden est la principale station de ski du Maroc. La neige y est abondante de novembre à avril. Son sommet, l'Oukaïmeden, est à 3 200 mètres d'altitude et fait partie de la chaîne du Haut Atlas. De ses pistes de ski, on peut admirer l'Atlas, le Sahara et l'Afrique. Splügen, en Suisse, est un lieu très apprécié pour les sports d'hiver et pour les randonnées pédestres en été. Zermatt, dans la vallée du Mattertal, est à une altitude de 1 620 mètres. C'est une des stations de ski les plus importantes des Alpes suisses. On y fait aussi de l'alpinisme et de l'escalade.

À L'ÉCRAN

Dans le bon ordre Numérotez ces événements dans l'ordre chronologique.

3 a. Karim et son père font du ski.
1 b. Karim donne des somnifères à son père.
2 c. Le père de Karim se réveille.
4 d. Karim et son père mangent de la fondue.
6 e. Le père de Karim veut aller à Paris.
5 f. Marina Heiniz entre dans le restaurant.

EXPANSION For each item, ask students to provide further details about the scene. Ex: **1. Aïsha trouve que c'est une mauvaise idée. 2. Il est déjà sur la montagne.**

Analyse

1 EXPANSION Ask students these additional questions: **1. Karim réussit-il à obtenir un visa pour son père? (Non, il n'y réussit pas.) 2. Pourquoi Karim casse-t-il les lunettes de son père? (Il ne veut pas que son père voie qu'ils sont au Maroc.) 3. Pourquoi Karim n'est-il pas content au restaurant? (Le propriétaire leur sert une fondue au fromage bizarre et il parle avec un mauvais accent.) 4. Où M. Bazzi dit-il qu'il veut aller à la fin du court métrage? Que veut-il voir là-bas? (Il veut aller à Paris pour y voir la tour Eiffel.)**

1 **Compréhension** Répondez aux questions.

1. Pourquoi Karim est-il à l'ambassade suisse? Il veut un visa pour son père.
2. Que dit Karim à son père quand il arrive chez lui? Il lui dit qu'il a eu son visa et qu'ils partent demain.
3. Où Karim, Samir et Aïsha emmènent-ils M. Bazzi? Ils l'emmènent dans une station de ski près de Marrakech.
4. Quand M. Bazzi se réveille, où Karim lui dit-il qu'ils sont? Il lui dit qu'ils sont en Suisse.
5. Que font Samir et Aïsha pendant que Karim et son père font du ski? Ils transforment le restaurant.
6. Qui est la personne que M. Bazzi reconnaît dans le restaurant? C'est Marina Heiniz.

2 **Le bon choix** Choisissez la bonne réponse.

1. Pourquoi Karim veut-il emmener son père skier?
   a. Il pense que son père devrait perdre quelques kilos.
   (b.) Il veut aider son père à réaliser son rêve.
2. Au début du film, pourquoi Aïsha n'approuve-t-elle pas l'idée de Karim?
   a. Elle a peur que le voyage leur coûte trop cher.
   (b.) Elle pense que les somnifères sont dangereux.
3. Pourquoi Karim ne veut-il pas que M. Bazzi voie les animaux à la montagne?
   (a.) Il ne veut pas que son père découvre le stratagème.
   b. Les animaux pourraient lui faire peur.
4. Pourquoi voyons-nous Marina Heiniz d'abord en tenue (*outfit*) de ski et après en tenue de soirée?
   (a.) M. Bazzi la voit comme dans ses rêves.
   b. Marina Heiniz se change pour la photo avec M. Bazzi.
5. Que pense M. Bazzi de son voyage à la fin du film?
   a. Il est déçu de ne pas avoir beaucoup skié.
   (b.) Le voyage lui a fait très plaisir.

3 EXPANSION Have students select their favorite moment from the film and ask them to describe and discuss the scene

3 EXPANSION Ask students: **À la fin du court métrage, M. Bazzi dit qu'il voudrait aller à Paris pour voir la tour Eiffel. Il explique que si Karim a réussi à faire venir Marina Heiniz à Oukaïmeden, il peut sûrement réussir à emmener son père à Paris. Comment comprenez-vous cette phrase?**

3 **Vrai ou faux?** Dites si les phrases sont vraies ou fausses, d'après ces images du film. Corrigez les fausses.

1. Chez Bob est un restaurant à Splügen, en Suisse. Faux. C'est un restaurant à Oukaïmeden, au Maroc.
2. M. Bazzi est un grand fan de Marina Heiniz. Vrai.
3. Karim décide de ne rien avouer à son père après l'arrivée de Marina Heiniz. Vrai.
4. Karim demande de la fondue au fromage parce qu'il n'en a jamais goûté. Faux. Il a déjà goûté une vraie fondue au fromage.

4 **Des prédictions** Par groupes de trois, discutez de ce qui va arriver à chaque personnage du film par rapport aux thèmes donnés pour chacun. Ensuite, présentez vos prédictions à la classe.

Personnages	Thème	Prédictions
M. Bazzi	Sa santé, son intérêt pour la culture suisse	
Karim	Son retour en Suisse, sa relation avec son père	
Aïsha	Sa vie professionnelle, sa relation avec Karim	
Samir	Ses voyages à l'étranger, son amitié avec Karim	

4 **EXPANSION** Ask students to imagine they are one of the film's characters one year from now. Have them write a letter to a friend, telling them about everything that has happened in the past year.

5 **Conversation** Lisez ce proverbe français et puis, à deux, suivez ces trois étapes pour organiser une discussion.

«Tel est pris qui croyait prendre.» Jean de La Fontaine

1. Expliquez d'abord le proverbe dans le contexte du court métrage. Discutez avec votre partenaire.
2. Réfléchissez à un événement de votre vie qui illustre aussi le message de ce proverbe.
3. Racontez brièvement cet événement à votre partenaire et expliquez-lui pourquoi vous pensez que votre anecdote illustre le proverbe. Il/Elle va poser des questions et demander plus de détails.

5 **EXPANSION** This proverb is from Jean de La Fontaine's fable *Le Rat et l'Huître*. Find the text of this fable and bring it to class. Read it aloud and have students react to the story.

5 **EXPANSION** Have students research information about Jean de La Fontaine or ask them to find other fables he wrote and bring their favorite one to share with the class.

6  **La vérité** Dites-vous toujours la vérité ou bien avez-vous parfois recours à (*do you sometimes use*) des mensonges innocents quand vous voulez bien faire? Écrivez une brève rédaction dans laquelle vous décrivez une situation où vous avez menti. Vous pouvez aussi inventer une situation où le mensonge serait peut-être approprié! Organisez votre texte de cette façon:

- **Introduction** Écrivez deux ou trois phrases pour introduire la situation.
- **Développement**
  a. Décrivez la situation en détail: Quand? Où? Qui? Quoi? Pourquoi? Comment?
  b. Dites pourquoi vous avez décidé de mentir.
  c. Expliquez et analysez les conséquences de vos actions.
- **Conclusion** Dites si vous pensez que votre décision de mentir était la bonne décision. Si cette situation se représentait aujourd'hui, feriez-vous la même chose? Expliquez pourquoi.

6 **PRESENTATION** This activity encourages students to ask the five W questions and reflect upon personal experience. Explain that if they prefer not to share personal stories, they may tell of an event involving someone else.

6 **EXPANSION** Remind students of the scene in which Karim sees how happy his father is on the mountain and says, **"Ça vaut tous les mensonges du monde!"** Ask students if they agree with his statement and have them explain why.

 Practice more at **vhlcentral.com.**

PRESENTATION Remind students that a direct object answers the question *whom?* or *what?*, and an indirect object is connected to the verb by the preposition **à** and answers the question *to whom?*

3.1

Les pronoms

Rappel

On emploie les pronoms pour remplacer quelque chose ou quelqu'un dont on a déjà parlé. Cela évite les répétitions.

Coup de main

Ces verbes ont en général un complément d'objet indirect:

dire à, écrire à, parler à, donner à, téléphoner à, demander à.

Les pronoms compléments d'objet direct et indirect

- Le complément d'objet direct est la personne ou la chose qui reçoit l'action du verbe. On peut remplacer les compléments d'objet direct par ces pronoms: **me/m'**; **te/t'**; **le/la/l'**; **nous**; **vous**; **les**.
- Aux temps composés, le participe passé conjugué avec **avoir** s'accorde avec le complément d'objet direct quand celui-ci le précède.

  *—Tu as lu **les cartes** que mémé nous a envoyées? Moi, je ne **les** ai pas lues.*

- Le complément d'objet indirect est la personne qui bénéficie de l'action du verbe. On peut remplacer les compléments d'objet indirect par ces pronoms: **me/m'**; **te/t'**; **lui**; **nous**; **vous**; **leur**.

  *J'ai parlé **à ma cousine.** → Je **lui** ai parlé.*

Attention!

- Il ne faut pas confondre le pronom **leur** avec l'adjectif possessif **leur** qui prend un **s** lorsqu'il accompagne un nom pluriel.

  *Ahmed et Élodie adorent **leurs** cousins. Ils **leur** téléphonent tous les jours.*

- Il ne faut pas non plus confondre le pronom complément d'objet indirect **leur** avec le pronom possessif **leur(s)**.

  *Je ne téléphone jamais à mes cousins, mais ils téléphonent souvent aux **leurs**.*

*—Il n'y avait pas moyen de **te** réveiller.*

Les pronoms y et en

- Le pronom **y** remplace un nom de lieu précédé d'une de ces prépositions: **à**, **sur**, **dans**, **en** et **chez**.

  *Ma grand-mère va **en Provence.** Elle **y** va au mois de juin.*

- Le pronom **y** remplace un nom précédé de la préposition **à**, en parlant d'une chose ou d'un événement.

  *Ils ont participé **au concours de dessin.** Ils **y** ont participé aussi l'année dernière.*

- Le pronom **en** remplace un nom précédé de la préposition **de** ou d'un article partitif.

  *Hassan t'a parlé **de sa nouvelle voiture?** Il **en** a parlé à tout le monde!*

  *Ma belle-sœur boit **du café** le matin. Elle **en** boit aussi le soir.*

- Le pronom **en** remplace un nom précédé d'une expression de quantité + **de**, des articles **un** et **une** ou d'un nombre.

  *—**Combien d'enfants** ont-ils?*
  *—Ils **en** ont **cinq!***

  *—J'ai **un chat**. Et toi?*
  *—Moi, je n'**en** ai pas.*

PRESENTATION Remind students that the pronoun **y** does not replace nouns referring to people.

*Je pense **à mes copains.** → Je pense **à eux.***

La place des pronoms dans la phrase

- Les pronoms se placent avant le verbe conjugué.

  *Nous voyons régulièrement **nos cousins.** → Nous **les** voyons régulièrement.*

- Quand il y a un verbe à l'infinitif, les pronoms se placent devant l'infinitif.

  *Mon frère et sa femme voudraient rendre visite **à ma tante.** Ils voudraient **lui** rendre visite bientôt.*

- Aux temps composés, les pronoms se placent devant l'auxiliaire.

  *Ma sœur a vu **Farida** au centre commercial. Elle **l'**avait vue aussi au marché.*

- Quand il y a plusieurs pronoms dans la phrase, ils suivent cet ordre:

me/m'		**le**						
te/t'	(avant)	**la**	(avant)	**lui**	(avant)	**y**	(avant)	**en**
nous		**l'**		**leur**				
vous		**les**						

*—Est-ce que tu prêtes **ta voiture à ta sœur?***
*—Non, je ne **la lui** prête jamais.*
*Khalid a demandé **de l'argent à ses parents.** → Khalid **leur en** a demandé.*

- Dans les phrases impératives à la forme *négative*, les pronoms suivent le même ordre énoncé plus haut. Dans les phrases impératives à la forme *affirmative*, les pronoms se placent après le verbe selon cet ordre:

		-moi		
-le		**-toi**		
-la	(avant)	**-lui**	(avant)	**-y**
-les		**-nous**		**-en**
		-vous		
		-leur		

*Tu n'as pas encore parlé à Salima de la fête? **Parle-lui-en** maintenant!*

*Papa et maman rêvent de visiter la Guadeloupe. **Emmenons-les-y** cet été.*

- Dans les phrases impératives à la forme affirmative, les pronoms sont rattachés au verbe par un tiret et les pronoms **me** et **te** deviennent **moi** et **toi**, sauf devant **y** et **en**.

Forme négative	Forme affirmative: après le verbe
Ne me regarde pas!	**Regarde-moi!**
N'en mange pas!	**Manges-en!**
N'y va pas!	**Vas-y!**
Ne nous le dites pas!	**Dites-le-nous!**
Ne m'en donnez pas!	**Donnez-m'en!**

PRESENTATION Point out that in compound tenses, the past participle does not agree with the noun referred to by the pronoun **en.** Ex:
*—Maman a pris **des photos?***
*—Oui, elle **en** a **pris.***

PRESENTATION Remind students that in an affirmative statement, when a noun preceded by an expression of quantity, **un, une**, or a number is replaced by the pronoun **en**, the expression of quantity, **un, une**, or the number must remain. Ex: **J'ai bu *beaucoup d'eau* hier. J'*en* ai *beaucoup* bu aujourd'hui aussi. / Je n'*en* ai pas bu aujourd'hui.**

PRESENTATION Tell students that the pronouns **y** and **en** are not generally used in the same sentence. They are, however, used together in the expressions **il y en a, il n'y en a pas**, and **y en a-t-il?**
—Y a-t-il beaucoup de touristes à Québec en été?
*—Il **y en a** trop.*

PRESENTATION Point out that in an affirmative command, when the **tu** form of an **-er** verb is followed by **y** or **en**, the final **s** is not dropped.

Mise en pratique

1 EXPANSION Point out that the French equivalents of many English phrasal verbs, such as **attendre, chercher, demander, écouter,** and **regarder,** take direct objects.

Note CULTURELLE

En France, les enfants appellent souvent leurs grands-parents **mamie** et **papi.** Les oncles et les tantes deviennent **tonton** et **tantine, tatie** ou **tata.**

1 **La génération de papi** Complétez cette conversation avec le bon pronom de la liste.

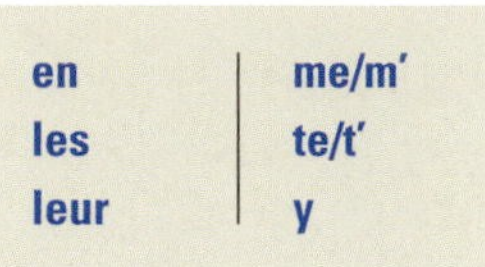

en	me/m'
les	te/t'
leur	y

JULIEN Dis papi, est-ce que tu avais un ordinateur quand tu avais mon âge?

PAPI Non, je n'(1) __en__ avais pas. Il n' (2) __y__ (3) __en__ avait pas à cette époque.

JULIEN À quoi tu jouais alors?

PAPI Je jouais au foot avec mes copains.

JULIEN Tu (4) __y__ jouais souvent?

PAPI Bien sûr, on (5) __y__ jouait tous les jours après les cours.

JULIEN Ah bon? Tu n'avais pas de devoirs à faire?

PAPI Si, mais je (6) __les__ faisais d'abord. Mes copains (7) __m'__ attendaient pour commencer la partie. Parfois, quand ça durait trop longtemps, ils venaient (8) __me__ chercher à la maison.

JULIEN Et tes parents (9) __te__ permettaient d'aller jouer?

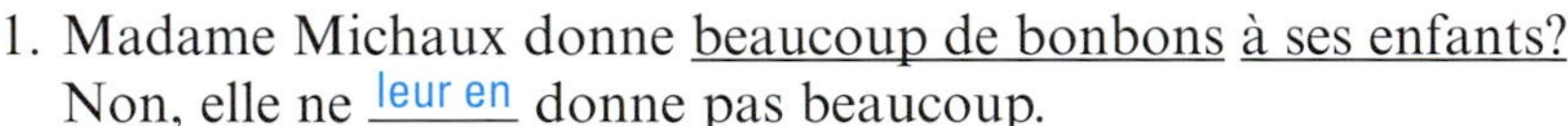

PAPI Je devais d'abord (10) __leur__ demander la permission. Ça, c'est sûr!

2 **Une bonne éducation** Les Michaux sont des parents exemplaires. Remplacez les mots soulignés par les bons pronoms.

1. Madame Michaux donne beaucoup de bonbons à ses enfants?
   Non, elle ne __leur en__ donne pas beaucoup.
2. Les Michaux enseignent le français à leurs enfants?
   Oui, ils __le leur__ enseignent.
3. Il y a trop de jouets dans la chambre de leur petite fille?
   Non, il n'__y en__ a pas trop.
4. Monsieur Michaux a emmené les enfants à la piscine l'été dernier?
   Oui, il __les y__ a emmenés.
5. Madame Michaux peut offrir les cours de piano à son fils aîné?
   Oui, elle peut __les lui__ offrir.

3 EXPANSION Remind students that French never adds a subject pronoun in the imperative as English sometimes does. Ex: *You stop it!*

3 **Des ordres** Vous gardez votre nièce de huit ans et elle est insupportable. Utilisez l'impératif et des pronoms pour lui dire de faire ou de ne pas faire ces choses.

Modèle ne pas manger trop de chocolat
N'en mange pas trop!

1. ne pas aller dans le jardin N'y va pas!
2. finir ses devoirs Finis-les!
3. manger un fruit Manges-en un!
4. vous donner la télécommande Donne-la-moi!
5. ne pas ennuyer le chien Ne l'ennuie pas!
6. ne pas donner de la pizza au chat Ne lui en donne pas!
7. aller immédiatement au lit Vas-y immédiatement!

Communication

4 **Conversation** À deux, posez-vous à tour de rôle ces questions sur les fêtes et les anniversaires. Utilisez des pronoms dans vos réponses.

1. Est-ce que tu as invité tes parents au restaurant pour leur anniversaire?
2. Est-ce que tu offres des cadeaux à tes frères et sœurs pour leur anniversaire?
3. Est-ce que ton père envoie une carte à ta grand-mère pour la fête des Mères?
4. Est-ce que tu es allé(e) chez tes parents à Thanksgiving, l'année dernière?
5. Est-ce que tes grands-parents t'ont donné de l'argent pour ton anniversaire?
6. Est-ce que vous faites beaucoup de photos quand vous êtes en famille?
7. Est-ce que tu préfères fêter ton anniversaire en famille ou avec tes copains?
8. Est-ce que tu aimes voir tes cousins et tes cousines pendant les fêtes?

4 EXPANSION Encourage students to come up with questions of their own.

4 EXPANSION Remind students of these expressions with **de: avoir besoin de, avoir envie de, avoir peur de, s'occuper de, sortir de, venir de,** and these with **à: assister à, faire attention à, jouer à, participer à.**

5 **Des conseils** Malik a rencontré Estelle, une fille très sympa, et il aimerait la revoir. Il demande conseil à son frère. Jouez cette scène à deux.

Modèle téléphoner à Estelle
—Est-ce que je devrais lui téléphoner?
—Téléphone-lui!/Ne lui téléphone pas!

1. inviter Estelle à aller au cinéma
2. emmener Estelle au restaurant
3. offrir des fleurs à Estelle
4. écrire des e-mails à Estelle
5. présenter Estelle aux parents
6. aller attendre Estelle après les cours

6 **Quelle aventure!** Le grand-père de Lucas et d'Isabelle revient du Sénégal et les enfants lui posent des questions. Par groupes de trois, présentez leur conversation à la classe. Utilisez des pronoms avec les expressions de la liste.

Modèle **—Tu es resté longtemps à Dakar?**
—Non, j'y suis resté quelques jours et après...

acheter des souvenirs	manger des spécialités sénégalaises	rendre visite à ses copains d'université
aller au marché	perdre ses valises	visiter l'île de Gorée
aller dans une réserve naturelle	prendre des photos	voir beaucoup d'animaux
avoir envie de retourner au Sénégal		

6 EXPANSION You might want to have students prepare this activity in advance.

Note CULTURELLE

Le Sénégal, en Afrique occidentale, a longtemps été une colonie française. En 1960, le Sénégal devient un État indépendant et Léopold Senghor, poète et homme politique (1906–2001), est élu président. Le français en est toujours la langue officielle.

 Practice more at **vhlcentral.com.**

PRESENTATION Point out that the subjunctive is also used in English *(I wish I were rich!)*, but it is much more common in French. It usually occurs in a dependent clause introduced by **que.**

EXPANSION Remind students that the **nous** and **vous** forms of the present subjunctive of most verbs are the same as those of the **imparfait.**

Coup de main

Le subjonctif de ces verbes est irrégulier: **aller** (que j'aille), **avoir** (que j'aie), **être** (que je sois), **faire** (que je fasse), **pouvoir** (que je puisse), **savoir** (que je sache) et **vouloir** (que je veuille). See the Verb Tables at the end of the book for more subjunctive forms.

Attention!

- N'employez pas le subjonctif après **espérer que.**

Nous espérons qu'il ***viendra.***

J'espère qu'il le ***sait.***

3.2 Le subjonctif dans les propositions substantives

Rappel

On emploie l'indicatif pour parler d'un fait objectif. On emploie le subjonctif pour exprimer un fait envisagé dans la pensée, comme le souhait, la volonté ou la crainte.

- Pour former le présent du subjonctif des personnes du singulier (**je**, **tu**, **il/elle/on**) et de la troisième personne du pluriel (**ils/elles**), remplacez la terminaison **-ent** de la troisième personne du pluriel du présent de l'indicatif par **-e**, **-es**, **-e** et **-ent**.

  Je veux que tu ***finisses*** *tes devoirs avant la fin du week-end.*

- Pour les deux premières personnes du pluriel (**nous** et **vous**), remplacez la terminaison **-ons** de la première personne du pluriel du présent de l'indicatif par les terminaisons **-ions** et **-iez**.

  La pharmacienne suggère que vous ***téléphoniez*** *à votre médecin.*

- Employez le subjonctif après des verbes ou des expressions impersonnelles qui expriment la volonté, l'ordre, l'interdiction ou le désir.

aimer mieux que *to prefer that*
avoir envie que *to want that*
désirer que *to wish that*
il vaudrait mieux que *it would be better that*
préférer que *to prefer that*
vouloir que *to want that*

Mamie ***souhaite***	*qu'on* ***aille*** *la voir plus souvent.*
Proposition principale	Proposition subordonnée

Il faut	*que tu* ***obéisses*** *à tes parents.*
Proposition principale	Proposition subordonnée

- Employez le subjonctif après les verbes qui expriment des sentiments tels que:

LA JOIE
être content(e) que *to be glad that*
être heureux/heureuse que *to be happy that*
être ravi(e) que *to be thrilled that*

LA TRISTESSE
être désolé(e) que *to be sorry that*
regretter que *to regret that*

LA CRAINTE
avoir peur que *to be afraid that*
craindre que *to fear that*

LA COLÈRE
être fâché(e) que *to be angry that*
être furieux/furieuse que *to be furious that*

L'ÉTONNEMENT
être étonné(e) que *to be astonished that*
être surpris(e) que *to be surprised that*

Mon frère ***est triste***	*que sa petite amie* ***doive*** *retourner en Suisse.*
Proposition principale	Proposition subordonnée

Ils ***craignent***	*que leurs enfants* ***soient*** *malades.*
Proposition principale	Proposition subordonnée

*—Je veux que tu **saches** que moi, j'ai fait tout ça pour toi.*

- Quand le sujet de la proposition principale est le même que celui de la proposition subordonnée, employez l'infinitif dans la proposition subordonnée. Avec **regretter que** ou des expressions avec **être** et **avoir**, ajoutez **de** devant l'infinitif.

Infinitif	Subjonctif
Je veux partir. **Ma sœur est ravie d'attendre un bébé.**	**Je veux que tu partes.** **Ma sœur est ravie que tu attendes un bébé.**

- Employez *le subjonctif* après ces verbes quand ils expriment l'incertitude ou le doute. Employez *l'indicatif* quand ils expriment une certitude.

douter que *to doubt that*
(ne pas) penser que *(not) to think that*
(ne pas) croire que *(not) to believe that*
(ne pas) être certain(e) que *(not) to be certain that*
(ne pas) être sûr(e) que *(not) to be sure that*
(ne pas) être persuadé(e) que *(not) to be convinced that*

*On n'est pas certain qu'il **fasse** froid.*
Subjonctif: incertitude

*Vous ne doutez pas qu'il **fait** froid.*
Indicatif: certitude

- On emploie *le subjonctif* après les expressions impersonnelles qui expriment une nécessité, une possibilité ou un doute. On emploie *l'indicatif* quand elles expriment une certitude.

ça m'étonnerait que *it would astonish me that*
il est / n'est pas certain que *it is (not) certain that*
il est clair que *it is clear that*
il est douteux que *it is doubtful that*
il est évident que *it is obvious that*
il est impossible que *it is impossible that*
il est possible que *it is possible that*
il est / n'est pas sûr que *it is (not) sure that*
il est / n'est pas vrai que *it is (not) true that*
il se peut que *it is possible that*

*Il se peut qu'il **sache** tout.*
Subjonctif: incertitude

*Il est clair qu'il **sait** tout.*
Indicatif: certitude

- On peut parfois avoir un subjonctif dans une proposition indépendante, par exemple pour exprimer un souhait.

*Karim a crié: «Et que tout **soit** prêt en bas!»*

*Que Dieu vous **entende!***

EXPANSION Tell students that the indicative, instead of the subjunctive, may be used after the negative of **penser** and **croire** and after certain other expressions, depending on the speaker's level of certainty. Ex: **Je ne crois pas qu'elles aient tort.** *(I don't think they're wrong, but I'm not sure.)* **Je ne crois pas qu'elles ont tort.** *(I think they're right.)*

Mise en pratique

1 EXPANSION Point out that **il faut** + [*infinitive*] often expresses a collective or general obligation. Ex: **Il faut étudier.** (*People, in general, need to study.*)

1 **Fête d'anniversaire** Madame Lemercier organise une fête pour son mari. Mettez les verbes entre parenthèses au présent du subjonctif pour compléter son e-mail.

De: amlemercier@monmail.fr
À: pchapenard@monmail.fr; jmatignoul@monmail.fr; mtlemercier@monmail.fr
Sujet: Les 50 ans de papa

Ma chère famille,

Il va y avoir beaucoup à faire pour cette surprise, alors il faut qu'on (1) ___s'organise___ (s'organiser)! J'aimerais que Pierrot et Julie (2) ___fassent___ (faire) les courses et que Martin (3) ___choisisse___ (choisir) la musique. Louis et Rachel, je voudrais que vous (4) ___alliez___ (aller) chercher le gâteau.

Il faudrait aussi que quelqu'un (5) ___puisse___ (pouvoir) venir m'aider à décorer le salon. Croyez-vous que cela (6) ___soit___ (être) possible? Sinon, il faudrait que je le (7) ___sache___ (savoir) au plus vite pour m'organiser autrement.

Il est important que vous (8) ___soyez___ (être) tous là à 8 heures précises. Je voudrais vraiment qu'il (9) ___ait___ (avoir) la surprise de sa vie!

À samedi,

Anne-Marie

2 **À choisir** Complétez cette conversation à l'aide de la liste. Pour chaque verbe, employez l'infinitif ou donnez la bonne forme du présent de l'indicatif ou du subjonctif.

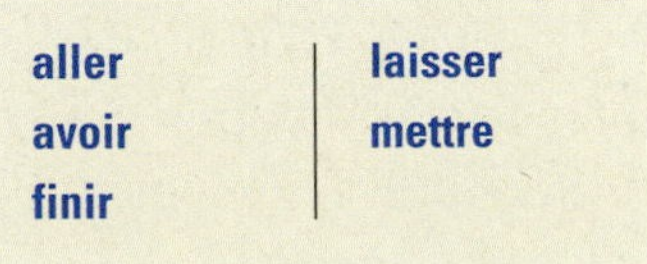

aller	**laisser**
avoir	**mettre**
finir	

ALI Fatima, laisse-moi tranquille. Il faut que je/j' (1) ___finisse___ mes devoirs.

FATIMA Mais maman veut que tu (2) ___mettes___ la table.

ALI Bon, mais j'ai peur de/d' (3) ___avoir___ une mauvaise note si je ne finis pas mes devoirs!

FATIMA Au fait, elle voudrait aussi que tu (4) ___ailles___ chercher mamie. Elle vient dîner à la maison ce soir et sa voiture est en panne.

ALI Et moi, j'aimerais qu'on me/m' (5) ___laisse___ étudier!

FATIMA Écoute, je doute que tu (6) ___aies___ tellement envie d'étudier. Je crois plutôt que tu ne/n' (7) ___as___ aucune envie d'obéir à maman!

ALI Bon, bon, j'y vais! J'espère que tu (8) ___vas___ me laisser tranquille après ça!

 Practice more at **vhlcentral.com.**

Communication

3 **Qu'en pensent-ils?** Alain et Alex sont des jumeaux avec des opinions très différentes. Ils comparent la vie d'aujourd'hui à celle de leurs grands-parents. À deux, jouez les rôles des jumeaux. Variez les expressions de doute et de certitude.

Modèle la vie / être plus facile aujourd'hui
Alain: Je pense que la vie est plus facile aujourd'hui.
Alex: Je doute que la vie soit plus facile aujourd'hui.

1. les jeunes d'aujourd'hui / avoir un idéal
2. la génération actuelle / être plus heureuse
3. les parents / passer plus de temps avec leurs enfants
4. les enfants / être plus gâtés (*spoiled*)
5. les enfants / faire plus de sport
6. les jeunes / se marier plus tard qu'avant
7. les couples / divorcer plus qu'avant
8. les jeunes / en savoir plus maintenant qu'avant
9. les gens du troisième âge / être plus actifs

4 **Vive la mariée!** Marc et Isabelle ont décidé de se marier. À deux, créez une conversation dans laquelle chacun dit à l'autre ce qu'il faut faire.

Modèle annoncer la nouvelle
—J'aimerais que tu annonces la nouvelle à tes parents.
—Oui et il faut absolument que nous...

décider d'une date	commander la pièce montée
choisir les témoins	réserver la salle
faire la liste des invités	choisir la musique
envoyer les invitations	déposer une liste de mariage (*bridal registry*)
décider du menu	

5 **Les nouvelles de la famille** Tes parents et toi, vous venez d'apprendre les dernières nouvelles familiales et vous réagissez chacun selon son caractère. Par groupes de trois, utilisez le présent du subjonctif pour jouer ces situations devant la classe. Justifiez vos réactions.

Modèle Ton neveu a une nouvelle voiture de sport.
la mère: Je suis heureuse qu'il ait une nouvelle voiture. Je sais qu'il en avait envie depuis longtemps!
le père: Je crains qu'il ait un accident. Je doute qu'il soit prudent!
toi: Je suis surpris(e) qu'il ait une voiture de sport. Je pense que ça doit coûter très cher!

1. Ton cousin va s'installer en Suisse.
2. Ton oncle et ta tante veulent adopter un enfant.
3. Tes grands-parents partent faire le tour du monde.
4. Ta nièce fait des études pour devenir astronaute.
5. Les enfants de ta cousine savent parler russe.

3 **EXPANSION** Tell students that **le troisième âge** refers to people who are retired or over age 60. Have them guess why that stage of life is referred to that way and what **le premier âge** and **le deuxième âge** might be.

4 **EXPANSION** Tell students that they might sometimes see or hear a subjunctive without **que**, as in expressions wishing someone or something long life and prosperity: **Vive la liberté!, Vive les vacances!, Vive la France!**

Note CULTURELLE

En France, le mariage civil est le seul qui compte aux yeux de la loi. Il est célébré à la mairie, devant le maire et en présence de deux témoins, un pour le marié et l'autre pour la mariée. Si les mariés le souhaitent, ils peuvent aussi avoir une cérémonie religieuse.

Préparation

À propos de l'auteur

David Foenkinos est né à Paris, en 1974. Il étudie les lettres à la Sorbonne tout en se formant au jazz et devient professeur de guitare. Il publie plusieurs romans dont *La Délicatesse* (2009), *Les Souvenirs* (2011), *et Charlotte* (2014) Ses romans sont pleins d'humour et il travaille aussi sur des scénarios de cinéma et de bande dessinée. En 2011, il réalise l'adaptation filmique de son roman *La Délicatesse,* en collaboration avec son frère Stéphane. C'est un écrivain éclectique qui puise dans son vécu (*draws from experience*) pour nourrir ses écrits.

PRESENTATION To check comprehension, have students compose their own sentences using the vocabulary words.

PRACTICE Read these definitions aloud and have students guess the vocabulary word to which they correspond.
1. Montrer qu'on déteste quelqu'un (la haine)
2. Une personne qui dirige ses employés (un patron)
3. Un sentiment qui montre qu'on a peu de scrupules (la bassesse)
4. Un homme qui ne travaille pas et qui s'occupe de ses enfants (un papa-poule)
5. Qui n'est plus à la mode (vieux jeu)

Vocabulaire de la lecture

la bassesse *baseness*
constater *to notice*
le coude *elbow*
un échantillon *sample*
une empreinte *stamp, mark*
un éveil *awakening*
la haine *hatred*
nul(le) *dumb*
un(e) patron(ne) *boss*
rien à faire *it's no use*
venir chercher *to pick up*

Vocabulaire utile

le chômage *unemployment*
un(e) chômeur/chômeuse *unemployed person*
le fossé des générations *generation gap*
la maturité *maturity*
un papa poule *a stay-at-home father*
un(e) pigiste *freelancer*
un(e) travailleur/travailleuse indépendant(e) *self-employed worker*
vieux jeu *old-fashioned*

1 **Dialogues à trous** Complétez ces dialogues à l'aide des listes de vocabulaire.

1. —Tu peux venir me ___chercher___ à l'aéroport?
   —Je peux essayer de me libérer pour arriver à l'heure.
2. —Je n'aime pas ce qui se passe dans le monde. Il y a trop de violence et de ___haine___ entre les peuples.
   —Oui, je suis d'accord. Les gens sont vraiment ___nuls___ de se disputer pour tout.
3. —Maman! Je suis tombé et je me suis fait mal au ___coude___. Aide-moi, s'il te plaît.
   —Tout de suite! Justement j'ai un nouveau désinfectant. C'est un ___échantillon___ gratuit que le pharmacien m'a donné.

2 EXPANSION Ask students to explain why parents and children always seem to be in conflict with each other. Have them say whether the generational gap widens with every new generation as fashion becomes more daring and new technologies are invented. Ask if they think that one day parents and children will think alike.

2 **Le conflit des générations** À deux, répondez à ces questions. Ensuite échangez vos opinions avec la classe.

1. Suivez-vous la mode de vos amis ou celle de vos parents? Expliquez.
2. Qu'est-ce qui est important pour vous dans la mode? Voulez-vous simplement faire comme tout le monde? Pourquoi?
3. Vos goûts diffèrent-ils beaucoup de ceux de vos parents? Donnez des exemples.
4. Quand vos parents et vous n'êtes pas d'accord sur quelque chose, essayez-vous de leur expliquer vos différences? Vous disputez-vous? Expliquez.

2 EXPANSION After students have gone over this activity in class, assign it as a writing assignment for homework.

Practice more at **vhlcentral.com.**

La chronique de David Foenkinos:

Les autres, la haine... et l'amour

look Je suis entré dans l'école, et j'ai vu le regard° de mon fils. Il s'est approché de moi pour me demander: «Pourquoi maman ne vient jamais me chercher?

—Parce qu'elle travaille.

—Ça veut dire que toi, tu ne travailles pas?»

Logique implacable des enfants.

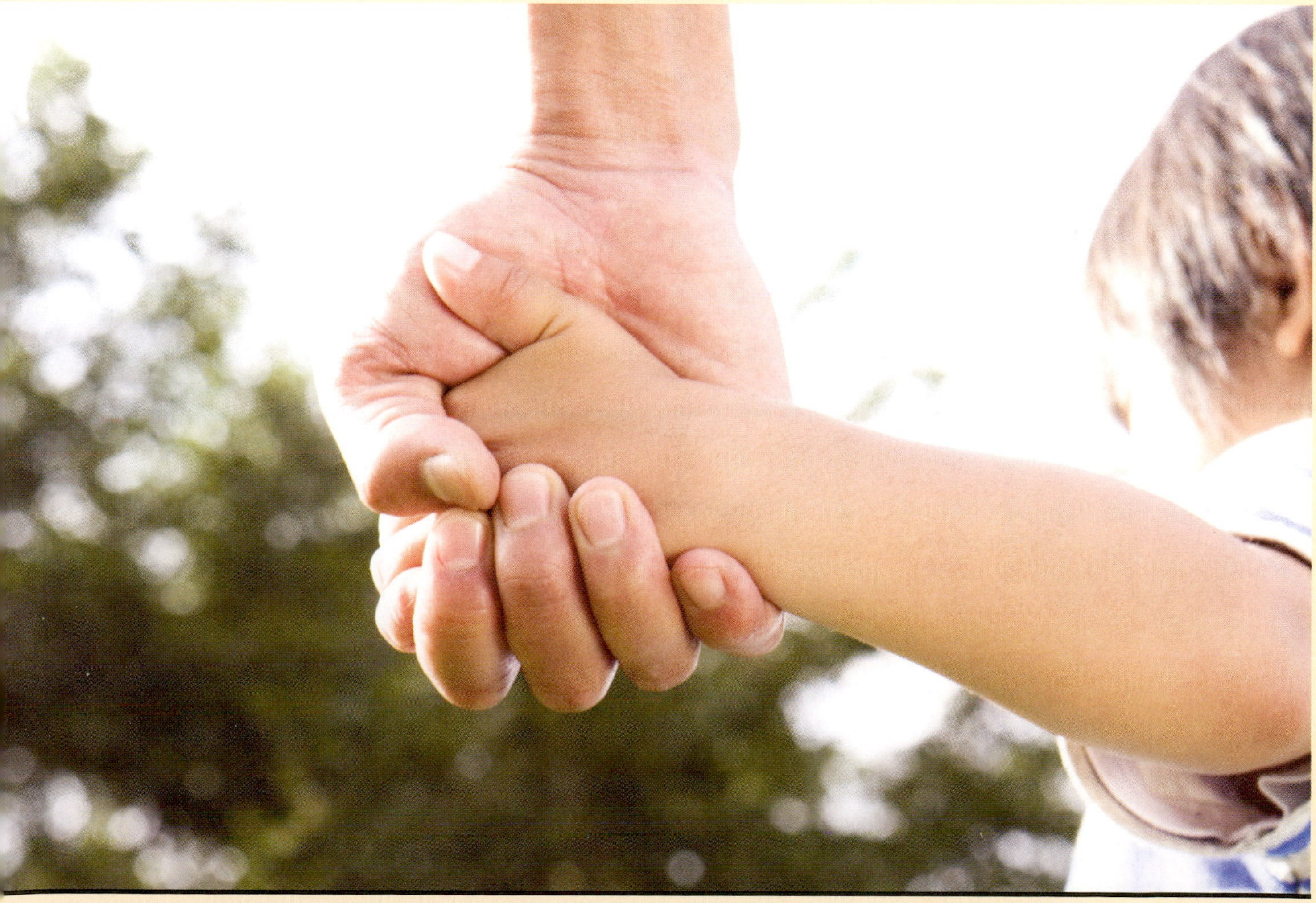

Depuis des semaines, je lui explique le concept de free-lance. «Je travaille quand je veux et, surtout, je n'ai pas de patron. J'ai beaucoup de chance, et je peux venir te chercher tous les jours.» Voilà ce que je lui ai dit.

Il m'a répondu: «Oui, mais j'aimerais avoir une baby-sitter. Comme Hugo.» Hugo, c'est son meilleur copain. D'une manière générale, mon fils passe son temps à me parler des autres enfants, à me raconter ce qu'ils font et à constater qu' «ils ont trop de chance». C'est une obsession pour lui. J'ai beau inverser la situation en lui disant qu'Hugo ou Mathis adoreraient faire ce que l'on fait. Et, avec bassesse, je nous flatte: «Eux, ils n'ont pas la Wii!» Mais rien à faire, il y a toujours quelque chose de mieux chez les autres. Je crois que c'est surtout un âge où l'on découvre le monde extérieur. Et cet éveil débute par la volonté de ne pas être différent.

J'ai un cousin qui est en plein cœur de l'adolescence. Et là, je constate que c'est radicalement différent. La plupart des adolescents veulent surtout ne ressembler à personne, tout faire pour marquer l'univers de leur empreinte personnelle. L'échantillon que j'observe dans ma famille a choisi d'être gothique. Et même là, il m'explique qu'il y a des variations. De la même façon que° l'on pourrait dire qu'il y a des dégradés° de noir. «Tu vois, ce faux piercing dans le coude, eh bien, personne ne l'a!» Bravo, et paix à son coude. Bien sûr, tout ce que font les autres, «c'est trop nul». Tout le monde est con°, et personne ne l'aime.

J'essaye de me souvenir de mon adolescence, et moi, il me semble qu'à son âge je n'avais qu'une envie: ne surtout pas être moi. Il faut sûrement passer du temps dans cette condition pour devenir écrivain.

Quand on est enfant, les autres ont «trop de chance», puis à l'adolescence, ils deviennent «trop nuls». Et à l'âge adulte, alors? Qu'est-ce qu'on pense? Je réfléchis une seconde, et je me dis: on ne veut surtout pas ressembler à nos parents! Mon père, c'est une synthèse de tous les âges: il n'envie rien à personne et il critique tout le monde. Moi, quand je serai vieux, j'aimerais surtout que mon fils soit heureux le jour où j'irai le chercher à la sortie de son bureau.

Just as

shades

stupid (colloquial)

Analyse

1 

Compréhension Indiquez si les phrases sont **vraies** ou **fausses.** Corrigez les fausses.

1. Le petit garçon pense que les autres enfants ont plus de chance que lui. Vrai.
2. L'enfance est l'âge où on veut ressembler à ses parents. Faux. C'est l'âge où on veut ressembler à ses amis.
3. D'après le petit garçon, c'est mieux de demander à une baby-sitter d'aller chercher les enfants à l'école. Vrai.
4. La plupart des adolescents veulent ressembler à leurs acteurs préférés. Faux. Ils veulent surtout ne ressembler à personne.
5. Le cousin adolescent se sent bien dans sa peau. Faux. Il pense que personne ne l'aime.
6. Pendant sa propre adolescence, le papa voulait être quelqu'un d'autre. Vrai.
7. Les adultes ne prennent pas modèle sur leurs parents. Vrai.

1 PRESENTATION Have students read through the comprehension questions before reading the article. This will help them understand the article better and answer the questions more quickly.

2 

Différences et ressemblances À deux, indiquez si ces paires ont des ressemblances ou des différences, d'après l'article. Ensuite, travaillez avec deux autres camarades pour expliquer ces différences et ressemblances.

	Différences	Ressemblances
1. les petits-enfants et leurs amis		x
2. les adolescents et leurs parents	x	
3. les adultes et leurs parents	x	
4. l'auteur et d'autres adultes de sa génération		x
5. l'auteur et son cousin gothique	x	
6. un gothique et un autre gothique	x	

2 EXPANSION Have each pair jot down three more categories not found in the article. Then have them exchange papers with another pair, who will add the categories to the table as items 7–9 and mark the differences and similarities.

3

Qu'est-ce qui est important? À deux, décidez de ce qui est le plus important pour les adolescents d'aujourd'hui. Classez vos réponses par ordre d'importance et préparez des arguments pour les justifier. Puis, échangez vos idées avec la classe.

- les vêtements
- la coiffure
- les gadgets électroniques
- la musique
- les films
- le sport

3 EXPANSION Ask pairs to decide which of these items their parents are most likely to accept, even if they differ greatly from their own tastes.

4

Conversation Par groupes de trois, pensez à l'attitude d'un(e) adolescent(e) difficile face à un problème. Décidez le genre du problème et imaginez une conversation entre l'adolescent(e) et ses parents, qui essaient de le/la comprendre. Discutez des réactions possibles de tous les trois. Ensuite, jouez la scène devant la classe.

 Practice more at **vhlcentral.com.**

Préparation

À propos de l'auteur

Birago Diop est un écrivain sénégalais d'expression française né en 1906 à Dakar. Il reçoit d'abord une formation coranique et suit en même temps les cours de l'école française de Dakar. Puis, il poursuit des études de médecine vétérinaire à Toulouse. C'est en exerçant son métier de vétérinaire en Afrique de l'Ouest qu'il commence à s'intéresser aux contes des griots (conteurs populaires). Il met par écrit ceux d'Amadou Koumba et les publie dans le recueil *Les Contes d'Amadou Koumba* en 1947. Il publie également une pièce de théâtre, *L'Os de Mor Lam* (1966), plusieurs volumes de mémoires et un recueil de poésie, *Leurres et lueurs* (1960). Il meurt à Dakar en 1989.

Vocabulaire de la lecture

le buisson *bush*
couler *to flow*
la demeure *residence*
le feu *fire*
la foule *crowd*
frémir *to quiver*
gémir *to moan; to whimper*
l'ombre (f.) *shadow; shade*
le rocher *rock*
en sanglots *sobbing*
le souffle *breath*
le tison *ember*
vagir *to wail*

Vocabulaire utile

arroser *to water*
brûler *to burn*
la cendre *ash*
éclater *to burst*
enterrer *to bury*
(faire) pousser *to grow*
perdurer *to live on; to endure*
la racine *root*
respirer *to breathe*
verser des larmes *to shed tears*

1 **Phrases à compléter** Complétez les phrases avec le vocabulaire qui convient.

1. Je suis à bout de souffle parce que je viens de terminer un marathon.
2. En plein soleil, on peut voir l'ombre des objets qui se reflète par terre.
3. Le bébé éclate en sanglots quand on le laisse avec sa baby-sitter.
4. Selon les croyances traditionelles, les esprits des morts perdurent dans la nature.
5. Le feu est presque éteint. Il ne reste plus que quelques tisons.
6. Le petit chien abandonné gémit/vagit de faim et de peur.

2 **Quatre éléments** Selon la pensée classique, chaque substance de l'univers est composée d'une combinaison de quatre éléments. Avec un(e) partenaire, associez chacun des mots de vocabulaire indiqués à l'élément correspondant. Puis, faites au moins quatre phrases en utilisant ces mots.

Éléments	Vocabulaire	
b, g 1. l'air	a. arroser	e. enterrer
d, h 2. le feu	b. respirer	f. verser des larmes
a, f 3. l'eau	c. faire pousser	g. le souffle
c, e 4. la terre	d. brûler	h. les cendres

Practice more at **vhlcentral.com.**

3 **Chuchotez** Écrivez une phrase en utilisant au moins deux mots du nouveau vocabulaire. Puis, mettez-vous par groupes de cinq et formez un cercle. Chuchotez (*Whisper*) votre phrase à l'oreille de votre voisin(e) qui la chuchotera à son/sa voisin(e). La phrase sera chuchotée d'étudiant(e) en étudiant(e) et le/la dernier/dernière la répétera à haute voix. Comparez ce message avec celui du début. Puis, lisez la note culturelle sur les griots et discutez de ces questions:

- Quels sont les avantages et les désavantages de la tradition orale par rapport à la tradition écrite? De quelle manière ces deux traditions peuvent-elles interagir et s'enrichir l'une de l'autre?
- De quelles qualités a-t-on besoin pour être un bon griot? A-t-on besoin des mêmes qualités pour être un bon écrivain? Pourquoi ou pourquoi pas?

4 **La nature sous toutes ses formes** Par groupes de trois ou quatre, choisissez un élément naturel et discutez de ses qualités destructrices et bénéfiques. De quelles manières les êtres humains sont-ils liés à cet élément? Citez des exemples précis.

Modèle **—Les incendies peuvent être dévastateurs, mais le feu est aussi source de chaleur et peut régénérer une terre improductive.**
—Oui, par exemple…

5 **La nature et les générations** Répondez à ces questions avec un(e) partenaire. Puis, partagez vos réponses avec la classe.

1. Aimez-vous la nature ou préférez-vous les villes? Pourquoi?
2. Y a-t-il beaucoup d'espaces verts dans votre région ou dans votre ville? Décrivez la végétation qui pousse là où vous habitez.
3. En général, recherchez-vous la chaleur du soleil ou préférez-vous rester à l'ombre? Expliquez.
4. Que faites-vous pour préserver la mémoire de vos ancêtres? Existe-t-il dans votre famille ou dans votre culture des objets que vous gardez, des histoires que vous racontez ou des traditions que vous faites perdurer pour conserver le souvenir des générations précédentes?
5. Y a-t-il un endroit ou une région dans le monde qui a une importance historique ou culturelle pour votre famille? Pourquoi cet endroit est-il important pour vous? Avez-vous déjà visité cet endroit ou avez-vous l'intention de le visiter? Pourquoi ou pourquoi pas?

Note CULTURELLE

En Afrique de l'Ouest, les **griots** sont des conteurs populaires qui officient comme communicateurs traditionnels depuis des siècles. À la fois poètes, historiens et musiciens, ils transmettent l'histoire et les traditions de leur peuple de génération en génération à travers des récits chantés.

Souffles

BIRAGO DIOP

Audio: Dramatic Reading

Écoute plus souvent
les choses que les êtres.
La voix du feu s'entend,
entends la voix de l'eau,
écoute dans le vent
le buisson en sanglots.
C'est le souffle des ancêtres...

Ceux qui sont morts ne sont jamais partis,
ils sont dans l'ombre qui s'éclaire°
et dans l'ombre qui s'épaissit°,
les morts ne sont pas sous la terre:
ils sont dans l'arbre qui frémit,
ils sont dans le bois qui gémit,
ils sont dans l'eau qui coule,
ils sont dans l'eau qui dort,
ils sont dans la case°, ils sont dans la foule:
les morts ne sont pas morts.

Écoute plus souvent
les choses que les êtres.
La voix du feu s'entend,
entends la voix de l'eau,
écoute dans le vent
le buisson en sanglots.
C'est le souffle des ancêtres,
le souffle des ancêtres morts,
qui ne sont pas partis,
qui ne sont pas sous terre,
qui ne sont pas morts.

Ceux qui sont morts ne sont jamais partis,
ils sont dans le sein° de la femme,
ils sont dans l'enfant qui vagit
et dans le tison qui s'enflamme°.
Les morts ne sont pas sous la terre,
ils sont dans le feu qui s'éteint°,
ils sont dans les herbes qui pleurent,
ils sont dans le rocher qui geint°,
ils sont dans la forêt, ils sont dans la demeure:
les morts ne sont pas morts.

Écoute plus souvent
les choses que les êtres.
La voix du feu s'entend,
écoute la voix de l'eau.
écoute dans le vent
le buisson en sanglots.
C'est le souffle des ancêtres. ■

s'éclaire lights up
s'épaissit grows thicker
case hut
sein breast
s'enflamme catches fire
s'éteint goes out
geint moans

PRESENTATION Point out to students that the image on the left-hand page shows a baobab tree, typical of the landscape in Senegal and other parts of West Africa.

Analyse

1 **Sélection** Choisissez la réponse qui convient le mieux, d'après le poème de Birago Diop.

1. Les morts sont ________.
   a. partis b. sous la terre c. dans la forêt
2. Ce qui geint, c'est ________.
   a. le rocher b. le buisson c. l'eau
3. ________, c'est une maison de style rudimentaire.
   a. Un bois b. Une demeure c. Une case
4. Il faut écouter ________ plus souvent.
   a. les êtres b. les choses c. les poètes
5. ________, c'est le signe qu'une vie nouvelle commence.
   a. Un feu qui s'éteint
   b. Un petit enfant qui vagit
   c. Une ombre qui s'épaissit
6. Les quatre éléments primordiaux sont ________.
   a. des forces destructrices
   b. mis sur terre pour que l'homme les maîtrise
   c. la demeure de l'âme des ancêtres

2 **Vrai ou faux?** Indiquez si les affirmations sont vraies ou fausses. Corrigez les phrases fausses.

1. Ce poème traite du rapport entre la nature et l'esprit des êtres humains. Vrai.
2. Le poète croit que ceux qui sont morts ne laissent aucune trace. Faux. Il explique que l'âme de nos ancêtres continue de vivre dans tous les éléments de la nature.
3. D'après le poème, le plus important, c'est d'écouter les êtres. Faux. D'après le poème, il faut écouter les choses.
4. On entend le souffle des ancêtres dans le bruit du feu, de l'eau, du vent et de la terre. Vrai.
5. Le poète dit que l'âme des morts enterrés ne perdure pas dans la nature. Faux. Le poète dit que l'âme de tous les morts perdure dans la nature.
6. Le poème encourage le lecteur à prendre conscience de l'importance des liens familiaux. Vrai.

 Practice more at **vhlcentral.com.**

3 **Littéral ou figuratif?** Avec un(e) partenaire, décidez si chaque description tirée du poème est littérale ou s'il s'agit de langage figuratif. Puis, discutez de la signification de chaque image.

Modèle le buisson en sanglots
—**C'est du langage figuratif parce que les buissons ne sanglotent pas vraiment. Ça décrit peut-être le son qu'on entend quand le vent fait bouger les feuilles du buisson.**
—**Oui, mais ça peut être aussi une métaphore pour exprimer la tristesse de ceux qui ont perdu un être cher.**

1. l'eau qui dort figuratif
2. les herbes qui pleurent figuratif
3. l'eau qui coule littéral
4. la voix du feu figuratif
5. l'enfant qui vagit littéral wail
6. le rocher qui geint figuratif moan
7. le tison qui s'enflamme littéral
8. le bois qui gémit figuratif

4 **Analyse du poème** Avec un(e) partenaire, répondez à ces questions pour vous aider à analyser le poème. Puis, réorganisez vos réponses sous la forme d'une analyse rédigée du poème. Answers will vary. Suggested answers provided

1. Qui parle dans le poème? Celui qui parle ne s'identifie pas directement, mais ça pourrait être le poète lui-même ou bien un griot africain.
2. Quels sont les thèmes du poème? Les thèmes incluent la mort, la naissance, la renaissance, la continuité de la vie, les racines ancestrales, le passé, la tristesse et la souffrance.
3. À qui le poète s'adresse-t-il et comment? Quel est sont but?
4. Comment les rimes de ce poème sont-elles organisées? Se répètent-elles régulièrement tous les deux vers ou sont-elles mêlées sans schéma régulier? Quel est l'effet de cette organisation?
5. Y a-t-il d'autre répétitions dans ce poème? Quel est l'effet de ces répétitions? Des mots et des strophes entières sont répétées pour exprimer le cycle répétitif de la vie et de la mort.
6. Quel est le temps dominant des verbes? Quel est le rapport entre ce choix de temps et le sujet du poème? Les verbes sont principalement au présent pour souligner l'empreinte laissée par les êtres chers dans notre cœur et dans la nature.
7. Quelle est la structure du poème? Comparez le début du poème avec la fin. Qu'est-ce que cela évoque? La strophe du début du poème se répète à la fin du poème pour évoquer le cycle répétitif de la vie.

3. Il s'adresse à tous les êtres humains qui ont perdu un être cher. Il veut les consoler. Il mploie des verbes à l'impératif pour attirer leur attention. Le but du poème est de souligner la continuité de la vie et l'importance des racines.

4. Il y a des rimes masculines qui se terminent par un son consonantique et des rimes féminines qui se terminent par un son vocalique, mais le schéma des rimes est irrégulier. L'irrégularité des rimes évoque l'abondance des lieux où l'on peut entendre le souffle de nos ancêtres.

5 **À vos plumes** Qu'est-ce que la nature évoque pour vous? D'après vous, quel rapport existe-t-il entre les éléments de la nature et les générations successives d'êtres humains? Par groupes de trois, répondez à ces questions de manière poétique dans un court poème d'au moins huit vers. Inspirez-vous du poème de Birago Diop et utilisez le vocabulaire de la leçon. Puis, lisez votre poème à toute la classe.

6 **Rédaction: Comparaison de croyances** Écrivez une rédaction d'environ quinze lignes dans laquelle vous comparez les attitudes exprimées dans le poème envers la mort, la nature et l'idée d'une vie éternelle à celles d'une religion ou d'un autre système de croyances que vous connaissez bien. Considérez les questions suivantes et soutenez vos arguments avec des exemples précis.

- Est-ce que le monde naturel joue un rôle important dans ce système de croyances en ce qui concerne les rites, les symboles ou les traditions?
- Quelles pratiques particulières commémorent les morts?
- Qu'est-ce qui arrive à l'âme ou à l'esprit après la mort?
- Ces croyances aident-elles à faire durer les valeurs du groupe?

 Practice more at **vhlcentral.com.**

Préparation

 Vocabulary Tools

À propos de l'auteur

L'artiste belge Philippe Geluck est né à Bruxelles, en 1954. Il étudie le théâtre à l'Institut National Supérieur des Arts du Spectacle. Geluck est connu non seulement pour sa bande dessinée *Le Chat*, mais aussi pour ses émissions humoristiques à la radio et à la télévision belge et française. En 1983, le quotidien belge *Le Soir* lui demande de créer une bande dessinée pour leur journal, et c'est ainsi que naît *Le Chat*. L'humour de cette bande dessinée est basé sur les interprétations trop littérales des métaphores et sur des jeux de mots.

PRACTICE Read each word aloud and have students supply its antonym from the vocabulary lists.
1. baisser le son (mettre le son à fond)
2. bas (fort)
3. poli (insolent)
4. le silence (le bruit)
5. laisser tranquille (déranger)
6. désobéir (obéir)

Vocabulaire de la bande dessinée

à fond *to the max*
au lieu de *instead of*
mettre le son *to turn the sound*

Vocabulaire utile

baisser le son *to turn down the sound*
le bruit *noise*
déranger *to disturb*
fort(e) *loud*
insolent(e) *rude*
obéir (à) *to obey*
un jeu vidéo *video game*

1 EXPANSION Have students discuss their answers in pairs.

1 **L'insolence** Répondez aux questions.

1. Vous disputiez-vous souvent avec vos parents quand vous étiez plus jeune? Dans quelles circonstances?
2. Pensez-vous que le bruit soit une nuisance? Quels problèmes de santé le bruit peut-il causer?
3. D'après vous, le bruit est-il un facteur de la vie moderne? Y avait-il moins de bruit autrefois (*in the past*)? Faites une liste d'appareils ou de machines qui font beaucoup de bruit.

Analyse

1 EXPANSION Ask students for real-world examples of how these laws apply to the education of children.

1 **La morale** Par groupes de trois, parlez d'une situation que vous avez observée qui confirme chaque loi. Puis, décidez laquelle est la morale de la bande dessinée.

1. La loi de l'égalité: On a souvent besoin d'un plus petit que soi.
2. La loi du talion: Œil pour œil, dent pour dent; ne faites pas à autrui (*others*) ce que vous ne voudriez pas qu'il vous fasse.
3. La loi de l'honnêteté: La vérité sort de la bouche des enfants.

2 EXPANSION Encourage students to illustrate their version of the comic strip's next installment. Have the class vote for the most original story.

2 **Suite** À deux, inventez l'épisode suivant de la bande dessinée. Le père va-t-il décider de jouer avec son fils ou de le punir? Va-t-il lui donner une réponse logique? La morale de votre histoire doit présenter une perspective différente sur le thème du conflit des générations. Ensuite, présentez vos idées à la classe.

3 **Pour se faire accepter** Par groupes de trois, choisissez une de ces options et écrivez une liste de conseils que vous donneriez à cette personne pour s'intégrer dans votre quartier. Ensuite, échangez vos conseils avec la classe.

- Un musicien rock qui emménage dans votre quartier
- Un voisin qui tond sa pelouse (*mows the lawn*) tous les dimanches matin à six heures

 Practice more at **vhlcentral.com.**

Presentation

LE CHAT de Philippe Geluck

Extrait de l'ouvrage *La Marque du Chat*, Philippe Geluck © Casterman, avec l'aimable autorisation des auteurs et des Éditions Casterman

Une évaluation de séjours

PREPARATION Ask students if any of them have foreign travel experience. If so, have them describe their trips abroad and give their personal opinions of the experience. If none of your students has traveled abroad, share some highlights of your personal travels.

Les jeunes sont parmi ceux qui voyagent le plus, notamment à l'étranger. Mais les voyages intéressent les gens de tous âges. On leur propose toutes sortes de séjours: du séjour linguistique au séjour «détente», au séjour «aventure». À vous de trouver le voyage idéal dans un endroit francophone pour chacune des trois générations!

Plan de rédaction

Dans cette rédaction, vous allez évaluer trois options de voyages dans différents pays ou régions francophones qui pourraient intéresser des personnes de votre âge, ainsi que des personnes de deux autres générations.

Planifiez et préparez-vous à écrire

SUGGESTION Have the class brainstorm the list of important things to consider when choosing a travel destination so that the final criteria selected are a true reflection of everyone's opinion.

ALTERNATIVE Assign various trip options and countries to students so they have a variety from which to select.

TIP There are many Francophone online tour operators and travel agencies. **Nouvelles frontières** is one of the largest and their website (www.nouvelles-frontieres.fr) offers many options for travelers.

1. **Stratégie: Considérer l'audience à laquelle on s'adresse** Votre évaluation va avoir pour but d'informer trois publics avec des intérêts différents sur plusieurs options de voyages. Commencez par faire une liste des choses qui vont probablement être importantes pour chaque audience dans le choix d'un voyage.

2. **Stratégie: Faire des recherches et prendre des notes**

- Utilisez un moteur de recherche pour trouver des tours-opérateurs qui proposent des séjours qui plairaient à tout type de voyageurs.
- Choisissez des options de voyages dans trois régions francophones différentes. Ex: séjour linguistique à Paris, séjour relax tout compris en Tunisie, safari-photo aventure au Congo, etc.
- Utilisez un tableau pour organiser les informations importantes. Sur la dernière ligne, écrivez des commentaires personnels sur chaque option et donnez-lui des étoiles (de une à quatre).

Type de voyageurs:	Étudiants	Familles avec enfants en bas âge	Retraités
Lieu proposé:	Martinique		
Type de séjour:	village de vacances		
Durée du séjour:	7 nuits		
Prix:	750 euros		
Animation:	spectacles tous les soirs, cours de cuisine locale, concours de pétanque		
Excursions offertes:	visite guidée de Fort-de-France		
Compris dans le tarif:	repas et boissons		
Mon évaluation:	bon rapport qualité-prix, joli village de vacances, bon confort, mais pas assez d'excursions ou d'activités pour les jeunes		

Écrivez

3 **Introduction** Commencez votre évaluation par quelques phrases où vous présentez les trois types de séjour et les pays ou les régions choisis.

4 **Développement** Dans la partie principale de votre évaluation, décrivez en détail les trois options de séjours que vous avez choisies, puis comparez-les. Référez-vous aux informations du tableau de l'activité 2. Utilisez ces structures:

- des comparatifs (**plus... que, moins... que, aussi... que**)
- des superlatifs (**le/la/les plus... de, le/la/les moins... de**)
- des pronoms d'objet direct et indirect
- le présent du subjonctif
- les mots et les expressions de transition (**cependant, mais, par contraste, de plus,** etc.)

Pour finir, donnez votre évaluation personnelle de chaque séjour en justifiant vos opinions (**à mon avis...; d'après moi; personnellement, je pense que...**).

5 **Conclusion** Terminez votre évaluation en résumant brièvement l'avantage et l'inconvénient principal de chaque option, puis donnez votre recommandation finale pour chaque type de voyageur.

TIP If necessary, quickly review the formation of the comparative and the superlative.

Révisez et lisez

6 **Révision** Relisez votre évaluation en faisant attention à ces éléments et faites les corrections nécessaires pour l'améliorer.

- Avez-vous bien respecté l'organisation décrite dans la section Écrivez?
- L'évaluation est-elle facile à lire et intéressante pour vos lecteurs potentiels? Souvenez-vous que vous vous adressez à des personnes avec des intérêts et des demandes différents.
- La grammaire et l'orthographe sont-elles correctes? Vérifiez les formes des verbes, les accords (sujet-verbe, nom-adjectif), l'utilisation des comparatifs et des superlatifs, les expressions de transition, etc.

7 **Lecture** Lisez le texte de votre évaluation à vos camarades de classe. Ils prendront des notes et poseront des questions pour en apprendre plus sur les trois options que vous proposez.

7 **EXPANSION** Have students vote for the best recommendation. Then ask them to do additional research on the chosen location. The class can be divided into several groups and each one assigned a specific research topic, such as geographical information, sights of interest, cultural information, recreational activities, cuisine, etc. The class can then put together and display this information in the form of a travelogue.

Québec

Tahiti

Générations

PRESENTATION Remind students that there is no right or wrong answer when it comes to defining the word "family".

Quand vous entendez le mot **famille**, quelle est la première chose qui vous vient à l'esprit? Quels avantages y a-t-il à être membre d'une famille? Y a-t-il des conflits et des problèmes qu'on retrouve dans toutes les familles? Quels conflits différentes générations qui vivent ensemble peuvent-elles connaître? Dans cette activité, vous allez travailler par groupes pour mettre en scène une histoire qui met en valeur un aspect particulier des relations familiales.

PREPARATION Tell students that they are going to feature this "family" in a short skit in which they will be acting. Encourage them to select family members they think they can play.

TIP Bring magazines to class for students to leaf through and pick the photos of their "family members."

1 La classe se divise en plusieurs groupes. Chaque groupe doit:

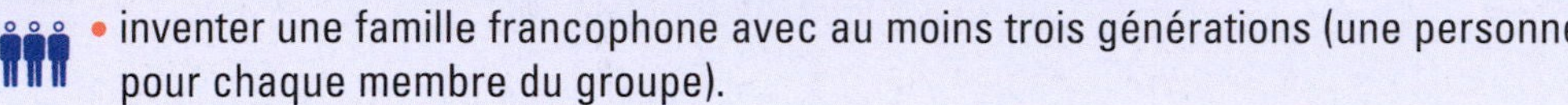

- inventer une famille francophone avec au moins trois générations (une personne pour chaque membre du groupe).
- trouver une «photo» de chaque personne.
- lui donner un nom et un âge, et lui attribuer quelques traits de caractère.
- préparer l'arbre généalogique de cette famille.

Modèle:

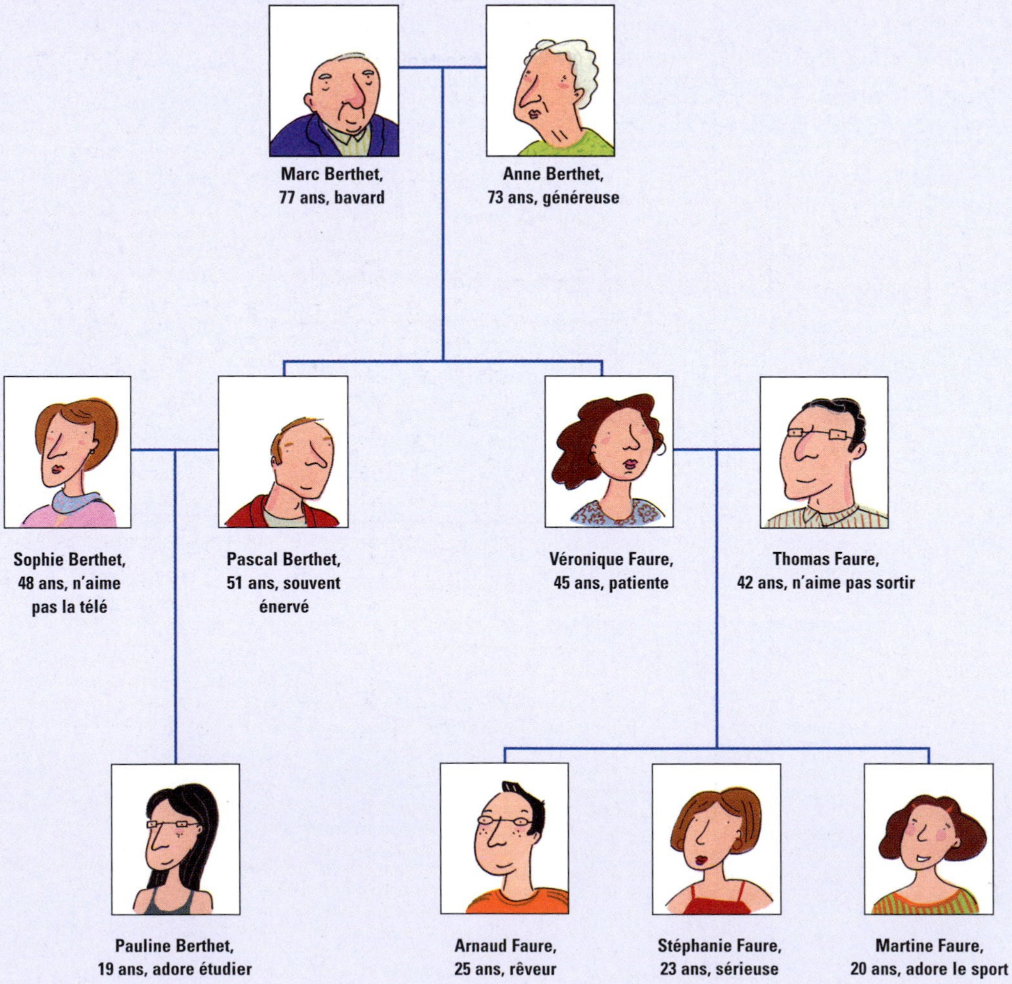

Marc Berthet, 77 ans, bavard

Anne Berthet, 73 ans, généreuse

Sophie Berthet, 48 ans, n'aime pas la télé

Pascal Berthet, 51 ans, souvent énervé

Véronique Faure, 45 ans, patiente

Thomas Faure, 42 ans, n'aime pas sortir

Pauline Berthet, 19 ans, adore étudier

Arnaud Faure, 25 ans, rêveur

Stéphanie Faure, 23 ans, sérieuse

Martine Faure, 20 ans, adore le sport

2. Chaque groupe invente le squelette d'une histoire qui met en scène leur «famille». L'histoire peut être réaliste ou invraisemblable, mais elle doit mettre en avant un aspect particulier des relations entre différents membres de la famille. Vous pouvez utiliser le court métrage de cette leçon, *Il neige à Marrakech*, comme modèle.
3. Chaque groupe présente ensuite son squelette d'histoire à la classe en utilisant l'arbre généalogique créé dans l'activité 1. Le groupe ne doit pas dire quel aspect relationnel de la famille il va essayer de mettre en valeur.
4. Les autres étudiants posent des questions, puis ils proposent d'autres idées pour rendre l'histoire plus intéressante et originale.
5. Chaque groupe révise alors son squelette d'histoire. Ensuite, ...
   - les étudiants préparent une scène qui va mettre en valeur l'aspect relationnel que le groupe a choisi d'explorer;
   - le groupe joue cette scène pour la classe;
   - la classe doit réagir à la scène et deviner quel aspect relationnel le groupe a essayé de mettre en valeur.
6. Quand les groupes auront terminé de jouer leurs scènes, toute la classe votera pour sélectionner la meilleure. Ensemble, la classe travaille alors pour améliorer l'histoire et elle prépare une nouvelle scène un peu plus longue et plus détaillée.

PREPARATION Have the class brainstorm a list of typical issues and conflicts that often occur in families to help students decide on a particular aspect of family relationships that they would like to feature in their stories.

TIP Replay this chapter's **court métrage** for students to draw ideas and inspiration.

TIP Encourage students to use their imagination and to be creative.

TIP Remind students that at this point they should not be preparing a script for their skit. Rather, they should just give a brief summary of the story. They should take notes as their classmates make suggestions and should incorporate these ideas when they prepare the actual skit.

EXPANSION Have students film their own **court métrage** of the chosen story. Assign roles and responsibilities (i.e., actors, director, cameraman, costume and prop person, etc.). Play the final version of this **court métrage** for students and have them critique their work.

LEÇON 4

Les voyages et les transports

Pour connaître le monde, il faut aller le découvrir en personne. Et le complément naturel de l'enseignement, c'est le voyage. Aujourd'hui, le monde devient de plus en plus petit, ce qui permet, plus que jamais, de l'explorer facilement. Mais les conséquences sont-elles toujours positives?

1. **Quel moyen de transport préférez-vous? Pourquoi?**
2. **Avez-vous passé des vacances à l'étranger? Où? Comment était-ce?**
3. **Quel voyage vous en a appris le plus sur le monde? Sur vous-même? Pourquoi?**

104

122

134

PREVIEW Discuss the photo and text on p. 102. Continue class discussion by asking these questions:

1. Prenez-vous souvent un moyen de transport comme le bus, le train ou l'avion? Lequel?
2. Préférez-vous prendre la voiture pour vous déplacer? Pourquoi?
3. Est-il important de voyager à l'étranger? Qu'est-ce que cela nous apporte?

Préparation

PRESENTATION Ask students if they have ever traveled by train and if so, when and why. The **SNCF (Société nationale des chemins de fer français)** is a public enterprise that operates almost all trains in France's railway system, including the high speed **TGV (train à grande vitesse)**. Rail travel is very popular in France, with close to 15,000 trains running daily.

PRACTICE Read these lists aloud and ask students to pick the word or expression that does not belong.
1. ex-femme, enfants, wagon, mari (un wagon)
2. manquer à quelqu'un, soutenir, aimer, geler (geler)
3. contrôleur, éloignement, titre de transport, poinçonner (l'éloignement)
4. mec, déménager, être muté, partir à l'étranger (un mec)
5. se remarier, un beau-père, une famille, poil (poil)
6. capter, se remarier, comprendre, être au courant (se remarier)

VARIATION LEXICALE Point out that in a **famille recomposée**, the husband and wife usually have children from previous marriages. A **famille monoparentale** is a single-parent family. A **famille nucléaire** is a traditional family where both parents live together with their children. Point out that many people in France choose not to marry and simply prefer to live together, a concept called **union libre**.

1 EXPANSION Have students correct the false statements and/or ask them to come up with additional **vrai/faux** statements for additional pratice.

2 EXPANSION After students have completed the paragraph, ask them if the situation in France is similar to the one here.

Vocabulaire du court métrage

capter (fam.) *to understand*
être au courant (de) *to know, to be aware (of)*
être de mauvais poil *to be in a bad mood*
geler *to freeze*
louper (fam.) *to miss*
un mec (fam.) *guy*
la Nouvelle-Calédonie *New Caledonia*
pardonner *to forgive*
poinçonner *to punch (a ticket)*
soutenir *to support*
un titre de transport *train ticket*

Vocabulaire utile

un beau-père *stepfather*
un(e) contrôleur/contrôleuse *conductor*
déménager *to move*
l'éloignement (m.) *distance, estrangement*
être muté(e) *to be transfered (for a job)*
une ex-femme *ex-wife*
une famille recomposée *reconstituted family*
manquer à quelqu'un *to be missed (by someone)*
se remarier **to remarry**
un wagon **train car**

EXPRESSIONS

Ce n'est pas la porte à côté. *It's not exactly next door.*
C'est ton truc... (fam.) *It's your thing...*
Hé, l'asticot! *Hey, kid!*
Tu joues avec ta vie, là! *You're asking for it!*

1 **Vrai ou faux?** Indiquez si ces affirmations sont vraies ou fausses.

1. Dans une famille recomposée, le beau-père est le nouveau mari de la mère. Vrai.
2. En été, il gèle souvent au Texas. Faux.
3. Quand on est muté, on doit parfois déménager. Vrai.
4. Dans un train, le contrôleur poinçonne les titres de transport. Vrai.
5. Si on arrive à la gare à 8h15 pour prendre un train qui part à 9h00, on risque de le louper. Faux.
6. Tu habites à Lyon et tu travailles à Paris?! C'est pas la porte à côté! Vrai.
7. Je lis le journal tous les jours, alors je ne suis jamais au courant des nouvelles. Faux.
8. Mon mari et moi, nous ne nous entendons plus du tout, alors nous allons divorcer. Vrai.

2 **À compléter** Complétez ce paragraphe sur l'évolution des familles françaises avec des mots et des expressions du vocabulaire. Faites les changements nécessaires.

La famille française a beaucoup changé ces dernières années. D'abord, les parents divorcés (1) ___se remarient___ fréquemment, créant ainsi des (2) ___familles recomposées___. Il est souvent difficile pour les enfants d'accepter leur nouvelle situation et le parent avec qui ils ne vivent pas leur (3) ___manque___ souvent beaucoup. La situation peut même s'aggraver lorsque (4) ___l'éloignement___ géographique est important. En effet, il n'est pas rare que le père ou la mère soit (5) ___muté___ pour son travail; en pareil cas, la nouvelle famille doit alors (6) ___déménager___, parfois assez loin, de l'autre parent. Il est donc important que les parents (7) ___soutiennent___ leurs enfants émotionnellement et qu'ils les tiennent (8) ___au courant___ de leurs projets. Si les enfants se sentent exclus, ils auront probablement du mal à (9) ___pardonner___ à leurs parents d'avoir divorcé.

3 **Attention au départ!** Vous voyagez en train dans un pays francophone. Écrivez une carte postale à votre famille dans laquelle vous décrivez votre voyage. Utilisez au moins six de ces mots et expressions.

capter	**louper**
c'est pas la porte à côté	**manquer**
contrôleur	**poinçonner**
être au courant	**titre de transport**
être de mauvais poil	**wagon**

3 PRESENTATION As a warm-up, to make sure students understand all the words and expressions for this activity, write the words on separate strips of paper, then have each student pick one and use the word or expression correctly in a sentence. Ex: **Capter: J'essaie de lire un guide sur Paris, mais il est en italien, alors je ne capte rien.**

4 **Questions personnelles** Répondez aux questions.

1. Vous êtes-vous déjà trouvé(e) dans une situation où vous avez dû déménager et quitter votre famille, votre ville ou vos amis? Expliquez les circonstances.
2. Vous habituez-vous vite à un nouvel environnement ou à une nouvelle vie? Expliquez.
3. Qu'est-ce qui vous manque le plus quand vous changez d'environnement? Pourquoi?
4. Restez-vous en contact avec vos amis? Retournez-vous parfois dans la ville ou la région que vous avez quittée? Pourquoi?
5. Si vous deviez un jour déménager très loin pour un emploi ou pour des raisons personnelles, seriez-vous content(e) ou triste? Expliquez.

5 **Anticipation** Avec un(e) partenaire, observez ces images du court métrage et répondez aux questions.

5 EXPANSION Once pairs have answered the questions, have them create possible dialogues between Marion and her father. Before they begin, have students reread the vocabulary lists on the previous page so they form an idea of the film's theme.

Image A

- Que voit-on sur l'image? Décrivez la scène. Y a-t-il beaucoup de passagers? Que font-ils? Où vont-ils peut-être? Au travail? Chez eux? En vacances?
- Qui est l'homme à la veste grise, à votre avis? Que fait-il?

Image B

- Comment est la fille? Où est-elle? Pourquoi? A-t-elle l'air heureuse?
- À votre avis, qui est cette fille? À qui parle-t-elle? De quoi?

Practice more at **vhlcentral.com.**

FICHE **Personnages** Marion, la fille du contrôleur; Alban, le contrôleur; le collègue du contrôleur
Durée 12 minutes **Pays** France **Année** 2005

SCÈNES

Video

Alban [...] ça pourrait te servir[1] à l'étranger. Ça serait plus facile.
Marion Là où maman et Richard nous emmènent, le français me suffirait[2] largement. [...] Je ne veux pas partir, papa.

Alban On se retrouve demain?
Marion Non, je n'ai pas classe. [...] Maman a dit qu'on peut louper une journée pour préparer le départ. [...]
Alban Bon, ben, samedi?
Marion Je ne sais pas, papa.

Alban Et moi, dans tout ça? Il n'y a que ta mère qui compte[3]? [...] Eh ben justement, tu prends le temps de me dire au revoir. [...]
Marion Oui, sur un quai[4] de gare!
Alban Il n'y a pas de bon endroit pour dire au revoir.

Marion On ne va plus se voir. Qu'est-ce qui va se passer?
Alban Moi, je te garantis qu'on va se voir.
Marion Tu dis ça, mais...
Alban Tu verras. Fais-moi confiance! [...] On va s'écrire, on va se téléphoner... J'irai en vacances. On va se voir.

Alban Un an déjà...

Le collègue Il y a deux gamins[5] qui sont montés sans titres de transport. Tu peux t'en occuper, s'il te plaît? Tiens, j'ai pris leurs passeports. Je te les laisse là. Merci.

[1]*could be useful* [2]*would be enough* [3]*matters* [4]*platform* [5]*kids*

Note CULTURELLE

La Nouvelle-Calédonie est une collectivité d'outre-mer (*overseas*) de la France. Elle est située dans l'océan Pacifique, à l'est de l'Australie. Elle est composée d'une île principale (Grande Terre) et de plusieurs autres îles; Nouméa en est la capitale. La Nouvelle-Calédonie est connue pour la diversité de son éco-système, pour ses magnifiques lagons et pour sa barrière de corail. Vous allez en apprendre plus sur ce territoire français dans la leçon 5.

À L'ÉCRAN

Qui dit quoi? Qui dirait probablement chaque phrase, Marion ou son père, Alban?

Marion 1. Je dois déménager.
Alban 2. Je passe beaucoup de temps dans les trains pour mon travail.
Alban 3. Mes enfants me manquent depuis mon divorce.
Alban 4. Mon ex-femme s'est remariée.
Marion 5. Je n'aurai pas besoin de savoir parler anglais là-bas.
Marion 6. J'ai l'impression qu'on ne m'écoute pas dans ma nouvelle famille.

EXPANSION Ask students to suggest additional statements that Marion and her father might make. Then ask students to suggest statements that other characters in the story (the mother, the stepfather, the kid brother) might make.

Analyse

1 EXPANSION Follow up by asking students these questions: **À votre avis, pourquoi le père de Marion ne s'est-il pas remarié? Pensez-vous que Richard, le beau-père, soit proche des enfants de sa nouvelle femme? Pensez-vous que Marion et son frère passent plus de temps avec leur père ou avec la famille de Richard? Pourquoi?**

1 **Oui ou non?** Indiquez si chaque événement est probablement arrivé *avant* la scène où Marion parle avec son père dans le train.

	Oui	Non
1. Richard est devenu le beau-père de Marion.	✓	☐
2. Les parents de Marion ont divorcé.	✓	☐
3. La mère de Marion a demandé à son ex-mari de venir avec eux en Nouvelle-Calédonie.	☐	✓
4. La mère de Marion a rencontré un autre homme.	✓	☐
5. Le père de Marion s'est remarié.	☐	✓
6. Marion et son frère sont allés vivre avec leur mère.	✓	☐
7. Richard a accepté de déménager parce que les enfants seraient contents.	☐	✓
8. Marion est allée dire au revoir à la famille de Richard.	☐	✓
9. Le petit frère de Marion a dit qu'il voulait rester en France avec son père.	☐	✓
10. Le père de Marion a trouvé du travail en Nouvelle-Calédonie.	☐	✓

2 **Questions** Répondez aux questions d'après le court métrage.

1. Pourquoi Alban et sa fille se voient-ils dans le train? *Alban est contrôleur dans le train que Marion prend tous les jours.*
2. Pourquoi Marion dit-elle qu'elle n'a plus besoin de savoir parler anglais? *Elle va déménager dans un endroit où le français lui suffirait.*
3. Pourquoi Marion dit-elle qu'elle ne sait pas si elle va revoir son père avant son départ? *Elle doit faire ses bagages et dire au revoir à la famille de Richard.*
4. Pourquoi Marion est-elle triste? *Elle ne veut pas quitter son père.*
5. Comment Marion et son père vont-ils pouvoir rester en contact, d'après Alban? *Ils vont rester en contact avec des lettres, des fax, des e-mails et des coups de téléphone.*
6. Pour Alban, quelle est l'importance de la lettre qu'il a reçue de ses enfants? *Ils n'ont pas oublié son anniversaire.*
7. Comment les enfants ont-ils fait une surprise à leur père? *Ils sont venus lui rendre visite pour son anniversaire.*

3 EXPANSION Have students suggest additional events in the characters' lives and add them to the table in the appropriate chronological order.

3 **Chronologie** Numérotez ces événements de la vie des personnages du court métrage dans l'ordre chronologique. Ensuite, imaginez leur avenir et faites deux prédictions.

Numéro	Événement
11	Deux enfants sont montés dans le train sans billets.
7	Alban a appris que ses enfants allaient déménager.
1	Les parents de Marion se sont mariés.
10	Alban a reçu une lettre de ses enfants.
2	Marion est née.
4	Le père et la mère de Marion ont divorcé.
8	Marion a dit au revoir à son père sur le quai de la gare.
3	Marion a eu un petit frère.
6	Le beau-père de Marion a annoncé à sa femme qu'il était muté.
5	La mère de Marion s'est remariée.
9	La famille recomposée de Marion est partie en Nouvelle-Calédonie.

4 **Les gamins du train** À la fin du court métrage, Alban apprend qu'il y a deux gamins dans le train sans titres de transport. On suppose que ce sont Marion et son frère. Par petits groupes, donnez trois possibilités différentes pour expliquer la présence dans le train de ces enfants.

4 EXPANSION Show the last scene of the short film again before groups begin their discussions. Give them 10 minutes to work, then have the whole class go over the various theories. Ask students to vote on the most imaginative one.

5 **Pas de bagage** Par groupes de trois, expliquez le titre du court métrage. Pourquoi pensez-vous qu'il s'appelle ainsi? Faites une liste de vos idées et présentez-les à la classe.

6 **Jeu de rôles** Imaginez la conversation entre la mère des enfants et son ex-mari quand elle lui a annoncé qu'ils allaient partir. Avec un(e) partenaire, préparez un dialogue, puis jouez-le devant la classe. Suivez ces étapes dans votre dialogue.

- La mère de Marion annonce la nouvelle à Alban.
- Alban réagit à la nouvelle.
- Son ex-femme lui donne plusieurs raisons pour le déménagement.
- Alban explique à son ex-femme que cette idée ne lui fait pas du tout plaisir.
- Les parents essaient de trouver la meilleure solution possible pour le partage de la garde des enfants.

6 EXPANSION Once students have completed the activity, have the class discuss what they think would be in the best interest of the children. Ask pairs to propose alternative solutions. Ex: The mother decides to reconsider the move; the father decides to look for a job in New Caledonia to be closer to his children; the parents decide that it is better for the children to stay and live with their father; etc.

7 **Une lettre** Imaginez que vous êtes le père de Marion et que vous recevez une lettre de votre fille. Cela fait un mois qu'elle habite en Nouvelle-Calédonie et elle ne s'y plaît pas du tout. Elle voudrait habiter en France avec vous. Écrivez-lui une réponse en suivant ces indications et en employant des expressions avec le subjonctif.

à moins que	**dont**	**pourvu que**
avant que	**en attendant que**	**que**
bien que	**jusqu'à ce que**	**qui**
de peur que	**pour que**	**sans que**

- Commencez votre lettre en donnant de vos nouvelles à Marion.
- Demandez-lui de vous parler de sa vie et de la vie de son petit frère. Demandez-lui ce qui la rend malheureuse.
- Expliquez-lui que vous pensez souvent à elle et à son frère et qu'ils vous manquent beaucoup.
- Proposez-lui des projets de vacances ensemble.
- Terminez votre lettre avec des encouragements.

7 PRESENTATION Write your own version of Marion's letter to her father, complaining about your situation and giving specific reasons for not liking your new life. Read the letter aloud or project it on an overhead to help students get started on their reply to Marion.

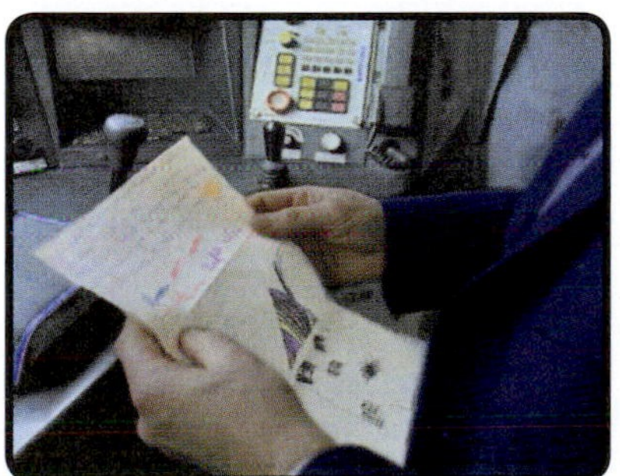

 Practice more at **vhlcentral.com.**

Presentation

PRESENTATION Remind students that adjectives are words that describe a noun (**un hôtel élégant**). An entire clause may function as an adjective, describing a noun or a pronoun. Ex: **Connaissez-vous un hôtel qui se trouve près du musée?**

PRESENTATION Remind students that **que** elides before a vowel but that **qui** does not. Ex: **C'est la seule phrase qu'il puisse dire en chinois. C'est la seule personne à qui on puisse poser la question.**

PRESENTATION Remind students of some expressions that use the preposition **de: parler de, se souvenir de, avoir envie de, avoir besoin de.**

PRESENTATION Remind students of the different forms of **lequel: laquelle, lesquels, lesquelles**. Remind them of these contractions: **duquel, desquels, desquelles; auquel, auxquels, auxquelles.**

4.1 Le subjonctif dans les propositions relatives

Rappel

La proposition relative est une proposition introduite par un pronom relatif. Cette proposition précise le sens d'un antécédent comme le ferait un adjectif. Le verbe de la relative se met le plus souvent à l'indicatif. Cependant, on met le verbe de cette proposition au subjonctif quand la proposition principale exprime une opinion, un doute, un désir ou un but.

Révision des pronoms relatifs

- Le pronom relatif **qui** est le sujet de la proposition relative et est suivi d'un verbe.

  *C'est le seul hôtel **qui soit** près de la plage.*

- Quand le pronom relatif **qui** est complément, ils est toujours précédé d'une préposition.

  *C'est la seule personne **à qui** vous **puissiez** parler.*

- Le pronom relatif **que** est complément d'objet direct et est suivi d'un sujet et d'un verbe.

  *C'est la seule personne **que** je **connaisse** dans cette ville.*

- Le pronom relatif **dont** remplace un pronom relatif introduit par **de**.

*Le départ est la seule chose **dont** Marion **ait** envie de parler.*

- La proposition relative peut être introduite par le pronom et adverbe relatif **où. Où** ne s'applique qu'à des choses et pas à des personnes.

  *Je cherche un hôtel **où** nous puissions être au calme et nous reposer.*
  *Nous voulons aller dans un endroit **où** les enfants aient l'occasion de s'amuser.*

- La proposition relative peut être introduite par une forme du pronom relatif **lequel. Lequel** peut remplacer des personnes et des choses.

  *Tu as besoin d'amis sur **lesquels** tu puisses compter.*

L'emploi du subjonctif

- Le verbe de la proposition relative est au subjonctif quand cette proposition suit un superlatif.

  *C'est **le meilleur** hôtel que nous **connaissions** dans cette ville.*
  *Ici on **a la plus belle** vue qu'il y **ait** de toute la région.*

Attention!

- Ne confondez pas les pronoms *relatifs* **qui** et **que** avec les pronoms *interrogatifs* **qui** et **que**. Les deux pronoms *relatifs* peuvent désigner des personnes ou des choses. Le pronom *interrogatif* **qui** ne s'utilise que pour les personnes; le pronom *interrogatif* **que** ne s'utilise que pour les choses.

- Le verbe de la proposition relative est au subjonctif quand cette proposition suit une expression qui fonctionne comme un superlatif. Ces expressions sont souvent formées avec des adjectifs tels que *premier*, *dernier*, *seul* et *unique*.

  *C'est **le seul** travail qu'elles **sachent** faire.*
  *C'est **le premier** guide touristique qui **soit** vraiment valable.*
  *C'est **l'unique** personne de cette assemblée qui **comprenne** l'anglais.*

- Le verbe de la proposition relative est au subjonctif quand cette proposition suit une proposition principale négative (de sens ou de forme) ou interrogative dans laquelle l'antécédent est indéfini ou inconnu.

  *Je **ne** connais **pas** de mécanicien qui **finisse** la réparation avant midi.*
  ***Y a-t-il** une étudiante ici que vous **connaissiez**?*

*Alban n'a pas un emploi **qui** lui **permette** de travailler ailleurs.*

- Le verbe de la proposition relative peut être au subjonctif quand cette proposition suit une proposition principale qui exprime un désir, une intention ou un but.

  *Je **cherche** quelqu'un qui **écrive** bien l'allemand.*
  *Elle **préfère** une chambre où elle n'**entende** pas le bruit des voitures.*

- Le verbe de la proposition relative peut être au subjonctif quand cette proposition dépend d'une autre qui est déjà au subjonctif. C'est ce qu'on appelle l'attraction modale.

  *Je ne crois pas qu'il **connaisse** quelqu'un qui **puisse** t'aider.*
  *Je ne crois pas qu'il **connaisse** la personne qui **peut** t'aider.*

- On utilise l'indicatif si la proposition relative exprime un fait réel et objectif.

  *Je cherche une voiture qui **fasse** du 150 km/h.*
  (Il est possible qu'une telle voiture n'existe pas.)
  *J'ai acheté une voiture qui **fait** du 150 km/h.*
  (Cette voiture existe; je l'ai achetée. C'est un fait réel.)

*C'est le premier anniversaire **qu'**Alban **doit** passer sans ses enfants.*

PRESENTATION Remind students that the type of article used in the main clause is often a good clue for choosing between the indicative and subjunctive in the relative clause. Ex: **Je ne vois pas *une* seule personne qui parte pour Genève. Je ne vois pas *la* personne qui part pour Genève.**

PRESENTATION Review all the verbs taught in the previous lesson that trigger the subjunctive.

Mise en pratique

1 EXPANSION Tell students that the kilometer is the unit conventionally used in the metric system for expressing distances between geographical locations. One kilometer is the equivalent of 0.621 miles.

2 PRESENTATION Remind students that if the relative clause describes something that is factual or habitual, the indicative is used.

Note CULTURELLE

Le TGV ou «train à grande vitesse» est un train électrique qui atteint des vitesses de plus de 300 km/h sur des voies spéciales. Il a été inauguré en 1981. Le dernier-né du constructeur aéronautique européen Airbus, l'A380, est le plus gros avion civil qui existe. Il a une autonomie de plus de 15.000 kilomètres, ce qui lui permet de voler de New York jusqu'à Hong Kong sans escale, et peut transporter 853 passagers.

3 EXPANSION Ask students to create one or more similar sentences about the region where they live.

1 **La voiture idéale** Sylvie veut acheter une nouvelle voiture. Elle sait exactement ce qu'elle veut, mais une voiture pareille existe-t-elle vraiment? Complétez ces phrases.

1. Sylvie cherche une voiture qui ne __coûte__ (coûter) pas trop cher.
2. Mais elle cherche une voiture qui __soit__ (être) quand même jolie!
3. Elle a surtout besoin d'une voiture qui __tienne__ (tenir) le coup (*will last*)!
4. Et elle a envie d'une voiture qui __fasse__ (faire) du 150 km/h.
5. Elle doit absolument avoir une voiture qui __ait__ (avoir) un grand coffre.
6. Connais-tu une personne qui __sache__ (savoir) si une telle voiture existe?

2 **Vacances en famille** Ali envoie un e-mail à son amie Farida, qui travaille dans une agence de voyages. Complétez son e-mail avec le subjonctif ou l'indicatif des verbes entre parenthèses.

De: Ali@monmail.com
À: Farida53@monmail.ft
Sujet: Vacances en famille

Chère Farida,

Cette année nous partons en vacances avec mes parents et je cherche une destination qui (1) __plaise__ (plaire) à tout le monde. Ce n'est pas facile parce que toute la famille a des goûts différents! Pour mon père, la seule chose qui compte c'est qu'il (2) __puisse__ (pouvoir) jouer au golf. Pour ma mère, qui (3) __est__ (être) une vraie gastronome, il faudrait un endroit qui (4) __soit__ (être) réputé pour sa gastronomie et où il y (5) __ait__ (avoir) beaucoup de restaurants qui ne (6) __soient__ (être) pas trop chers... Ma femme Leïla veut surtout un endroit qui (7) __soit__ (être) tranquille, comme le chalet où nous (8) __passons__ (passer) toutes nos vacances d'hiver. Finalement, pour les enfants, le plus important c'est qu'ils se (9) __fassent__ (faire) des amis. Autrement, je crois qu'ils (10) __vont__ (aller) s'ennuyer. Quant à moi, mon plus grand souhait, c'est que tu (11) __veuilles__ (vouloir) bien nous dénicher (*unearth*) ce paradis! Pour ma part, je doute qu'il (12) __existe__ (exister)!

Ali

3 **Voyage en France** Votre ami français, qui est un peu chauvin, vous fait visiter la France. Faites des phrases avec les éléments donnés et remplacez les points d'interrogation par les pronoms relatifs **qui**, **que** ou **dont**.

Modèle le musée du Louvre / posséder / *La Joconde* / le plus célèbre tableau / ? / être / monde
Le musée du Louvre possède *La Joconde*, le plus célèbre tableau qui soit au monde.

1. le Mont-Blanc / être / la plus haute montagne / ? / on / faire l'ascension / en France
   Le Mont-Blanc est la plus haute montagne dont on fasse l'ascension en France.
2. le TGV / être / le train le plus rapide / ? / nous / pouvoir / prendre / pour / aller de Paris à Lyon.
   Le TGV est le train le plus rapide que nous puissions prendre pour aller de Paris à Lyon.
3. le château de Chenonceau / être / le premier des châteaux de la Loire / ? / les touristes / vouloir / faire la visite
   Le château de Chenonceau est le premier des châteaux de la Loire dont les touristes veuillent faire la visite.
4. Paris / être / vraiment la plus belle ville / ? / je / connaître
   Paris est vraiment la plus belle ville que je connaisse.
5. à Toulouse / on / construire / le plus gros avion / ? / être / en service
   À Toulouse on construit le plus gros avion qui soit en service.

Communication

4 **Une voiture de rêve** Vous cherchez la voiture de vos rêves et vous en discutez avec votre partenaire, qui vient d'acheter une nouvelle voiture. Créez cette conversation en utilisant les indices donnés.

Modèle —**Je cherche une voiture qui ait un intérieur en cuir jaune.**
—**Moi, j'ai une voiture qui a un intérieur en cuir beige.**

La voiture de vos rêves	La voiture de votre partenaire
avoir un intérieur en cuir jaune	avoir un intérieur en cuir beige
ne pas être polluante	ne pas être polluante
pouvoir transporter 14 personnes	pouvoir transporter 8 personnes
avertir quand la police est sur la route	avoir un détecteur de radar
ne rien consommer	être hybride
ne pas avoir besoin d'entretien (*maintenance*)	être facile d'entretien

5 **L'hôtel** À deux, vous discutez de ce que vous voudriez trouver à l'hôtel où vous irez cet été. L'un(e) de vous est plutôt sportif/sportive et l'autre ne veut que se reposer. Dites au moins trois choses que vous recherchez. Jouez cette scène devant la classe.

accès Internet	location de vélos
ascenseur	pension complète/demi-pension
boutique	piscine
chambre avec vue	restaurant gastronomique
chambre non-fumeur	salle de gym
climatisation	salle de jeux vidéo
discothèque	sauna
excursions	tennis

Modèle —**Je cherche un hôtel où l'on puisse s'amuser le soir et aller danser.**
—**Moi, je cherche un hôtel qui se trouve sur une plage déserte.**

6 **Chez le concessionnaire** Vous allez chez le concessionnaire (*car dealer*) Renault pour acheter une voiture. Vous décrivez au moins trois qualités que vous désirez dans votre voiture et votre partenaire fera l'éloge (*will praise*) d'une voiture qu'il/elle essaie de vous vendre. Utilisez des superlatifs et le subjonctif.

Modèle —**Je cherche une petite voiture qui ne soit pas trop chère.**
—**Ce modèle-ci est le moins cher que nous ayons.**

Practice more at **vhlcentral.com.**

4 EXPANSION Tell students to describe the next James Bond car by creating sentences using the subjunctive in relative clauses. Ex: **J'imagine une voiture qui devienne invisible quand on le souhaite.**

5 EXPANSION Have pairs repeat the activity by playing someone who is interested in the regional culture and someone traveling with small children.

5 EXPANSION Turn this activity into a survey. Ask students to list the two or three things they most like to find in a hotel, then share the results with the class.

5 EXPANSION Have students go online to find a hotel located in a French-speaking country that they would like to visit. Ask them to explain why they chose that particular hotel. Ex: **Je cherche un hôtel qui fasse pension complète... Voici l'hôtel que j'ai trouvé sur Internet qui est situé près de la plage.**

6 EXPANSION Tell students that the automobile industry is France's largest. (Tourism is the second largest.) Renault, Peugeot, and Citroën are three major French automakers.

6 EXPANSION To help students complete this activity, have them refer to Activity 1 for ideas.

4.2 Le subjonctif dans les propositions adverbiales

Rappel

On utilise le subjonctif après des expressions de doute, de crainte, de désir et après certains verbes impersonnels. Mais on l'emploie aussi après certaines conjonctions.

*Alban pensera à Marion tous les jours **en attendant qu'**elle lui **écrive**.*

- Le subjonctif est utilisé après ces conjonctions.

Les conjonctions suivies du subjonctif	
à condition que *provided that*	**en attendant que** *while, until*
à moins que *unless*	**jusqu'à ce que** *until*
afin que *so that*	**malgré que** *in spite of*
avant que *before*	**pour que** *in order that*
bien que *although*	**pourvu que** *provided that*
de peur/crainte que *for fear that*	**quoique** *although*
de sorte que *so that*	**sans que** *without*

*Nous vous rejoindrons **à condition qu'**ils nous **laissent** partir.*
*Il viendra en septembre **à moins que** son passeport ne **soit** pas prêt.*
*Nous vous attendrons **jusqu'à ce que** vous **arriviez**.*
*Je partirai demain **malgré que** ça me **fasse** de la peine de vous quitter.*
*Ils seront partis **avant que** vous ne **soyez** de retour.*
*Je te donnerai le plan de la ville **de sorte que** tu **saches** où aller.*

PRESENTATION Make sure students understand that the ***ne* explétif** does *not* make the verb negative. Explain that it is often dropped altogether in casual speech. To make the verb negative, a negative word such as **pas**, **rien**, etc. must be present.

- Quand on parle ou écrit dans un style plus élevé, on emploie souvent un ***ne* explétif** avant le subjonctif après les conjonctions **avant que, de peur que, de crainte que, sans que** et **à moins que.** Ce **ne** explétif ne porte aucune valeur négative et est souvent omis dans le français courant.

*Je dis toujours à mes parents où je vais **de peur qu'**ils **ne** s'inquiètent.*
*Vous prenez l'avion à 14h00 **à moins que** le vol **ne** soit annulé.*
*Peuvent-ils nous déposer à la gare **avant que** vous **n'**arriviez?*
*La période de vacances commence **sans que** les autoroutes **ne** soient embouteillées.*

- Quand le sujet des deux propositions est le même, on remplace la conjonction par la préposition correspondante et on utilise alors l'infinitif au lieu du subjonctif.

Conjonction	Préposition
à moins que + subjonctif	**à moins de** + infinitif
afin que + subjonctif	**afin de** + infinitif
avant que + subjontif	**avant de** + infinitif
pour que + subjonctif	**pour** + infinitif
sans que + subjonctif	**sans** + infinitif

Nous *achèterons une voiture* ***avant de partir*** *en vacances.*
(Nous achèterons une voiture et nous partirons en vacances.)

Nous *achèterons une voiture* ***avant qu'Hélène*** *ne* ***parte*** *en vacances.*
(Nous achèterons une voiture, mais c'est Hélène qui partira en vacances.)

Michel *va prendre le train* ***pour profiter*** *d'un tarif réduit.*
(Michel va prendre le train et Michel va profiter d'un tarif réduit.)

Michel *va prendre le train* ***pour que ses parents profitent*** *d'un tarif réduit.*
(Michel va prendre le train, mais ce sont ses parents qui vont profiter d'un tarif réduit.)

- On utilise l'indicatif après les conjonctions **après que, depuis que, dès que, parce que, pendant que, quand** et **lorsque**.

Je préfère voyager en avion ***parce que*** *c'****est*** *plus rapide.*
Je fais toujours des réservations ***quand*** *je* ***pars*** *en voyage.*

- On emploie le subjonctif après les relatifs indéfinis.

qui que *whomever*
quel(le)(s) que *whichever*
quoi que *whatever*
où que *wherever*
Où qu'*on* ***aille*** *en France, on mange bien.*
Quoi que *les compagnies aériennes* ***fassent****, elles m'énervent.*

Où qu'*ils* ***soient****, ils pourront toujours rester en contact.*

PRESENTATION Point out that, in the prepositional construction, the **que** from the conjunction either becomes **de** or disappears, depending on the conjunction.

Attention!

- Dans certains cas il n'y a pas de préposition correspondant à la conjonction et on utilise le subjonctif bien que le sujet des deux propositions soit le même. C'est le cas pour: **bien que, quoique, pourvu que** et **jusqu'à ce que.**

Nous *irons lui rendre visite* ***bien que nous*** *ne* ***soyons*** *pas invités.*

Gérard *achètera cette voiture* ***pourvu qu'il ait*** *assez d'argent.*

PRESENTATION Tell students that in the case of **à moins de**, the construction **à moins que** + *subjunctive* is also possible even when there is no change of subject. Ex: **Alice viendra vous voir à moins qu'elle n'en ait pas le temps. Alice viendra vous voir à moins de ne pas en avoir le temps.**

Attention!

- **Quoique** écrit en un seul mot veut dire **bien que** (*although*). **Quoi que** écrit en deux mots signifie **quelque chose que.**

Quoi que *vous en* ***pensiez,*** *le conducteur du bus a raison.*

Je vais nager ***quoiqu'****il* ***fasse*** *froid.*

Mise en pratique

1 EXPANSION Ask students to create four sentences about a place they are familiar with, suggesting what to do or where to go, using conjunctions.

1 **Une journée à Paris** Vous êtes en vacances à Paris avec votre partenaire et vous lui suggérez des idées d'activités pour le lendemain.

Modèle On demandera à la réception de nous réveiller de bonne heure. (afin que / nous avons le temps de faire beaucoup de choses)
On demandera à la réception de nous réveiller de bonne heure afin que nous ayons le temps de faire beaucoup de choses.

1. Nous pourrions visiter le musée du Louvre. (à condition que / il n'est pas fermé)
   Nous pourrions visiter le musée du Louvre à condition qu'il ne soit pas fermé.
2. On déjeunera dans un bon petit restaurant. (à moins que / il est trop cher)
   On déjeunera dans un bon petit restaurant à moins qu'il ne soit trop cher.
3. Après, on pourrait faire un tour en bateau-mouche. (pour que / je prends des photos des monuments)
   Après, on pourrait faire un tour en bateau-mouche pour que je prenne des photos des monuments.
4. Ensuite, on se promènera sur les Champs-Élysées. (jusqu'à ce que / nous sommes fatigués)
   Ensuite, on se promènera sur les Champs-Élysées jusqu'à ce que nous soyons fatigués.
5. J'aimerais acheter quelques souvenirs. (pourvu que / on a assez d'euros)
   J'aimerais acheter quelques souvenirs pourvu qu'on ait assez d'euros.

2 **Les vacances d'Aïcha** Mettez les verbes entre parenthèses au subjonctif, à l'infinitif ou à l'indicatif, selon le cas.

Généralement, quand je (1) ___pars___ (partir) seule en vacances, je prépare tout à l'avance afin de ne pas (2) ___avoir___ (avoir) de surprises. Je réserve ma chambre sur Internet à moins que cela ne (3) ___soit___ (être) pas possible. De nos jours, il est rare que les hôtels n'aient pas de site, bien que parfois, les photos que l'on voit sur ces sites (4) ___soient___ (être) trompeuses. Pourtant, je me demande comment les gens faisaient avant que l'Internet n' (5) ___existe___ (exister)! Par contre, quand je (6) ___voyage___ (voyager) avec Corinne, ma meilleure amie, c'est une autre histoire. Nous roulons jusqu'à ce que nous (7) ___trouvions___ (trouver) un endroit qui nous plaise, où nous visitons tout!

3 EXPANSION As an alternative to this activity, vary the choices between a conjunction and a verb in the subjunctive form.

3 **Projets de vacances** Vos amis vous parlent de ce qu'ils ont l'intention de faire pendant leurs prochaines vacances.

Modèle Nous partirons en juin ________ il n'y ________ (avoir) trop de touristes.
a. jusqu'à ce qu' b. avant qu' c. sans qu'
Nous partirons en juin avant qu'il n'y ait trop de touristes.

1. Nous irons en France cet été ___à condition que___ nous ___ayons___ (avoir) assez d'argent.
   a. à moins que b. bien que c. à condition que
2. Là, nous prendrons le TGV ___pourvu que___ ce ne ___soit___ (être) pas trop cher.
   a. pourvu que b. bien que c. avant que
3. Nous ferons beaucoup d'excursions ___pourvu que___ nous ne ___soyons___ (être) pas trop fatigués.
   a. sans que b. afin que c. pourvu que
4. Nous prendrons beaucoup de photos ___pour que___ nos amis ___puissent___ (pouvoir) se rendre compte de la beauté de l'endroit.
   a. pour que b. pourvu que c. avant que
5. On fera peut-être le même voyage l'année prochaine ___à condition que___ vous ___veniez___ (venir) avec nous.
   a. à condition que b. avant que c. malgré que

Note CULTURELLE

La France est la première destination touristique au monde. Plus de 80 millions de touristes vont en France chaque année et à ceux-là s'ajoutent les Français qui choisissent de rester en France pendant leurs vacances. La majorité des Français préfèrent aller à la mer et 6 Français sur 10 retournent au même endroit chaque année.

Communication

4 **Bientôt les vacances** À deux, discutez de vos prochaines vacances. Posez-vous ces questions pour en savoir plus. Utilisez des conjonctions dans vos réponses.

Modèle —Partiras-tu en vacances en voiture?
—Oui, pourvu que l'essence ne soit pas trop chère.

à condition que	jusqu'à ce que
à moins que	malgré que
avant que	pourvu que
de peur que	quoique
en attendant que	sans que

1. Quand pars-tu?
2. Où vas-tu aller?
3. Avec qui pars-tu en vacances?
4. Vas-tu faire un voyage organisé?
5. Iras-tu camper?
6. Combien de temps resteras-tu là-bas?

5 **À l'agence de voyages** Vous devez assister au mariage d'une amie française et vous allez dans une agence de voyages. À deux, créez une conversation entre le/la client(e) et son agent(e) pour régler tous les détails. Inspirez-vous des ces indices pour répondre aux questions de l'agent. Utilisez des conjonctions.

Modèle le départ (dimanche / la semaine)
—Il y a un vol qui part le dimanche, à moins que vous ne préfériez voyager pendant la semaine.
—Cela me convient pourvu que je sois en France à temps pour le mariage.

y avoir un ascenseur	ne pas être possible
être là à temps pour le mariage	être trop cher
avoir une belle vue	être le plus facile
être trop fatigant	

1. le vol (avec / sans escale)
2. les billets (première classe / classe touriste)
3. l'hébergement (auberge de jeunesse / hôtel de luxe)
4. les repas (pension complète / demi-pension)
5. la chambre (au rez-de-chaussée / à l'étage)
6. le paiement (carte de crédit / chèques)

6 **Où aller?** Vous allez partir en vacances avec un(e) partenaire. Créez une conversation dans laquelle vous envisagez plusieurs possibilités d'hébergement: l'hôtel, le gîte rural, le camping, etc. Utilisez des conjonctions.

Modèle **—On pourrait aller camper, à moins que tu ne veuilles aller dans un gîte.**
—C'est une bonne idée, à condition que le terrain de camping ne soit pas trop isolé.

Practice more at **vhlcentral.com.**

4 EXPANSION Ask students to repeat their partners' answers aloud and have the class guess where each student is or is not going on vacation based on the sentences.

5 EXPANSION To make this activity more challenging, encourage students to create their own cues.

Note CULTURELLE

Les gîtes ruraux sont des lieux d'hébergement indépendants situés à la campagne, à la mer ou à la montagne. Ce sont en général des maisons traditionnelles confortablement meublées qu'on peut louer pour un week-end, une semaine ou même pour des séjours de plus longue durée. «Gîtes de France» est un label de qualité qui correspond à des normes de confort précises.

6 EXPANSION As an alternative to this activity, ask students to debate the pros and cons of going to a hotel versus going camping or to a **gîte**, using conjunctions and the subjunctive. Ex: **Descendre dans un hôtel, c'est plus confortable bien que ce soit plus cher. Quand on campe, on doit faire la cuisine à moins qu'il n'y ait des restaurants à proximité.**

Préparation

À propos de l'auteur

Claude Lévi-Strauss est issu (*descended*) d'une famille juive d'origine alsacienne. Il est né en 1908, à Bruxelles, mais il a fait ses études à Paris. Il a obtenu une licence de droit à la Faculté de droit de Paris et un doctorat ès lettres à la Sorbonne, en 1948. Il est également membre de l'Académie française dont il est devenu le premier centenaire en novembre 2008. Il est surtout connu pour son livre *Tristes tropiques*, qui a été publié en 1955. L'auteur y raconte son expérience parmi les Indiens du Brésil, mais ce n'est pas un récit de voyage. C'est plutôt une tentative de saisir une réalité humaine et de s'interroger sur la civilisation. Claude Lévi-Strauss est décédé en 2009.

PRESENTATION Survey students to find out how many would prefer to travel to a location full of tourist amenities and how many to one that is off the beaten track. Have them explain their answers. Ask students to speculate on how sleepy destinations become overrun by travelers.

PRACTICE Read each word aloud and ask students to supply a related word from the new vocabulary.
1. voyage (évasion)
2. pays (terroir)
3. protégé (abrité)
4. dangereux (menaçant)
5. toxique (vicié)

Vocabulaire de la lecture

abrité(e) *sheltered*
accablant(e) *overwhelming*
le béton *concrete*
une betterave *beet*
un bidonville *slum*
corrompu(e) *corrupted*
un coffret *treasure box*
cueillir *to pick*
la duperie *deception*
une évasion *escape*
la fraîcheur *freshness*
jouir de *to enjoy*
maladif/maladive *sickly*
menaçant(e) *threatening*
noyé(e) *drowned*
une ordure *filth, piece of trash*
un semis *seedbed*
un terroir *land*
vicié(e) *tainted, contaminated*
vouer à *to doom to*

Vocabulaire utile

atterrir *to land*
corrompre *to corrupt*
déprécier *to cheapen*
une foule *crowd*
enfoui(e) *buried*
une piste d'atterrissage *runway*
le sable *sand*
salir *to dirty*

1 

À compléter Complétez chaque phrase avec un mot du nouveau vocabulaire. Faites les changements nécessaires.

1. Les pirates mettent les objets volés dans un __coffret__.
2. La __duperie__ des politiciens corrompus les a envoyés en prison.
3. Le bruit et les __foules__ m'énervent, alors pourquoi irais-je au match de foot?
4. Si tu n'ouvres pas les fenêtres de ta chambre, l'air sera __vicié__.
5. Demain la ville va commémorer les pêcheurs __noyés__ en mer.
6. Les bateaux sont __abrités__ du vent dans la baie.
7. La nature disparaît sous les constructions en __béton__ des villes modernes.

2 PRESENTATION Have students read the title of the essay and ask them why they think the word **voyage** is compared to a treasure box.

2

Les voyages Par groupes de trois, posez-vous ces questions puis échangez vos idées avec la classe.

1. Partez-vous souvent en vacances? Où allez-vous? À la mer? À la montagne?
2. Préférez-vous voyager en avion? En train? En voiture? Expliquez.
3. Comment préparez-vous votre voyage? Cherchez-vous des brochures sur les endroits que vous voulez visiter ou naviguez-vous sur Internet?
4. Par quel autre moyen obtenez-vous des informations sur un lieu de vacances?
5. Que faites-vous pour garder un souvenir de vos voyages? Prenez-vous des photos ou écrivez-vous un journal? Mettez-vous vos photos ou votre journal sur un blog? Pourquoi?
6. Comment vous comportez-vous (*behave*) en voyage? Laissez-vous vos ordures sur la plage ou bien les jetez-vous dans les poubelles?

Practice more at **vhlcentral.com.**

La Quête du pouvoir

extrait de *Tristes tropiques*

Claude Lévi-Strauss

Voyages, coffrets magiques aux promesses rêveuses, vous ne livrerez° plus vos trésors intacts. Une civilisation proliférante et surexcitée trouble à jamais le silence des mers. Les parfums des tropiques et la fraîcheur des êtres sont viciés par une fermentation aux relents suspects, qui mortifie nos désirs et nous voue à cueillir des souvenirs à demi corrompus.

° *will deliver*

Aujourd'hui où des îles polynésiennes noyées de béton sont transformées en porte-avions° pesamment ancrés° au fond des mers du Sud, où l'Asie tout entière prend le visage d'une zone maladive, où les bidonvilles rongent° l'Afrique, où l'aviation commerciale et militaire flétrit° la candeur de la forêt américaine ou mélanésienne avant même d'en pouvoir détruire la virginité, comment la prétendue° évasion du voyage pourrait-elle réussir autre chose que nous confronter aux formes les plus malheureuses de notre existence historique? Cette grande civilisation occidentale, créatrice des merveilles dont nous jouissons, elle n'a certes pas réussi à les produire sans contrepartie°. Comme son œuvre la plus fameuse, pile° où s'élaborent des architectures d'une complexité inconnue, l'ordre et l'harmonie de l'Occident exigent l'élimination d'une masse prodigieuse de sous-produits maléfiques dont la terre est aujourd'hui infectée. Ce que d'abord vous nous montrez, voyages, c'est notre ordure lancée au visage de l'humanité.

Ce que d'abord vous nous montrez, voyages, c'est notre ordure lancée au visage de l'humanité.

Je comprends alors la passion, la folie, la duperie des récits de voyage. Ils apportent l'illusion de ce qui n'existe plus et qui devrait être encore, pour que nous échappions à l'accablante évidence que 20.000 ans d'histoire sont joués. Il n'y a plus rien à faire: la civilisation n'est plus cette fleur fragile qu'on préservait, qu'on développait à grand-peine dans quelques coins abrités d'un terroir riche en espèces rustiques, menaçantes sans doute par leur vivacité, mais qui permettaient aussi de varier et de revigorer les semis. L'humanité s'installe dans la monoculture; elle s'apprête à produire la civilisation en masse, comme la betterave. Son ordinaire ne comportera plus que ce plat. ■

aircraft carriers (porte-avions)
heavily anchored (pesamment ancrés)
gnaw at (rongent)
withers (flétrit)
so-called (prétendue)
price (contrepartie)
side (pile)

Analyse

1 Vérifiez les faits Entourez le mot ou l'expression qui ne complète pas correctement chaque phrase d'après le texte.

1. Les îles polynésiennes disparaissent sous...
   a. l'eau (circled) b. le béton c. les relents
2. L'aviation commerciale et militaire détruit...
   a. la beauté du paysage b. les bidonvilles (circled) c. le silence des mers
3. Les rêves d'évasion que proposent les récits de voyage sont...
   a. une nécessité (circled) b. une duperie c. corrompus
4. Les parfums des tropiques ne sont plus...
   a. intacts b. à vendre (circled) c. les mêmes
5. Les mers du Sud sont une zone...
   a. très visitée b. en danger c. oubliée (circled)

1 PRESENTATION Explain to students that the Polynesian islands in the South Pacific have been a French protectorate since 1889. Polynesians elect a French Polynesian president, but justice, education, security, and defense are administered by the French state.

2 Le progrès À deux, répondez à ces questions.

1. Qu'est-ce qui a motivé l'auteur à écrire cet essai?
2. Qu'est-ce que les touristes recherchent quand ils font des voyages? Qu'est-ce qui a changé dans cette recherche? Quelle est la cause de ce changement?
3. Quelle description l'auteur fait-il des régions que les touristes aiment visiter? Cette description vous donne-t-elle envie de les visiter? Pourquoi?
4. La civilisation moderne a produit des architectures étonnantes et de grandes découvertes technologiques. Quelles en sont les conséquences néfastes (*harmful*)?
5. Quel est le but des récits de voyage? Quel est le rôle de l'humanité dans la civilisation moderne? Êtes-vous d'accord avec ce rôle?

2 EXPANSION Ask students to think of any changes or developments in the part of the country where they live and have them explain whether they are beneficial or detrimental to the area.

3 Les effets des voyages Par groupes de trois, classez de 1 à 6 ces aspects des voyages en allant du plus tolérable (1) au plus intolérable (6). Puis, expliquez votre classement à la classe.

Effet	Classement
a. Les brochures font des promesses rêveuses.	
b. Un voyage peut offrir un trésor intact.	
c. Les récits de voyage créent des souvenirs corrompus.	
d. Les voyages flétrissent la candeur des forêts.	
e. Voyager c'est une duperie.	
f. Les voyages créent des illusions.	

4 Brochure mensongère Une brochure touristique vante les beautés d'une île paradisiaque que vous voulez visiter. Quand vous arrivez, l'endroit n'est pas ce que la brochure avait promis. Vous envoyez à votre famille un long e-mail où vous comparez la réalité aux promesses de la brochure. À deux, écrivez cet e-mail.

4 EXPANSION Ask pairs to read their e-mails aloud. Have students say whether any of the e-mails remind them of one of their own travel experiences or whether the e-mails they wrote were based on a true story.

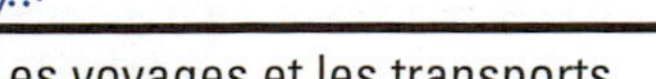
Practice more at **vhlcentral.com.**

Préparation

À propos de l'auteur

Denis Diderot est un philosophe français du 18e siècle, né en 1713 et mort en 1784. Il est le directeur de l'*Encyclopédie*, aussi appelée *Dictionnaire raisonné des sciences, des arts et des métiers*, qui comporte 17 volumes. Le premier volume, publié en 1751, fait scandale car il remet en cause (*questions*) l'autorité royale. Le but de l'*Encyclopédie* est de transmettre aux hommes et aux femmes les connaissances du monde entier et de les éclairer (*enlighten*), d'où l'expression «siècle des Lumières». Diderot a aussi écrit deux romans, *La Religieuse* (1760) et *Jacques le fataliste* (1765), des essais, des articles pour l'*Encyclopédie* et des dialogues philosophiques dont le *Supplément au voyage de Bougainville* (1772).

PRESENTATION Ask students these questions: **1. Que savez-vous sur Hawaii? Y êtes-vous déjà allé(e) ou en avez-vous seulement vu des photos? 2. Comment les Hawaiiens accueillent-ils les touristes? 3. Comment est le paysage de Hawaii? 4. Par quel moyen de transport peut-on y arriver? Combien de temps faut-il pour y arriver? 5. Connaissez-vous des îles françaises qui ressemblent à Hawaii? Dans quelles régions du monde se trouvent-elles?**

PRACTICE Read these words aloud and ask students to provide a related word from the vocabulary lists. **1. dignité (digne/indigne) 2. esclave (esclavage) 3. meurtre (meurtrier/meurtrière) 4. rive (rivage) 5. suivre (poursuivre) 6. vieux (vieillard)**

Vocabulaire de la lecture

aborder *to approach*
accourir *to come running*
assujettir *to subject*
une ceinture *belt*
(in)digne *(un)worthy*
s'éloigner *to move away*
l'esclavage (m.) *slavery*
un(e) esclave *slave*
funeste *unfortunate, dire*
labourer *to plow*
lâche *cowardly*
un meurtre *murder*
meurtrier/meurtrière *murderous*
poursuivre *to pursue*
un rivage *shore*
une rive *river bank*
serrer dans ses bras *to embrace*
un vaisseau *vessel*
un vieillard *old man*

Vocabulaire utile

les bijoux (m.) *jewelry*
les biens (m.) *possessions*
une boussole *compass (magnetic)*
une carte *map*
un colon *settler, colonist*
un compas *compass (geometry)*
dédaigneux/dédaigneuse *disdainful*
une longue-vue *field glass*
en or *made of gold*
précieux/précieuse *precious*

1 **À choisir** Choisissez la réponse qui convient le mieux dans la phrase.

1. Un navigateur explore le monde avec...
   a. une rive　b. un vaisseau　c. un vieillard
2. Quand un bateau arrive, les gens du village...
   a. accourent　b. labourent　c. assujettissent
3. Une personne qui s'attaque à un enfant sans défense est...
   a. un héros　b. lâche　c. précieuse
4. Certains critiques considèrent que le contact entre les Européens et les populations indigènes était...
   a. une boussole　b. une ceinture　c. funeste
5. La tempête violente a détruit les bateaux qui se trouvaient le long du...
   a. rivage　b. bien　c. bijou
6. Les esclaves avaient peur des Européens qui voulaient les...
   a. serrer　b. aborder　c. assujettir

Practice more at **vhlcentral.com.**

2 **Les grands explorateurs** À deux, répondez à ces questions. Puis échangez vos idées avec la classe.

1. Dans quels siècles les grandes explorations européennes ont-elles eu lieu? Y a-t-il toujours de grands explorateurs aujourd'hui?
2. Quelle partie de la planète n'a pas encore été explorée? Pensez-vous qu'elle le sera bientôt? Expliquez.
3. Comment les explorateurs étaient-ils accueillis par la population indigène? Comment les explorateurs réagissaient-ils?
4. Qu'est-ce que les explorateurs ont apporté aux pays qu'ils visitaient? Qu'ont-ils rapporté de ces pays? L'échange était-il équitable? Pourquoi?
5. Quelles sont les qualités nécessaires pour être un explorateur? Aimeriez-vous partir à la conquête d'une terre inconnue? Justifiez votre réponse.

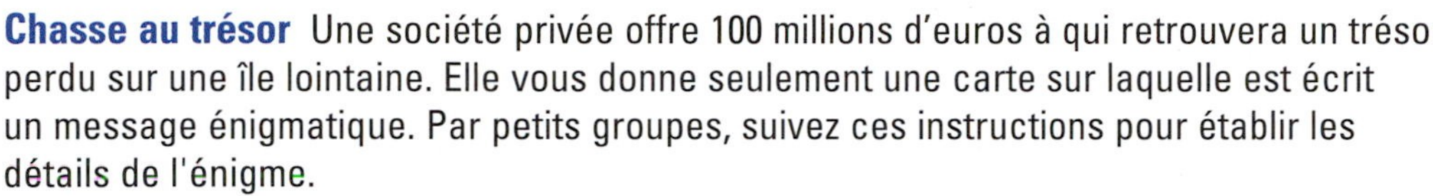

3 **Chasse au trésor** Une société privée offre 100 millions d'euros à qui retrouvera un trésor perdu sur une île lointaine. Elle vous donne seulement une carte sur laquelle est écrit un message énigmatique. Par petits groupes, suivez ces instructions pour établir les détails de l'énigme.

- Rédigez le message énigmatique.
- Identifiez les personnes qui l'ont écrit.
- Justifiez son style mystérieux.
- Décrivez le contenu du trésor.

4 **Dialogue** Un habitant de l'île vous demande ce que vous faites avec un trésor qui appartient à son peuple. Que lui répondez-vous? À deux, jouez les rôles en faisant des phrases au subjonctif avec ces expressions.

je voudrais que	**croyez-vous que**
j'aimerais que	**je doute que**
il faudrait que	**il faut que**

5 **La récompense** L'habitant de l'île accepte de vous laisser le trésor en échange de quelque chose de précieux qui appartient à votre culture. Alors vous revenez dans votre pays pour réclamer votre récompense à la société et pour exiger qu'elle donne à l'habitant de l'île ce qu'il demande. À deux, répondez à ces questions.

- Qu'est-ce que la société offrira à l'habitant de l'île? Pourquoi?
- Appréciera-t-il ce que vous lui offrirez? Pourquoi?

6 **Bougainville** Regardez ce portrait de Louis Antoine de Bougainville. Par petits groupes, expliquez ce que vous pouvez déduire à propos de ces aspects de sa vie.

- son caractère
- sa carrière
- son époque

2 EXPANSION Ask students to name other great explorers they know about and say what regions they explored or discovered.

3 EXPANSION Have each group exchange their mysterious message with another group. Students should attempt to decipher it and confirm their guesses with the message's authors. After students have finished reading **Les Adieux du vieillard**, have the class discuss which scenario most resembles Diderot's.

4 EXPANSION Ask half the pairs to act out a scene in which the conversation is antagonistic and the other half to act out a friendly conversation. Have pairs perform their dialogues in front of the class. Ask students to vote for the most realistic role-play.

5 EXPANSION Have students decide what they will do with the reward money and share their ideas with the class.

Note CULTURELLE

Louis Antoine de Bougainville (1729–1811) était un grand navigateur-explorateur français. Il décrit ses voyages dans un livre intitulé *Description d'un voyage autour du monde* dans lequel il parle du paradis polynésien de Tahiti. Diderot publie un supplément fictif aux récits de Bougainville en 1772, dans lequel il prend la défense des populations indigènes et de leurs mœurs, qu'il oppose à la cruauté et à l'indifférence des Européens.

Les Adieux

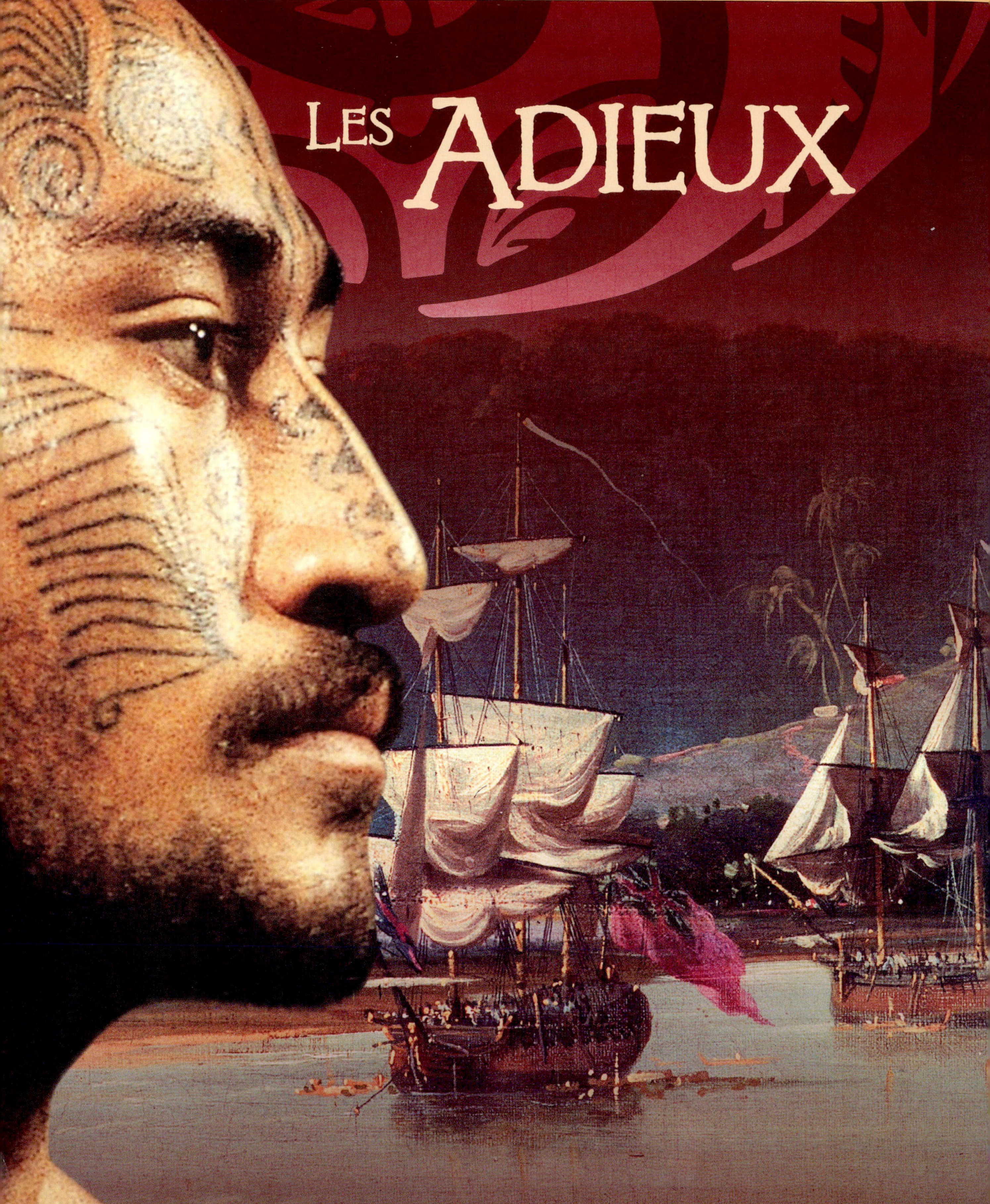

Audio: Dramatic Reading

DU VIEILLARD

extrait du Supplément au voyage de Bougainville

Denis Diderot

C'est un vieillard qui parle. Il était père d'une famille nombreuse. À l'arrivée des Européens, il laissa tomber des regards de dédain sur eux, sans marquer ni étonnement, ni frayeur°, ni curiosité. Ils l'abordèrent; il leur tourna le dos et se retira dans sa cabane. Son silence et son souci ne décelaient° que trop sa pensée: il gémissait° en lui-même sur les beaux jours de son pays éclipsés. Au départ de Bougainville, lorsque les habitants accouraient en foule sur le rivage, s'attachaient à ses vêtements, serraient ses camarades entre leurs bras, et pleuraient, ce vieillard s'avança d'un air sévère, et dit:

«Pleurez, malheureux Tahitiens! pleurez; mais que ce soit de l'arrivée, et non du départ de ces hommes ambitieux et méchants: un jour, vous les connaîtrez mieux. Un jour, ils reviendront, le morceau de bois que vous voyez attaché à la ceinture de celui-ci, dans une main, et le fer° qui pend° au côté de celui-là, dans l'autre, vous enchaîner, vous égorger°, ou vous assujettir à leurs extravagances et à leurs vices; un jour vous servirez sous eux, aussi corrompus, aussi vils, aussi malheureux qu'eux. Mais je me console; je touche à la fin de ma carrière; et la calamité que je vous annonce, je ne la verrai point. Ô Tahitiens! ô mes amis! vous auriez un moyen d'échapper à un funeste avenir; mais j'aimerais mieux mourir que de vous en donner le conseil. Qu'ils s'éloignent, et qu'ils vivent.»

Puis s'adressant à Bougainville, il ajouta: «Et toi, chef des brigands qui t'obéissent, écarte° promptement ton vaisseau de notre rive: nous sommes innocents, nous sommes heureux; et tu ne peux que nuire à° notre bonheur. Nous suivons le pur instinct de la nature; et tu as tenté° d'effacer de nos âmes son caractère. Ici tout est à tous; et tu nous as prêché je ne sais quelle distinction du *tien* et du *mien*... Nous sommes libres; et voilà que tu as enfoui° dans notre terre le titre de notre futur esclavage. Tu n'es ni un dieu, ni un démon: qui es-tu donc, pour faire des esclaves? Orou! toi qui entends la langue de ces hommes-là, dis-nous à tous, comme tu me l'as dit à moi-même, ce qu'ils ont écrit sur cette lame° de métal: *Ce pays est à nous*. Ce pays est à toi! et pourquoi? parce que tu y as mis le pied? Si un Tahitien débarquait un jour sur vos côtes, et qu'il gravât° sur une de vos pierres ou sur l'écorce° d'un de vos arbres: *Ce pays est aux habitants de Tahiti*, qu'en penserais-tu? Tu es le plus fort! Et qu'est-ce que cela fait? Lorsqu'on t'a enlevé une des méprisables bagatelles° dont ton bâtiment est rempli, tu t'es récrié, tu t'es vengé; et dans le même instant tu as projeté au fond de ton cœur le vol° de toute une contrée°! Tu n'es pas esclave: tu souffrirais plutôt la mort que de l'être, et tu veux nous asservir°! Tu crois donc que le Tahitien ne sait pas défendre sa liberté et mourir? Celui dont tu veux t'emparer° comme de la brute°, le Tahitien est ton frère. Vous êtes deux enfants de la nature; quel droit as-tu sur lui qu'il n'ait pas sur toi? Tu es venu; nous sommes-nous jetés sur ta personne? avons-nous pillé ton vaisseau? t'avons-nous saisi et exposé aux flèches° de nos ennemis? t'avons-nous associé dans nos champs

fright · revealed · moaned · iron/hangs · cut your throats · push back

harm · tried · buried · blade · engraved · bark · contemptible trifles · theft · region · subjugate · seize/wild animal · arrows au travail de nos animaux? Nous avons respecté notre image en toi. Laisse-nous nos mœurs°; elles sont plus sages et plus honnêtes que les tiennes; nous ne voulons point troquer° ce que tu appelles notre ignorance, contre tes inutiles lumières. Tout ce qui nous est nécessaire et bon, nous le possédons. Sommes-nous dignes de mépris°, parce que nous n'avons pas su nous faire des besoins superflus? Lorsque nous avons faim, nous avons de quoi manger; lorsque nous avons froid, nous avons de quoi nous vêtir. Tu es entré dans nos cabanes, qu'y manque-t-il, à ton avis? Poursuis jusqu'où tu voudras ce que tu appelles commodités de la vie; mais permets à des êtres sensés de s'arrêter, lorsqu'ils n'auraient à obtenir, de la continuité de leurs pénibles efforts, que des biens imaginaires. Si tu nous persuades de franchir° l'étroite limite du besoin, quand finirons-nous de travailler? Quand jouirons-nous? Nous avons rendu la somme de nos fatigues annuelles et journalières la moindre qu'il était possible, parce que rien ne nous paraît préférable au repos. Va dans ta contrée t'agiter, te tourmenter tant que tu voudras; laisse-nous reposer: ne nous entête ni de tes besoins factices°, ni de tes vertus chimériques. Regarde ces hommes; vois comme ils sont droits, sains et robustes. Regarde ces femmes; vois comme elles sont droites, saines, fraîches et belles. Prends cet arc, c'est le mien; appelle à ton aide un, deux, trois, quatre de tes camarades, et tâchez° de le tendre°. Je le tends moi seul. Je laboure la terre; je grimpe° la montagne; je perce la forêt; je parcours une lieue° de la plaine en moins d'une heure. Tes jeunes compagnons ont eu peine à me suivre; et j'ai quatre-vingt-dix ans passés. Malheur à cette île! malheur aux Tahitiens présents,

Si tu nous persuades de franchir l'étroite limite du besoin, quand finirons-nous de travailler?

et à tous les Tahitiens à venir, du jour où tu nous as visités! Nous ne connaissions qu'une maladie; celle à laquelle l'homme, l'animal et la plante ont été condamnés, la vieillesse; et tu nous en as apporté une autre: tu as infecté notre sang. Il nous faudra peut-être exterminer de nos propres mains nos filles, nos femmes, nos enfants; ceux qui ont approché tes femmes; celles qui ont approché tes hommes. Nos champs seront trempés° du sang impur qui a passé de tes veines dans les nôtres; ou nos enfants, condamnés à nourrir et à perpétuer le mal que tu as donné aux pères et aux mères, et qu'ils transmettront à jamais à leurs descendants. Malheureux! tu seras coupable, ou des ravages qui suivront les funestes caresses des tiens, ou des meurtres que nous commettrons pour en arrêter le poison. Tu parles de crimes! as-tu l'idée d'un plus grand crime que le tien? Quel est chez toi le châtiment° de celui qui tue son voisin? la mort par le fer. Quel est chez toi le châtiment du lâche qui l'empoisonne? la mort par le feu. Compare ton forfait° à ce dernier; et dis-nous, empoisonneur de nations, le supplice° que tu mérites? ... Écoute la suite de tes forfaits... À peine es-tu descendu dans notre terre, qu'elle a fumé de sang. Ce Tahitien qui courut à ta rencontre, qui t'accueillit, qui te

mœurs° customs
troquer° trade
mépris° contempt
franchir° to cross
factices° artificial
tâchez° try / tendre° bend
grimpe° climb
lieue° league
trempés° soaked
châtiment° punishment
forfait° crime
supplice° torture

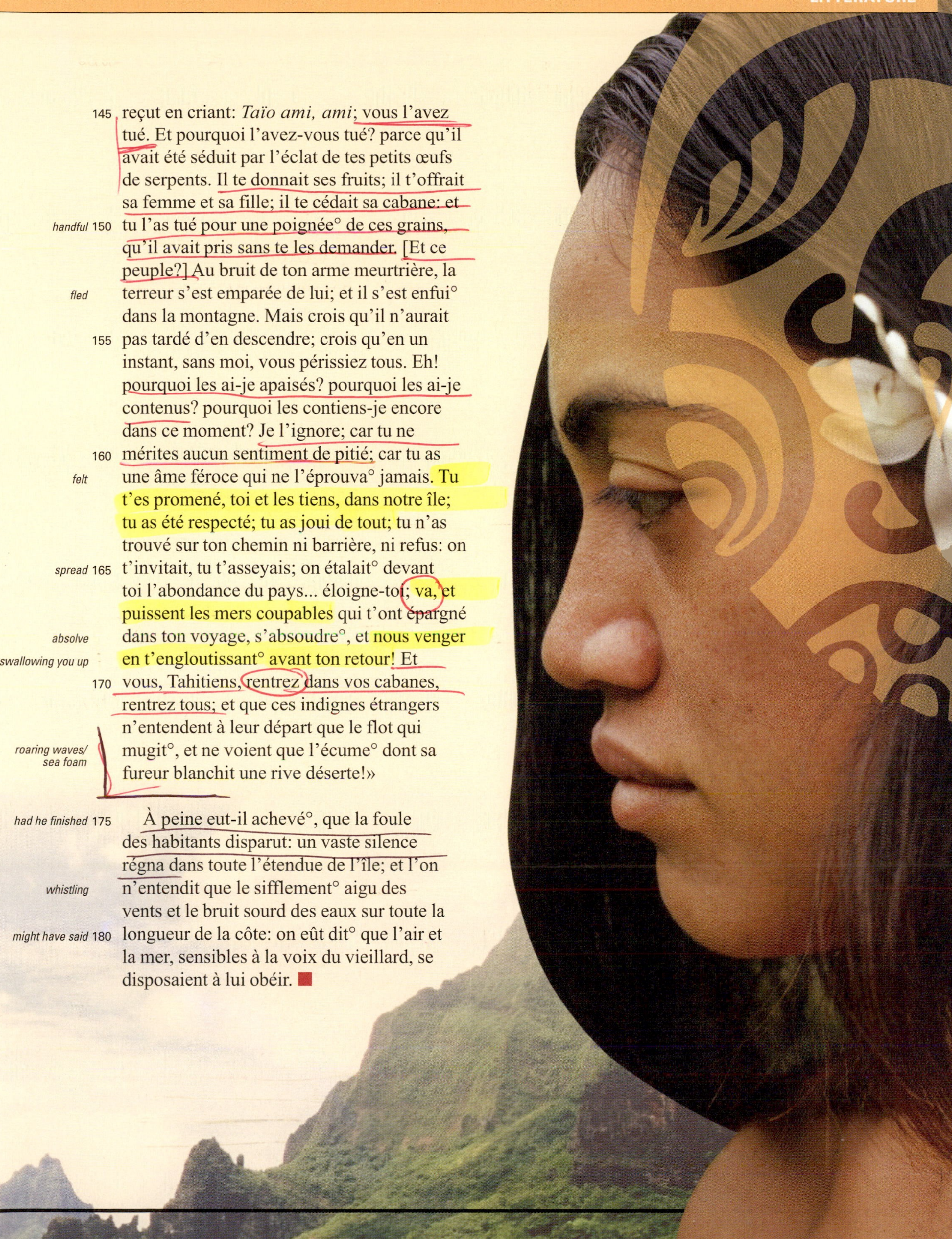

reçut en criant: *Taïo ami, ami*; vous l'avez tué. Et pourquoi l'avez-vous tué? parce qu'il avait été séduit par l'éclat de tes petits œufs de serpents. Il te donnait ses fruits; il t'offrait sa femme et sa fille; il te cédait sa cabane: et tu l'as tué pour une poignée° de ces grains, qu'il avait pris sans te les demander. [Et ce peuple?] Au bruit de ton arme meurtrière, la terreur s'est emparée de lui; et il s'est enfui° dans la montagne. Mais crois qu'il n'aurait pas tardé d'en descendre; crois qu'en un instant, sans moi, vous périssiez tous. Eh! pourquoi les ai-je apaisés? pourquoi les ai-je contenus? pourquoi les contiens-je encore dans ce moment? Je l'ignore; car tu ne mérites aucun sentiment de pitié; car tu as une âme féroce qui ne l'éprouva° jamais. Tu t'es promené, toi et les tiens, dans notre île; tu as été respecté; tu as joui de tout; tu n'as trouvé sur ton chemin ni barrière, ni refus: on t'invitait, tu t'asseyais; on étalait° devant toi l'abondance du pays... éloigne-toi; va, et puissent les mers coupables qui t'ont épargné dans ton voyage, s'absoudre°, et nous venger en t'engloutissant° avant ton retour! Et vous, Tahitiens, rentrez dans vos cabanes, rentrez tous; et que ces indignes étrangers n'entendent à leur départ que le flot qui mugit°, et ne voient que l'écume° dont sa fureur blanchit une rive déserte!»

À peine eut-il achevé°, que la foule des habitants disparut: un vaste silence régna dans toute l'étendue de l'île; et l'on n'entendit que le sifflement° aigu des vents et le bruit sourd des eaux sur toute la longueur de la côte: on eût dit° que l'air et la mer, sensibles à la voix du vieillard, se disposaient à lui obéir. ■

handful · *fled* · *felt* · *spread* · *absolve* · *swallowing you up* · *roaring waves/ sea foam* · *had he finished* · *whistling* · *might have said*

Analyse

1 PRESENTATION Have students read the title of the text and explain why they think it is called **Supplément.**

1 

À identifier Mettez une croix dans la colonne sous le nom du personnage désigné.

Actions	Bougainville	Le vieillard
1. Il pense que son pays a changé.		x
2. Il porte des armes attachées à la ceinture.	x	
3. Il va bientôt mourir.		x
4. Il fait la différence entre ses biens et ceux des autres.	x	
5. Il veut assujettir les autres hommes.	x	
6. Il prend le temps de se reposer.		x
7. Il est fort et en bonne santé.		x

2 EXPANSION Ask students why they think Bougainville does not respond to the old man's accusations.

2 

Inexactitudes Corrigez le mot ou l'expression soulignée.

1. Le vieillard fait une déclaration le jour du départ <u>des Tahitiens</u>. de Bougainville
2. Les Européens reviendront pour enchaîner <u>le vieillard</u>. les Tahitiens
3. Bougainville est le chef <u>des Tahitiens</u>. des brigands européens
4. Les mœurs des Tahitiens sont <u>moins</u> sages que celles des Européens. plus
5. <u>Les animaux</u> ont transmis des maladies aux Tahitiens. Les Européens
6. Un jeune Tahitien a été tué parce qu'il <u>a offert sa femme à Bougainville</u>. a volé une poignée de grains

3 EXPANSION Ask students to choose one association from Activity 3 and have them write a sentence explaining it. Have them share their sentences with the class.

3 

Caractéristiques Associez chaque personnage, lieu ou objet de la colonne A avec l'adjectif de la colonne B qui le décrit le mieux.

A	B
_d_ 1. le vieillard	a. lâche
_a_ 2. Bougainville	b. meurtrière
_f_ 3. les Tahitiens	c. belles
_h_ 4. les Européens	d. dédaigneux
_c_ 5. les femmes	e. généreux
_e/g_ 6. un jeune Tahitien	f. robustes
_b_ 7. une arme	g. fertile
	h. indignes

4 

Compréhension Par groupes de trois, répondez à ces questions.

1. Quelle est la forme de ce récit? Une lettre? Une narration? Pourquoi Diderot a-t-il choisi cette forme?
2. Quel est le ton du récit? Relevez quelques exemples qui appuient votre réponse.
3. De quoi traite le récit? Quels dangers menacent les habitants de cette région?
4. Quelle est la solution proposée en conclusion? Comment définiriez-vous cette solution?

 Practice more at **vhlcentral.com.**

5 **Jeu de rôles** Imaginez que vous soyez le jeune Tahitien Orou. Vous êtes allé(e) en France avec Bougainville et vous avez été présenté(e) au roi Louis XV. De retour à Tahiti, vous racontez au village ce que vous avez remarqué. À deux, préparez le discours d'Orou et prononcez-le devant la classe, qui jouera le rôle des gens du village. Servez-vous des mots de cette liste.

l'architecture	**les meubles**
l'argenterie (*silverware*)	**les pratiques sociales**
les bals	**la vaisselle**
le comportement	**les vêtements**

5 PRESENTATION Explain that Bougainville returned to France with a young Tahitian named Aotourou. He walked the young man around Paris, which aroused people's interest. The young man died of disease on the way back to Tahiti, though in his text Diderot imagines that Orou made it back home to relate what Europeans think of Tahiti and its inhabitants.

6 **La propriété** Lisez cette citation du philosophe Jean-Jacques Rousseau. Imaginez qu'il explique la notion de propriété au vieillard tahitien, qui essaie de convaincre Rousseau qu'il faut changer cette coutume. Par groupes de trois, écrivez un paragraphe de 15 lignes où vous élaborez le point de vue du vieillard. Faites des phrases avec **si** et des phrases qui utilisent le subjonctif.

«... et quant à ceux qui avaient déjà des cabanes, aucun d'eux ne dut peu chercher à s'approprier celle de son voisin, moins parce qu'elle ne lui appartenait pas, que parce qu'elle lui était inutile, et qu'il ne pouvait s'en emparer sans s'exposer à un combat très vif avec la famille qui l'occupait.»
Jean-Jacques Rousseau, seconde partie du Discours sur l'origine et les fondements de l'inégalité parmi les hommes

6 PRESENTATION Tell students that Jean-Jacques Rousseau wrote a 1755 essay about inequities between men titled **Discours sur l'origine et les fondements de l'inégalité parmi les hommes.** In it he explains that the notion of ownership is the origin of inequality between men. Point out that this notion motivated the killing of the young Tahitian, referred to in the text, who boarded Bougainville's ship and took food.

7 **Récit de voyage** Vous êtes allé(e)s dans un pays où vous avez rencontré des gens très différents de vous. Écrivez dans votre journal les différences que vous avez remarquées le premier jour. Suivez ces instructions.

- Écrivez le lieu et la date.
- Écrivez une introduction où vous présentez le lieu visité.
- Divisez votre journée en trois moments. Indiquez l'heure pour chaque moment et décrivez ce qui s'est passé.
- En conclusion, dites ce que vous pensez des coutumes de ce pays.

7 EXPANSION Have volunteers read their journal entries to the class. Ask students who have traveled abroad to compare their classmates' comments to their own experiences.

Préparation

À propos de l'auteur et l'illustrateur

Marguerite Abouet est née à Abidjan, en Côte d'Ivoire, en 1971. Elle a d'abord travaillé comme assistante légale à Paris puis s'est consacrée à la carrière d'écrivaine. Après quelques essais infructueux dans la littérature traditionnelle, elle a publié en quatre volumes sa première bande dessinée *Aya de Yopougon*, qui a aussi été traduite en anglais. Cette bande dessinée raconte l'histoire de la vie quotidienne d'une jeune Ivoirienne. **Clément Oubrerie** est l'illustrateur et le mari de Marguerite Abouet. Dans l'extrait qui suit, nous observons les premières impressions d'un jeune Ivoirien qui découvre le métro parisien.

Vocabulaire de la bande dessinée

un terminus *end of the line*

Vocabulaire utile

un couloir *passage*
un escalator *escalator*
un quai *platform*
une rame *subway train*
rater *to miss*
un(e) routard(e) *backpacker*
un sac de couchage *sleeping bag*

PRACTICE Read each definition aloud and have students supply the corresponding word or expression from the new vocabulary.
1. un sac pour dormir par terre (sac de couchage)
2. une personne qui voyage avec son sac à dos (routard(e))
3. manquer son train ou son bus (rater)
4. la dernière station sur la ligne de métro (terminus)
5. un escalier mécanique (escalator)

1 **Le routard** Répondez aux questions.

1. Quelle sorte de bagage un routard prend-il pour voyager? Pourquoi?
2. Comment un routard se déplace-t-il? En métro? En taxi?
3. Que doit-on faire pour s'orienter dans une ville inconnue?
4. Quels avantages le métro offre-t-il aux citadins (*city-dwellers*)?
5. Qu'est-ce qui peut surprendre la première fois qu'on prend le métro?

Analyse

1 PRESENTATION Explain to students that **un(e) routard(e)** is a young person who travels on a low budget. The **Guide du routard** series of guidebooks give helpful tips on cheap hotels, places to eat, and sites to visit.

1 EXPANSION Ask students to pick one word association with which they would relate the most if they were in the same situation. Have them explain what they would do under those circumstances.

2 EXPANSION Ask students to invent the story's continuation for the next four frames.

1 **Choc culturel** Associez les sentiments que le jeune homme ressent avec chaque situation nouvelle. Justifiez vos réponses.

Situations	Sentiments
b 1. dans la rame pleine de voyageurs	a. fatigué
c 2. dans le couloir du métro	b. curieux
a 3. au terminus	c. perdu
e 4. dans l'escalator	d. pressé
d 5. sur le quai	e. surpris

2 **Récit de voyage** À deux, rédigez la lettre que le jeune homme écrit à sa famille en Côte d'Ivoire au sujet de son arrivée à Paris. Reprenez les éléments de l'activité précédente.

- Expliquez pourquoi vous avez décidé d'aller en France.
- Décrivez ce qui s'est passé depuis votre arrivée à Paris.
- Expliquez à votre famille ce que vous voulez faire maintenant.

AYA DE YOPOUGON

de Marguerite Abouet; illustrée par Clément Oubrerie

Marguerite Abouet and Clément Oubrerie, *Aya de Yopougon*, volume 4, © Éditions Gallimard.

Analyse d'un poème

PRESENTATION Stéphane Mallarmé (1842–1898) was a poet associated with the symbolist movement, which sought to evoke, rather than describe, moods and feelings through words, scents, sounds, color, and symbolic imagery. His best known works include the poems *Les Fenêtres, L'Azur,* and *L'Après-midi d'un Faune.*

PRESENTATION Remind students that they do not need to understand every word in the poem. Instead, they should concentrate on key words, themes, and rhythm.

Vous allez écrire une analyse de texte sur un poème qui a pour thème le voyage.

Plan de rédaction

Lisez ce poème de Stéphane Mallarmé. Attention! Il n'est pas nécessaire de comprendre tous les mots. Concentrez-vous sur le thème, les mots-clés et le rythme.

Brise marine

La chair° est triste, hélas! et j'ai lu tous les livres. — *flesh*
Fuir! là-bas fuir! Je sens que des oiseaux sont ivres° — *intoxicated*
D'être parmi l'écume° inconnue et les cieux°! — *foam/ skies*
Rien, ni les vieux jardins reflétés par les yeux
Ne retiendra ce cœur qui dans la mer se trempe° — *goes for a dip*
Ô nuits! ni la clarté déserte de ma lampe
Sur le vide papier que la blancheur défend
Et ni la jeune femme allaitant° son enfant. — *nursing*
Je partirai! Steamer balançant ta mâture°, — *masts*
Lève l'ancre pour une exotique nature!

Un Ennui, désolé par les cruels espoirs,
Croit encore à l'adieu suprême des mouchoirs!
Et, peut-être, les mâts°, invitant les orages, — *masts*
Sont-ils de ceux qu'un vent penche° sur les naufrages° — *bends/ shipwrecks*
Perdus, sans mâts, sans mâts, ni fertiles îlots°... — *small islands*
Mais, ô mon coeur, entends le chant des matelots°! — *sailors*

Planifiez et préparez-vous à écrire

1 **Stratégie: Réagir à une œuvre littéraire** Que pensez-vous du poème? Faites une liste des mots du poème associés au voyage. De quels types de voyages s'agit-il, d'après vous? Ce poème vous donne-t-il envie de «voyager»? Expliquez.

2 **Stratégie: Examiner des modèles d'écriture** Regardez ce tableau qui résume les éléments principaux du symbolisme en poésie.

Résumé des éléments principaux du symbolisme en poésie	
Valeurs	• met l'accent sur les états psychiques (le rêve, l'imagination, le fantastique) • refuse la banalité de la vie • tente de stimuler l'imagination et la sensibilité du lecteur • laisse le lecteur interpréter les images utilisées
Style	• langage fluide et musical • vers libres • abondance de mots, d'images et de symboles liés à la musique, à la nature, à l'imaginaire et aux sentiments • utilisation d'oppositions et de contrastes

3 **Stratégie: Analyser un texte**

A. Relisez le poème en considérant ces questions et en prenant des notes.

- Comment le poème est-il organisé (nombre de strophes, de vers, etc.)?
- Comment sont le rythme (régulier, fluide, musical, etc.) et le ton (lyrique, dramatique, etc.)? Comment contribuent-ils au message de l'œuvre?
- Comment qualifieriez-vous le langage que le poète utilise? Met-il l'accent sur l'imagination?
- Quelles images, symboles ou contrastes Mallarmé utilise-t-il pour évoquer l'idée de voyage et d'évasion?
- Quels éléments poétiques symbolistes pouvez-vous identifier dans ce poème?

B. Référez-vous au tableau de l'activité 2 et essayez de trouver des exemples des divers éléments dans le poème. Expliquez en quoi ils illustrent le symbolisme.

TIP You may wish to find a recording of this poem on the Internet and play it in class so that students can experience the rhythm and melody. There are many websites that feature downloadable audio files of famous literary works. Additional examples of symbolist poems on the theme of travel that you could share with your students are Charles Baudelaire's **L'Invitation au voyage** and Rimbaud's **Le Bateau ivre, Ma bohème,** and **Sensation**.

Écrivez

4 **Votre essai** Rédigez un essai en trois parties dans lequel vous analysez et commentez le poème. Suivez ce plan de rédaction.

- **Introduction:** Écrivez quelques courtes phrases dans lesquelles vous donnez le titre du poème et le nom de l'auteur. Décrivez aussi brièvement le style poétique et les thèmes principaux.
- **Analyse de texte:** Décrivez en détails les principales caractérisques de ce poème d'après vos notes de l'activité 3. Utilisez des exemples tirés du poème pour illustrer votre analyse.
- **Conclusion:** Rappelez brièvement les thèmes principaux du poème, puis dites quel était, à votre avis, le but de l'auteur quand il l'a écrit. Pour finir, donnez votre interprétation personnelle du poème et dites si vous pensez qu'il invite au voyage ou non en justifiant votre opinion.

TIP Review the subjunctive with students before they begin writing and ask them to include at least two instances of the subjunctive with a relative clause and two of the subjunctive with an adverbial clause in their essays.

Révisez et lisez

5 **Révision** Demandez à un(e) partenaire de lire votre essai et de vous faire des suggestions pour l'améliorer. Révisez votre essai en incorporant les suggestions de votre partenaire et en faisant attention à ces éléments.

- Avez-vous respecté le plan de rédaction?
- Avez-vous bien décrit les caractérisques principales et les thèmes du poème en utilisant des exemples tirés du texte pour illustrer votre analyse?
- Avez-vous considéré tous les éléments du tableau sur le symbolisme?
- La grammaire et l'orthographe sont-elles correctes? Vérifiez bien l'emploi et les formes du subjonctif dans les propositions relatives et adverbiales.

6 **Lecture** Lisez votre essai à la classe. Vos camarades vous diront ce qu'ils pensent de votre analyse du poème.

EXPANSION Have students take notes as they listen to the various essays and consider how well each of their classmates analyzed the poem. Ask students to vote for the best essay and explain their choices.

PRESENTATION Begin by taking a poll to find out how many students have traveled abroad. Ask those who have if they consider their trips to have been good experiences and why. Ask volunteers to share some of their travel anecdotes, good or bad, with the class, or share some of yours and have students react to your experiences.

EXPANSION Ask students to use their own words to explain the idea of **se découvrir soi-même**, as expressed in the introduction. Have them give examples to illustrate this concept.

TIP Take a quick poll to see how many students agree with the idea in the introduction and how many feel that globalization and new technologies have rendered travel obsolete. Try to assign even numbers of students with opposing views to each group for more balanced discussions.

TIP Have each group begin by brainstorming reasons and justifications for their points of view. If students are having difficulty getting started, ask them to think about various areas that could be influenced by one's travel experiences, such as personal development, career opportunities, health, etc.

Les voyages et les transports

«Les voyages forment la jeunesse», écrivait Michel de Montaigne (1533–1592), philosophe, moraliste et homme politique français. Par cela, il voulait dire que les voyages sont le complément naturel de l'enseignement: il ne suffit pas d'apprendre dans des livres; il faut aussi aller voir «sur place».

1 Que pensez-vous de cette idée? Répondez à ces questions.

- Pensez-vous qu'on puisse apprendre et s'épanouir en restant chez soi?
- La mondialisation et les technologies rendent-elles les voyages et la découverte du monde plus nécessaires?
- Permettent-elles de découvrir le monde et les autres sans se déplacer?

La classe va se diviser en petits groupes pour en discuter.

2 Répondez aux questions.

- Que voyez-vous sur les photos?
- Savez-vous où se trouvent ces pays? Expliquez.
- Lequel aimeriez-vous visiter? Pourquoi?
- Y a-t-il d'autres endroits dans le monde francophone que vous aimeriez voir un jour? Lesquels? Expliquez.

La France

La Belgique

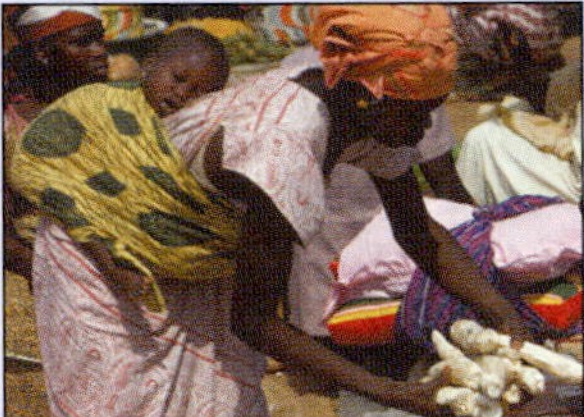
La Côte d'Ivoire

3 Les groupes vont (1) réfléchir à l'influence positive des voyages sur le développement personnel et (2) réfléchir aux raisons pour lesquelles les voyages ne sont pas forcément importants dans la vie. Utilisez des tableaux pour organiser vos arguments et donnez des exemples pour illustrer les différents points de vue.

Argument: Les voyages forment la jeunesse	
D'accord	**Pas d'accord**
1. découvrir le monde en personne	1. coût élevé des voyages
2.	2.
3.	3.
4.	4.
5.	5.

4 Les membres de chaque groupe discutent de leurs idées et de leurs arguments en utilisant les éléments du tableau de l'activité 3. Chaque étudiant peut aussi poser des questions supplémentaires pour mieux comprendre la position de ses camarades.

5 Après les discussions, chaque groupe doit décider si, dans l'ensemble, le groupe est d'accord avec la citation de Montaigne. Les groupes doivent aussi répondre à ces questions, en incorporant dans leurs discussions des phrases au subjonctif avec des propositions relatives et adverbiales.

Il n'y a pas de tchat en ligne qui puisse remplacer le contact humain.

Bien qu'il y ait des dangers imprévisibles, voyager restera toujours une activité intéressante.

À l'avenir, on recherchera peut-être des voyages qui nous fassent découvrir d'autres planètes.

La nouvelle façon de voyager, c'est de chercher à protéger la Terre et de découvrir d'autres cultures.

- Y a-t-il plus d'aspects positifs liés aux voyages ou plus d'aspects négatifs?
- Les voyages sont-ils réellement un complément nécessaire à l'éducation?
- Les nouvelles technologies offrent-elles vraiment des options qui rendent l'idée du voyage moins attrayante?
- En quoi le concept du voyage va-t-il évoluer à l'avenir?

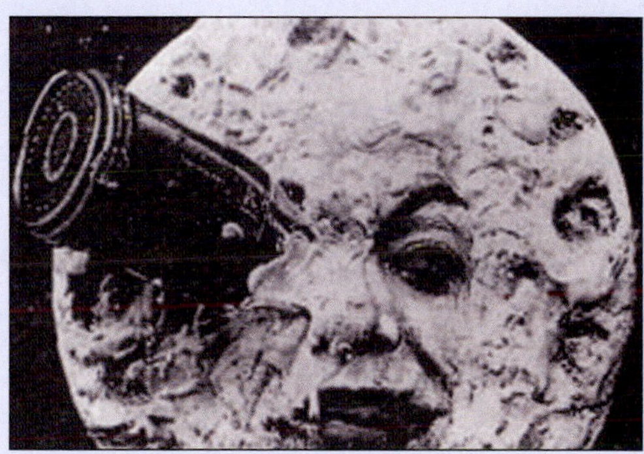

PRESENTATION Tell students that the photo is from **Le Voyage dans la Lune**, a 1902 silent movie by French director Georges Méliès, in which six astronauts travel to the Moon. There, they are taken prisoner by a people called the Selenites. The astronauts eventually manage to defeat them and return to Earth. The film served as a basis for a music video by the band The Smashing Pumpkins.

EXPANSION As a class, expand on the discussion by having students brainstorm ideas for the typical trip of the future. Ex: **À l'avenir, va-t-on voyager dans l'espace? Sera-t-il possible de voyager dans le temps? Fera-t-on de plus en plus de voyages virtuels? Où? Comment? Quels seront les avantages et les inconvénients de ces différents types de voyages?** Have students imagine they are taking their ideal trip. Ask them to write a postcard to a friend about their adventures. Have volunteers read their postcards aloud and have the class vote on the most interesting trip.

LEÇON 5

La nature et l'environnement

La Terre est en danger! Que ce soit pour protéger les espèces animales en voie d'extinction ou pour combattre la pollution, il faut agir. Dans certains pays, les partis écologistes ont de plus en plus d'adhérents. Mais la protection de la nature, c'est l'affaire de tout le monde.

1. **À votre avis, quelle est la plus grande menace écologique?**
2. **Que faites-vous pour protéger l'environnement?**
3. **Quelle menace écologique existe à proximité de chez vous? Quelles précautions prenez-vous face à cette menace?**

168

PREVIEW Discuss the photo and text on p. 136. Continue class discussion by asking these questions:
1. Si on ne s'occupe pas de l'environnement, quelles en seront les conséquences?
2. Comment vous informez-vous sur les moyens de protéger l'environnement?
3. Informez-vous votre famille ou vos amis sur ces moyens? Pourquoi? Comment les informez-vous?
4. Est-il possible que les humains ne soient pas du tout responsables des changements climatiques? Pourquoi?

138

152

Préparation

PRESENTATION Tell students that, due to the film's theme, they will hear many terms related to coral reefs and marine biology. Remind them that they do not need to understand every word in order to comprehend the main points.

PRACTICE Read these sentences aloud and have students supply the missing vocabulary word or expression.
1. Dans la salle de bains, l'eau arrive par des _____. (canalisations/tuyaux) 2. Les lions et les tigres sont des _____ animales. (espèces) 3. On met ses _____ dans une poubelle. (déchets) 4. Le _____ permet de réutiliser le verre et le plastique. (recyclage) 5. Les villes de Marseille et de Nice sont situées dans une _____. (zone littorale) 6. Mon frère travaille dans une _____ de voitures. (usine)

PRESENTATION Explain that the term **patrimoine de l'Unesco** refers to sites of cultural or natural significance (forests, monuments, buildings, mountains) that are considered important to humanity. They are placed on a list maintained by the World Heritage Program of the Unesco World Heritage Committee and are eligible to receive funds for their preservation.

1 EXPANSION To make this activity more challenging, do it with the whole class without letting students see the answers, as a game of Jeopardy®. Divide the class into three teams and read one clue at a time. The first student who supplies the correct term wins a point for his or her team.

EXPANSION Ask students to explain in their own words how they understand the concept of globalization. Ex: **C'est quoi, pour vous, la mondialisation? À votre avis, c'est une bonne chose? Pourquoi?**

Vocabulaire du court métrage

des algues (f.) *algae*
une barrière de corail *coral reef*
un caillou *stone, pebble*
une canalisation *pipe*
un chantier *construction site*
une charpente de calcaire *calcium frame*
le corail (les coraux) *coral*
corallien(ne) *(of) coral*
s'épanouir *to flourish*
une espèce *species*
les fonds marins (m.) *marine environment*
plonger *to dive*
un récif *reef*
un tuyau *pipe*
une zone littorale *coastal area*

Vocabulaire utile

les déchets (m.) *waste*
un défi *challenge*
le développement durable *sustainable growth*
l'écologie (f.) *ecology*
l'exploitation minière (f.) *mining*
une loi *law*
la mondialisation *globalization*
une organisation non gouvernementale (ONG) *non-governmental organization (NGO)*
le recyclage *recycling*
une ressource naturelle *natural resource*
une usine *factory*
les Verts (m.) *green political party*

EXPRESSIONS

à ne plus en finir *with no end in sight*
C'est quelque chose qui me fait mal au ventre. *It's something that breaks my heart.*
filer sous les mains *to disappear*
partir en fumée *to go up in smoke*
le patrimoine mondial de l'Unesco *Unesco Heritage Site*
porter la lutte sur un autre terrain *to fight a different battle*

1 **Définitions** Associez chaque mot ou expression avec sa définition.

A

c 1. espèce végétale qu'on trouve dans l'eau
b 2. nager dans les fonds marins
a 3. le gaz et le pétrole en font partie
e 4. disparaître
d 5. endroit où on construit quelque chose
f 6. quelque chose qu'on doit respecter

B

a. les ressources naturelles
b. plonger
c. une algue
d. un chantier
e. partir en fumée
f. une loi

2 **Vrai ou faux?** Indiquez si ces affirmations sont vraies ou fausses. Corrigez les fausses.

1. Pour s'épanouir, les enfants ont besoin de beaucoup d'attention. Vrai.
2. Il y a un récif corallien très célèbre en Australie. Vrai.
3. Le recyclage contribue à l'augmentation des déchets. Faux. Le recyclage contribue à la réduction des déchets.
4. La mondialisation est un phénomène assez récent. Vrai.
5. Si on veut protéger notre planète, il faut se concentrer sur le développement durable. Vrai.
6. Les Verts sont une organisation non gouvernementale. Faux. C'est un parti politique.

 Practice more at **vhlcentral.com.**

3 **Que sais-je?** À deux, discutez de ce que vous savez déjà sur le corail en utilisant les mots du nouveau vocabulaire.

4 **Questions personnelles** Répondez aux questions.

1. D'après vous, la planète est-elle réellement en danger? Pourquoi?
2. Vous sentez-vous personnellement concerné(e) par la protection de l'environnement? Pourquoi?
3. Quels sont les problèmes les plus graves, d'après vous, en ce qui concerne l'environnement?
4. Que fait-on pour remédier à ces problèmes? Est-ce que ça suffit, à votre avis? Pourquoi?
5. Et vous, que faites-vous pour protéger l'environnement? Recyclez-vous? Utilisez-vous les transports en commun? Que faites-vous d'autre?

5 **Anticipation** Avec un(e) partenaire, observez ces images du court métrage et répondez aux questions.

Image A

- Où se passe cette scène? Que voit-on sur l'image?
- Quelle impression vous donne cette scène?

Image B

- Que voyez-vous sur cette image? Où sommes-nous, d'après vous?
- Comparez l'impression que vous avez de cette image avec celle de l'autre image.

3 **PRESENTATION** Warm up by asking these questions: **Qu'est-ce que c'est le corail? Un caillou? Une plante? Un animal? Où trouve-t-on du corail? En avez-vous déjà vu? Où? De quelle couleur est le corail?**

3 **EXPANSION** Ask if anyone in the class has ever gone scuba diving or snorkeling, and if so, ask volunteers to share their experiences.

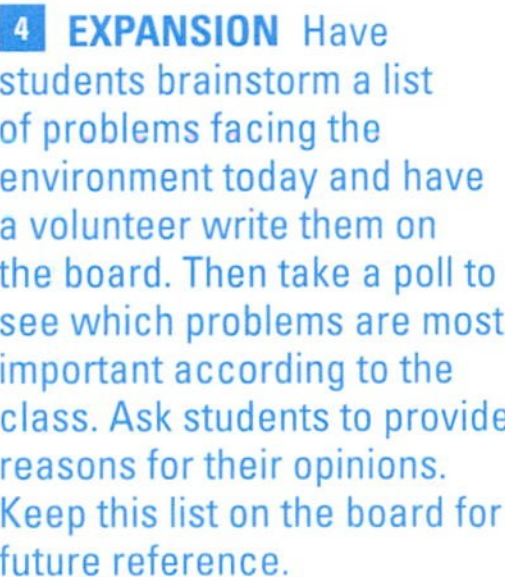

4 **EXPANSION** Have students brainstorm a list of problems facing the environment today and have a volunteer write them on the board. Then take a poll to see which problems are most important according to the class. Ask students to provide reasons for their opinions. Keep this list on the board for future reference.

Le Lagon néo-calédonien

Extrait de l'émission *Vu du ciel: la mer* **Yann Arthus-Bertrand** diffusée sur France 2
Avec la participation de **Pascale Chabanet**, spécialiste des récifs coralliens,
et **Marina Kalhamu**, présidente de l'association Corail Vivant

FICHE **Durée** 9 minutes **Pays** France **Année** 2006

SCÈNES

Narratrice C'est la deuxième plus grande barrière corallienne du monde après celle d'Australie. Les récifs de coraux font partie des écosystèmes les plus riches au monde. Environ 10.000 espèces ont été répertoriées[1] dans les récifs coralliens de Nouvelle-Calédonie.

Narratrice Mais le corail est aujourd'hui menacé et son principal ennemi, c'est l'homme. [...] Suite aux changements climatiques actuels, les eaux peuvent être anormalement chaudes pendant plusieurs semaines. [...] Le corail blanchit[2] et finit par mourir de faim.

Narratrice Pour exploiter une énorme mine de nickel, on a coupé des milliers d'arbres. Si des précautions ne sont pas prises, dès qu'il y a une grosse pluie, la terre peut être chariée[3] vers les rivières et la mer.

Pascale Chabanet On les emmène en plongée pour voir le milieu. [...] Je pense qu'une fois qu'on voit ça, une fois qu'on voit cet écosystème absolument magnifique, magique, tous ces poissons de partout, ben on a envie de le protéger; c'est quelque chose de plus réaliste.

Pascale Chabanet Ce n'est pas parce que quelque chose est beau, que quelque chose va bien, qu'il ne faut pas s'en occuper. C'est souvent plus difficile de restaurer, plus difficile de remettre en état que de s'occuper, en fait, de cette barrière tant qu'elle est en bonne santé.

Narratrice Sommes-nous condamnés à choisir entre le nickel et le corail? Entre le développement industriel et la protection de l'environnement? C'est un faux dilemme. On peut avoir l'un et l'autre, à une seule condition: raisonner en terme de développement durable [...]

[1]*classified* [2]*turns white* [3]*washed away*

Note CULTURELLE

Yann Arthus-Bertrand est un journaliste et photographe français qui travaille sur un projet intitulé *La Terre vue du ciel*. Le but de ce projet est de montrer de beaux paysages tout en faisant le bilan sur l'état de la planète. Il a donné naissance à un livre vendu à plus de 3 millions d'exemplaires. Arthus-Bertrand est aussi l'auteur de *Vu du ciel*, une série documentaire diffusée à la télévision, dont chaque épisode a pour thème un aspect de l'environnement.

EXPANSION The film *Home*, by Yann Arthus-Bertrand, is available online. Show students the film, then allow 30 minutes for a class discussion.

À L'ÉCRAN

Le corail En regardant le court métrage, complétez ce passage.

Contrairement à ce qu'on croit, le (1) corail n'est pas un (2) caillou, mais un (3) animal qui a besoin d'un milieu préservé pour (4) survivre. Le corail ressemble à une petite (5) fleur. Sa reproduction a lieu plusieurs (6) nuits par an. Comme une (7) neige à l'envers, des milliards (8) d'œufs remontent à la surface et se disséminent sur le (9) récif.

EXPANSION Ask students to take notes on two additional facts they learned about coral as they watch the film. Have them share these facts with the class.

Analyse

1 EXPANSION For homework, have students research more detailed information on the various types of coral and other marine life found around New Caledonia. Have them present any interesting facts they discovered.

1 **La barrière de corail** Complétez ce tableau sur le corail à l'aide de ces mots et expressions.

les algues	**multiples**
animale	**la nuit**
couleur blanche	**polype**
formation d'un squelette calcaire	**les récifs**

Le corail	
Espèce	animale
Type d'organisme	polype
Période de reproduction	la nuit
Habitat	les récifs
Couleurs	multiples
Développement	formation d'un squelette calcaire
Partenaires nécessaires à sa survie	les algues
Indication de la mort	couleur blanche

2 PRESENTATION Turn this into an oral activity by reading the statements aloud and having students correct them orally.

2 **Des erreurs** Corrigez les mots ou groupes de mots qui sont soulignés.

1. La barrière de corail de Nouvelle-Calédonie est <u>déjà morte.</u> encore en bonne santé
2. Il y a environ <u>1.000</u> espèces de corail en Nouvelle-Calédonie. 10.000
3. Pascale Chabanet est <u>la présidente d'une association pour la protection du corail.</u> une spécialiste des récifs coralliens
4. Aujourd'hui, l'ennemi principal du corail, c'est <u>l'algue.</u> l'homme
5. Dans le sud de l'île, on a coupé des milliers d'arbres pour <u>construire un centre commercial.</u> exploiter une mine de nickel
6. Marina Kalhamu a peur de l'impact des <u>écosystèmes</u> sur le lagon. produits toxiques

3 PRESENTATION Modify the activity by providing three choices and have students select the correct response. Ex:
1. Comment la narratrice qualifie-t-elle les récifs de coraux?
a. Ils sont parmi les écosystèmes les plus riches du monde.
b. Ils sont très rares dans les fonds marins autour de l'île.
c. Les coraux sont des types d'algues. (Réponse: a)

3 **Questions** Répondez aux questions. Answers may vary. Suggested answers.

1. Comment la narratrice qualifie-t-elle les récifs de coraux? Ils sont parmi les écosystèmes les plus riches du monde.
2. Quel phénomène naturel a une influence néfaste sur le milieu dans lequel vit le corail? Les changements climatiques ont une influence néfaste.
3. Que se passe-t-il quand les eaux deviennent trop chaudes pendant longtemps? Le corail expulse les algues qui le nourrissent. Il blanchit et meurt de faim.
4. Pourquoi le nickel est-il important pour l'économie de la Nouvelle-Calédonie? C'est sa ressource naturelle la plus importante.
5. Pourquoi Marina Kalhamu est-elle en colère en ce qui concerne la construction d'une canalisation? Des déchets toxiques vont être déversés dans le lagon.
6. Pourquoi Pascale Chabanet emmène-t-elle les enfants faire de la plongée? Elle veut leur faire découvrir le milieu marin et les sensibiliser.
7. Pourquoi n'est-on pas obligé de choisir entre le développement et l'environnement? On peut avoir les deux si on raisonne en terme de développement durable.

4 **Une cause qui m'est chère** À votre avis, quel est le problème écologique le plus grave aujourd'hui? Écrivez un paragraphe dans lequel vous décrivez le problème qui vous tient le plus à cœur et suggérez des choses qu'on peut faire pour y remédier.

5 **Citation du film** À deux, lisez cette citation de Pascale Chabanet, la spécialiste des récifs coralliens. Êtes-vous d'accord avec elle? Discutez de cette idée en utilisant d'autres exemples. Ensuite, présentez vos arguments à la classe.

> «Ce n'est pas parce que quelque chose est beau, que quelque chose va bien, qu'il ne faut pas s'en occuper. C'est souvent plus difficile de restaurer, plus difficile de remettre en état que de s'occuper, en fait, de cette barrière tant qu'elle est en bonne santé.» Pascale Chabanet

6 **Prédictions** À votre avis, que va-t-il arriver à la barrière de corail de Nouvelle-Calédonie? Êtes-vous optimiste ou bien craignez-vous que les déchets toxiques finissent par la tuer? Faites des prédictions et discutez des différentes possibilités par petits groupes. Suivez ce plan pour votre discussion.

- Possibilité 1: Les futures générations vont prendre conscience de la nécessité de protéger le corail.
- Possibilité 2: L'exploitation minière va rejeter des déchets toxiques qui vont tuer le corail.
- D'autres possibilités?
- Votre conclusion: Quelle possibilité semble la plus probable?

7 **Mon documentaire** Y a-t-il un endroit ou une espèce animale menacée dans votre région? Imaginez que vous faites un court métrage à ce sujet. Préparez-en le script. Prenez le film *Le Lagon néo-calédonien* comme modèle et suivez ces indications.

- Situez votre région.
- Décrivez le lieu ou l'espèce menacée.
- Expliquez la situation actuelle.
- Décrivez ce qui arrivera si on ne traite pas le problème.
- Expliquez ce qu'on doit faire pour remédier à la situation.
- Résumez la situation et demandez à votre audience de se mobiliser.

Practice more at **vhlcentral.com.**

4 PRESENTATION This activity expands on the questions students were asked to answer in Activity 4 of **Préparation**. Have them reread the list of ecological problems that they identified to help them gather ideas for the current activity.

5 PRESENTATION Have half the class discuss this quote from the documentary instead: **«Sommes-nous condamnés à choisir entre le développement industriel et la protection de l'environnement? C'est un faux dilemme. On peut avoir l'un et l'autre, à une seule condition: raisonner en terme de développement durable. Sans doute est-ce un peu plus cher à court terme, mais c'est à coup sûr, parier sur l'avenir.»**

7 EXPANSION Have students present their scripts to the class, who will vote for the top five. Then divide the class into five groups and have each one prepare a documentary about one of the five topics. Have them use a video camera and have a group representative narrate the story, using the script. Alternatively, have groups assemble an album with visuals. Ask them to add a caption for each image.

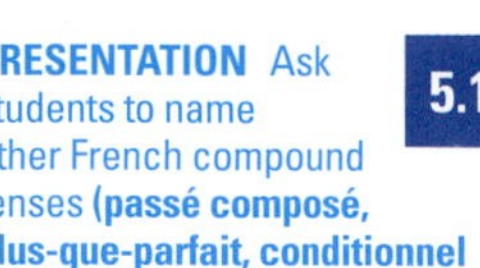

PRESENTATION Ask students to name other French compound tenses **(passé composé, plus-que-parfait, conditionnel passé)** and say what they have in common.

PRESENTATION Remind students that **avoir** is used as the auxiliary with most verbs and **être** is used with verbs of motion and reflexive verbs.

5.1 Le passé du subjonctif

Rappel

Le subjonctif, comme l'indicatif, est un mode. Et, comme l'indicatif, le mode du subjonctif comprend différents temps: le présent qu'on a vu dans les leçons précédentes, le passé, l'imparfait et le plus-que-parfait. L'imparfait et le plus-que-parfait du subjonctif sont rarement utilisés dans le langage courant.

*Marina Kalhamu n'aime pas qu'on **ait détruit** la terre de son enfance.*

- Le passé du subjonctif est un temps composé. On forme le passé du subjonctif avec le subjonctif présent des auxiliaires **être** ou **avoir** suivi du participe passé du verbe à conjuguer.

voir	venir
que j'aie **vu**	que je sois **venu(e)**
que tu aies **vu**	que tu sois **venu(e)**
qu'il/elle/on ait **vu**	qu'il/elle/on soit **venu(e)**
que nous ayons **vu**	que nous soyons **venu(e)s**
que vous ayez **vu**	que vous soyez **venu(e)(s)**
qu'ils/elles aient **vu**	qu'ils/elles soient **venu(e)s**

- Les règles d'accord du participe passé sont les mêmes au passé du subjonctif qu'au passé composé.

  *Je doute que la saison des pluies soit déjà **passée**.*
  *Les plus vieux arbres de la forêt? Je ne pense pas qu'ils les aient **coupés**.*

- On utilise le passé du subjonctif quand l'action du verbe au subjonctif se situe avant celui de la principale. Le verbe de la principale peut être soit au présent, à l'imparfait ou au passé composé.

  *Je suis désolée que tu **sois** malade.* (Tu es malade maintenant.)
  *Je suis désolée que tu **aies été** malade.* (Tu étais malade, mais tu ne l'es pas maintenant.)
  *Pascale Chabanet regrette que l'extraction minière **ait fragilisé** le sol.*

Coup de main

Le participe passé conjugué avec l'auxiliaire **avoir** s'accorde en genre et en nombre avec le complément d'objet direct si celui-ci précède le verbe.

*Les éclairs? Je doute que vous les ayez **vus**.*

Le participe passé conjugué avec l'auxiliaire **être** s'accorde en genre et en nombre avec le sujet du verbe.

*Nous craignions qu'elles soient **parties**.*

Attention!

- On utilise le présent du subjonctif quand les deux actions ont lieu simultanément dans le passé ou quand l'action du verbe au subjonctif a lieu après l'action du verbe de la proposition principale.

  *Nous avons regretté que tu ne **sois** pas là.*

  *Ils étaient contents que vous **arriviez**.*

Récapitulation des différents emplois du subjonctif

- On emploie le subjonctif dans les propositions substantives après des verbes qui expriment des sentiments tels que la volonté, le désir, l'ordre, la défense et certains verbes impersonnels.

*Je suis triste que tu n'**aies** pas **pu** venir en vacances avec nous.*
*Je doute qu'ils **aient pensé** à prendre toutes les précautions en cas d'inondation.*
*Nous craignions que vous **vous soyez perdus**.*
*Pensez-vous qu'il m'**ait rapporté** un petit souvenir?*
*Ils ne pensent pas qu'elle **soit** déjà **arrivée.***

*Il est bon que les coraux néo-calédoniens **aient survécu** jusqu'à présent.*

PRESENTATION Remind students that, in many cases, the use of the subjunctive versus the indicative depends on context and whether doubt or certainty is being expressed. Ex: **Je doute qu'ils nous aient tout raconté. / Je suis certaine qu'ils nous ont tout raconté.**

- On emploie le subjonctif dans une proposition relative dans les cas suivants.

On emploie le subjonctif quand la proposition relative...	
suit un superlatif ou une expression équivalente à un superlatif.	*Ce sont les plus beaux parcs naturels que nous **ayons visités**.*
exprime un désir, une intention, un but.	*Ils cherchent un guide qui **ait** déjà **fait** cette excursion.*
suit une proposition principale négative, interrogative ou qui exprime un doute.	*Vous ne trouvez aucun randonneur qui **soit entré** dans le bois hier?*
dépend d'une proposition qui est déjà au subjonctif.	*Il est impossible que vous **ayez pris** le seul sentier qui **soit** ouvert.*

- On emploie le subjonctif dans les propositions adverbiales après certaines conjonctions.

*Le guide nous a tout expliqué **bien que** nous ne lui **ayons posé** aucune question.*
*Cédric nous a accompagnés **malgré qu'**il n'ait pas bien dormi la nuit dernière.*

*L'État français a injecté 250 millions d'euros dans l'usine **sans que** les défenseurs du lagon **aient pu** l'en empêcher.*

PRESENTATION Remind students to use the indicative after a conjunction that introduces factual information such as **dès que, parce que, pendant que,** etc. Ex: **Je suis contente parce que, pour une fois, ils sont arrivés à l'heure.**

Mise en pratique

1 EXPANSION Ask students to discuss other natural disasters that may have occurred during their lifetime.

1 **Une catastrophe naturelle** Hamid et son copain Romain discutent d'un incendie de forêt qui a ravagé leur région. Mettez les verbes entre parenthèses au passé du subjonctif.

HAMID Tu as lu les journaux? Tu ne penses pas que les médias (1) aient exagéré (exagérer) l'ampleur de la catastrophe?

ROMAIN Au contraire, je doute qu'on nous (2) ait dit (dire) tout ce qui s'était réellement passé. Je crains que les secours (3) ne soient pas arrivés (ne pas arriver) à temps pour sauver certaines personnes!

HAMID Mais ils avaient pourtant prévenu les gens qu'il y avait des risques d'incendie dus à une trop grande sécheresse. La population devait en principe être hors de danger... à moins que les habitants (4) n'aient pas eu (ne pas avoir) le temps d'évacuer les lieux.

ROMAIN En tout cas, je regrette que tout cela (5) se soit passé (se passer)! C'est vraiment la plus grosse catastrophe naturelle que la région (6) ait connue (connaître) ces dernières années.

2 EXPANSION Ask students to name two things they have or have not done to protect the environment. Have the class react to their actions or lack thereof.

2 **Sont-ils écolos?** Plusieurs de vos amis ont décidé de protéger l'environnement, mais d'autres ne sont pas encore de vrais écolos. Réagissez en utilisant diverses expressions de regret, de joie, d'étonnement ou de colère.

Modèle Mégane a vendu sa voiture de sport.
Je suis étonné(e) qu'elle ne l'ait pas vendue plus tôt!

1. Les parents de Matthieu lui ont offert une voiture hybride.
2. Julie a dépensé une fortune pour faire installer des panneaux solaires.
3. Albin a oublié d'éteindre les lumières chez lui avant de partir en week-end.
4. Yasmina n'a pas voulu abandonner l'utilisation de pesticides pour avoir de jolies fleurs dans son jardin.
5. Thomas et Tariq ont échangé leurs motos pour des vélos.
6. Patricia a pris l'habitude de prendre le bus pour aller travailler.
7. Éric et Isabelle sont devenus membres d'un parti écolo.
8. Loïc a signé une pétition pour sauver les espèces animales en voie de disparition.
9. Au bureau, Sylvain a refusé de participer au recyclage des canettes d'aluminium.
10. Alain a planté des légumes dans son jardin.

Communication

3 **Votre avis** Posez des questions à votre partenaire pour connaître son avis sur les grands problèmes écologiques actuels.

Modèle la plus grande catastrophe naturelle (la Terre / connaître)
—Quelle est la plus grande catastrophe naturelle que la Terre ait connue?
—La plus grande catastrophe naturelle que la Terre ait connue, c'est le raz-de-marée de 2004.

1. Les progrès les plus importants (on / faire) récemment pour lutter contre la pollution Quels sont les progrès les plus importants qu'on ait faits récemment pour lutter contre la pollution?
2. La ressource naturelle la plus précieuse (les hommes / surexploiter) Quelle est la ressource naturelle la plus précieuse que les hommes aient surexploitée?
3. La décision la plus importante (le gouvernement / prendre) pour éviter le gaspillage Quelle est la décision la plus importante que le gouvernement ait prise pour éviter le gaspillage?
4. Le document le plus controversé (les pays / signer) pour lutter contre les émissions de gaz à effet de serre Quel est le document le plus controversé que les pays aient signé pour lutter contre les émissions de gaz à effet de serre?
5. La solution la plus intelligente (les scientifiques / inventer) pour économiser l'énergie Quelle est la solution la plus intelligente que les scientifiques aient inventée pour économiser l'énergie?
6. Le meilleur moyen de protéger les espèces en voie d'extinction (on / trouver) Quel est le meilleur moyen de protéger les espèces en voie d'extinction qu'on ait trouvé?
7. La principale cause de pollution (les hommes / avoir à combattre) ces dernières années Quelle est la principale cause de pollution que les hommes aient eu à combattre ces dernières années?
8. Les dommages les plus évidents (le réchauffement planétaire / causer) Quels sont les dommages les plus évidents que le réchauffement planétaire ait causés?

3 EXPANSION Turn this activity into a survey, then share and discuss the results with the class.

4 **Nouvelles alarmantes** Avec un(e) partenaire, vous écoutez les informations à la radio et les nouvelles sont alarmantes. Vous n'êtes pas trop inquiet/inquiète mais votre partenaire est pessimiste. Créez une conversation en choisissant un des sujets donnés. Jouez cette scène devant la classe.

déforestation	**inondation**
disparition de la calotte glaciaire (*icecap*)	**marée noire**
disparition des abeilles	**raz-de-marée** (*tidal wave*)
éruption	**tremblement de terre**
glissement de terrain	**vague de chaleur**

Modèle vague de chaleur
—Tu as entendu? Il y a une vague de chaleur sur le pays. Il a fait 70 degrés dans le sud hier!
—Je doute qu'il ait fait 70 degrés dans le sud.
—Moi, ça ne m'étonnerait pas qu'il ait fait 70 degrés à cause du réchauffement climatique!

Note CULTURELLE

En France, comme dans la plupart des pays, on utilise l'échelle Celsius pour mesurer la température. L'unité de cette échelle est le degré Celsius. Pour convertir les degrés Celsius en degrés Fahrenheit, il faut multiplier la température par $\frac{9}{5}$ et ajouter 32 au résultat. Pour convertir les degrés Fahrenheit en degrés Celsius, il faut soustraire 32 de la température et multiplier le résultat par $\frac{5}{9}$.

5 **Une grosse tempête** Il y a eu une grosse tempête qui a fait beaucoup de dégâts. Vous avez eu plus de chance que votre partenaire. Créez une conversation dans laquelle vous racontez ce qui vous est arrivé. Utilisez des conjonctions dans votre dialogue.

Modèle **—La grêle n'a pas fait de dégâts malgré que nous ayons oublié de rentrer la voiture dans le garage.**
—Tu as eu de la chance ! Nous avons eu des dégâts bien que nous ayons fermé toutes les fenêtres! La grêle a cassé plusieurs vitres.

5 EXPANSION Tell students that they can use a scenario from the previous activity or any other scenario of their choice.

Practice more at **vhlcentral.com.**

PRESENTATION Remind students that the passive voice is much more commonly used in English than in French.

PRESENTATION Tell students that using the passive voice is a way to focus on the receiver of the action rather than on the person or thing that performs the action.

PRESENTATION Tell students that one can usually express the same idea using either active or passive voice.
Ex: **On a créé une réserve naturelle pour les oiseaux migrateurs. / Une réserve naturelle a été créée pour les oiseaux migrateurs.**

5.2 La voix passive

Rappel

La voix active et la voix passive sont deux façons différentes de construire des phrases. À la voix active, le sujet fait l'action. À la voix passive, le sujet subit (*is subjected to*) l'action.

*—Environ dix mille espèces **ont été répertoriées** dans les récifs coralliens de Nouvelle-Calédonie.*

- Pour former la voix passive, on utilise le verbe **être** suivi du participe passé du verbe. C'est la forme du verbe **être** qui indique le temps utilisé: le présent, le passé composé, l'imparfait, le futur, etc. Le participe passé s'accorde en genre et en nombre avec le sujet du verbe.

Voix active	Voix passive
*On **plante** des arbres tous les ans.*	*Des arbres **sont plantés** tous les ans.*
*L'inondation ne **menaçait** pas mon quartier.*	*Mon quartier n'**était** pas **menacé** par l'inondation.*
*Un incendie **a détruit** leur maison.*	*Leur maison **a été détruite** par un incendie.*

- Seuls les verbes qui peuvent avoir un complément d'objet direct peuvent être utilisés à la voix passive. Le complément du verbe actif devient le sujet du verbe passif. Le sujet du verbe actif devient le complément d'agent du verbe passif. Ce complément d'agent est introduit par la préposition **par** ou **de**.

Un tremblement de terre sujet	*a détruit* verbe actif	*ce village.* complément objet direct
Ce village sujet	*a été détruit* verbe passif	***par** un tremblement de terre.* complément d'agent
Les touristes sujet	*apprécient* verbe actif	*cet endroit.* complément object direct
Cet endroit sujet	*est apprécié* verbe passif	***des** touristes.* complément d'agent

Coup de main

On emploie la préposition **de** plutôt que **par** après des verbes qui expriment un sentiment ou une émotion.

*Cette patronne était crainte **de** tous ses employés.*

*Il est aimé **du** peuple.*

PRESENTATION Tell students that the **agent** is the person or thing that performs the action.

PRESENTATION Remind students that **de** + **les** become **des** and **de** + **le** become **du**.

*Toutes les barrières coralliennes du monde **sont frappées par** cette mort blanche.*

- Dans certains cas, on ne précise pas qui fait l'action. Dans ces cas-là, il n'y a pas de complément d'agent.

  *Ce parc **a été inauguré** il y a deux ans.*

*Sous l'effet du stress, les algues qui nourrissent le polype **sont expulsées**.*

- Quand le pronom **on** est le sujet du verbe à la voix active, ce pronom n'apparaît pas comme complément d'agent dans la phrase à la voix passive.

  ***On a créé** une réserve naturelle.*
  *Une réserve naturelle **a été créée.***

- En français, on utilise plus souvent la voix active que la voix passive. Pour éviter la voix passive dans une phrase sans complément d'agent, on peut soit utiliser le pronom **on**, soit utiliser une construction pronominale avec **se**.

  *L'aluminium **est** facilement **recyclé**.*
  ***On recycle** facilement l'aluminium.*
  *L'aluminium **se recycle** facilement.*

*—Pour exploiter une énorme mine de nickel, **on a coupé des milliers d'arbres**.*

- Il y a des cas où la transformation de la voix active à la voix passive ne peut pas se faire. C'est le cas des verbes intransitifs, des verbes pronominaux et des verbes qui demandent un complément d'objet indirect. C'est aussi le cas quand le verbe de la phrase est le verbe **avoir** ou le verbe **être** suivi d'un attribut.

  *Les plages **appartiennent** aux habitants de la région.*
  *Cette réserve **a** une surface de 30.000 hectares.*

Attention!

- Il ne faut pas confondre les verbes qui, à la voix active, ont leur temps composés formés avec l'auxiliaire **être** et les verbes qui, à la voix passive, sont aussi construits avec **être**.

  *Nous **sommes arrivés.*** (voix active au passé composé)

  *Nous **sommes pris** (par l'orage).* (voix passive au présent)

PRESENTATION Tell students that, to differentiate the active voice of a compound tense that takes **être** from a passive voice, they can change the form of **être** to the **passé composé** and see whether it keeps the same meaning. Ex: **Nous sommes pris par l'orage. Nous avons été pris par l'orage**.

PRESENTATION Remind students that an indirect object pronoun is introduced by the preposition **à**.

Mise en pratique

1 EXPANSION Have students write two similar sentences on the same subject, one using the passive voice and the other using the active voice.

1 **Préservons la nature** Dites si les phrases sont à la voix active ou à la voix passive.

1. De nos jours, le papier et l'aluminium se recyclent régulièrement. Voix active.
2. On ne doit pas gaspiller les ressources naturelles. Voix active.
3. L'énergie solaire est de plus en plus utilisée. Voix passive.
4. On ne devrait pas polluer. Voix active.
5. On doit respecter l'habitat des animaux en voie de disparition. Voix active.
6. Le trafic des animaux exotiques n'est plus permis dans beaucoup de pays. Voix passive.
7. La nature est protégée par des lois plus strictes. Voix passive.
8. Les ressources naturelles se raréfient. Voix active.
9. Les pesticides ne sont pas utilisés dans les produits biologiques. Voix passive.
10. Ces mesures seront appréciées de tous les habitants de la région. Voix passive.

2 EXPANSION To make this activity more challenging, write the items on the board without the cues in parentheses, and let students decide which tense or mood to use.

2 **Un incendie** À la radio, on parle d'un incendie qui a eu lieu dans la région. Formez des phrases avec les éléments donnés. Mettez les verbes à la voix passive au temps ou au mode indiqué entre parenthèses.

Modèle la semaine dernière, une période de sécheresse / annoncer (passé composé)
La semaine dernière, une période de sécheresse a été annoncée.

1. il y a quelques jours, un feu de forêt / allumer / par des campeurs imprudents (passé composé) Il y a quelques jours, un feu de forêt a été allumé par des campeurs imprudents.
2. en début de semaine, tout un village / détruire / par l'incendie (passé composé) En début de semaine, tout un village a été détruit par l'incendie.
3. les blessés / amener / dans plusieurs hôpitaux de la région (passé composé) Les blessés ont été amenés dans plusieurs hôpitaux de la région.
4. tous les habitants / évacuer (passé composé) Tous les habitants ont été évacués.
5. à l'heure actuelle, le feu / combattre / par des dizaines de pompiers (présent de l'indicatif) À l'heure actuelle, le feu est combattu par des dizaines de pompiers.
6. demain, des canadairs (*airtankers*) / envoyer / pour aider à maîtriser le feu (futur) Demain, des canadairs seront envoyés pour aider à maîtriser le feu.
7. le week-end prochain, de l'argent / collecter / pour aider les victimes (futur) Le week-end prochain, de l'argent sera collecté pour aider les victimes.
8. il faut que des précautions / prendre / pour que ce genre d'accident ne se reproduise plus (présent du subjonctif) Il faut que des précautions soient prises pour que ce genre d'accident ne se reproduise plus.
9. chaque été, des milliers d'hectares de forêts / détruire / par des incendies (présent de l'indicatif) Chaque été, des milliers d'hectares de forêts sont détruits par des incendies.
10. tous les ans, la vie de centaines de personnes / mettre en danger / par la négligence de quelques-uns (présent de l'indicatif) Tous les ans, la vie de centaines de personnes est mise en danger par la négligence de quelques-uns.

 Practice more at **vhlcentral.com.**

Communication

3 **Quelle aventure!** Vous et votre partenaire êtes allé(e)s camper chacun de votre côté, mais vous avez tou(te)s les deux vécu catastrophe sur catastrophe. Inspirez-vous de ces éléments pour vous raconter ce qui vous est arrivé. Utilisez la voix passive.

Modèle —**Notre campement a été complètement enseveli par un glissement de terrain.**
—**Les plages ont été recouvertes par une marée noire.**

le campement	abîmer	une éruption
l'équipement de camping	brûler	une coulée de lave
l'hôtel	détruire	un glissement de terrain
les plages	emporter	un incendie
les routes	endommager	une inondation
la tente	ensevelir (*to bury*)	une marée noire
la voiture	recouvrir	un ouragan

4 **Expérience personnelle** Avec un(e) partenaire, posez-vous des questions pour savoir si vous, ou quelqu'un que vous connaissez, avez déjà été victimes des forces de la nature.

Modèle saccager / une tornade
—**Est-ce que la région où tu habites a été saccagée par une tornade?**
—**Non, mais la région où habite ma tante a été saccagée par une tornade il y a deux ans.**

1. endommager / des intempéries (*bad weather*)
2. abîmer / la grêle
3. couper / un orage
4. déraciner (*uproot*) / un orage
5. emporter / le vent
6. frapper / la foudre

5 **Visite guidée** Vous faites un safari-photo dans une réserve naturelle en Afrique de l'Ouest. Votre partenaire est votre guide. Créez une conversation dans laquelle vous lui posez quatre questions en utilisant la voix passive.

Modèle —Quand ce parc a-t-il été créé?
—**Il a été créé en...**

3 PRESENTATION Tell students that the cues given in this activity are only suggestions and that they should use any additional vocabulary they wish.

5 PRESENTATION Ask pairs if they have visited a North American national, state, or provincial park. If so, have them create an alternative conversation about that park. If not, encourage them to research a park online and create their conversation based on what they learn.

Note CULTURELLE

Le parc du Niokolo-Koba est le plus grand parc national du Sénégal. Il est situé au sud-est de Dakar. Il a été créé en 1954 et est inscrit au patrimoine mondial de l'UNESCO depuis 1981. C'est une réserve où l'on peut voir plus de 70 espèces de mammifères, notamment des lions, des hippopotames et même quelques éléphants.

Préparation

PRESENTATION Ask students to think of words related to **réchauffement** and **planétaire**, such as **chaud, chauffer, chaleur,** and **planète.** Ask them what they think the article is about based on the title.

PRACTICE Read each of these words aloud and ask students to supply a word with a similar meaning from the new vocabulary.
1. l'effet de serre (le réchauffement)
2. une chute (une baisse)
3. des ordures (des déchets)
4. jeter (gaspiller)
5. une augmentation (une hausse)

Vocabulaire de la lecture	Vocabulaire utile
une baisse *drop*	**des déchets (m.)** *waste material*
une chute *fall*	**une déchetterie** *recycling site*
des dégâts (m.) *damage*	**l'effet (m.) de serre** *greenhouse effect*
s'écraser *to crash*	**empêcher** *to prevent*
émettre *to produce, to emit*	**gaspiller** *to squander*
entraîner *to cause*	**une hausse** *increase*
une faille *flaw*	**un panneau solaire** *solar panel*
un pot d'échappement *exhaust pipe*	**ramasser** *to pick up*
prétendre *to claim*	
prévoir *to predict, to plan*	
le réchauffement *warming*	

1 **Phrases à trous** Complétez ces phrases avec les formes correctes des mots et des expressions du nouveau vocabulaire.

1. L'alpiniste a perdu l'équilibre et a fait une ___chute___ de 100 mètres dans le vide.
2. Ta voiture fume beaucoup. Tu dois remplacer le ___pot d'échappement___.
3. Le parc ___prévoit___ un projet spécial pour l'année prochaine qui protégera sa faune.
4. Les ressources naturelles manquent aujourd'hui parce qu'on les a ___gaspillées___ trop vite.
5. Le projet ne marchera jamais parce qu'il a trop de ___failles___ dans son organisation.
6. Les ___panneaux solaires___ réduiront la consommation d'électricité en utilisant l'énergie du soleil.
7. L'avion a eu un problème mécanique et il s'est ___écrasé___ dans un champ.
8. La centrale ___émet___ des gaz dangereux qui tuent la flore.

2 **La protection de l'environnement** À deux, répondez aux questions. Ensuite, échangez vos opinions avec la classe.

1. Qu'est-ce qui cause le réchauffement de la Terre?
2. Comment voudriez-vous participer à la protection de la planète? Recyclez-vous les objets en plastique, en verre, en papier ou en carton (*cardboard*)?
3. Quelles sont les conséquences du réchauffement de la Terre sur l'environnement? sur la santé des êtres humains et des animaux?
4. Pensez-vous qu'il faudrait construire des voitures qui consomment moins d'essence? Pourquoi? Comment ces voitures marcheraient-elles?

3 EXPANSION Ask groups to write their lists on the board. Then have them design a brochure listing the top ten mandates for protecting the environment. Have them post their brochures around the classroom for the class to read.

3 **Cinq décisions** Vous organisez une association pour la protection de l'environnement. Par groupes de trois, préparez une liste des cinq décisions que vous prendriez pour diminuer la consommation d'énergies fossiles et la quantité de déchets.

Practice more at **vhlcentral.com.**

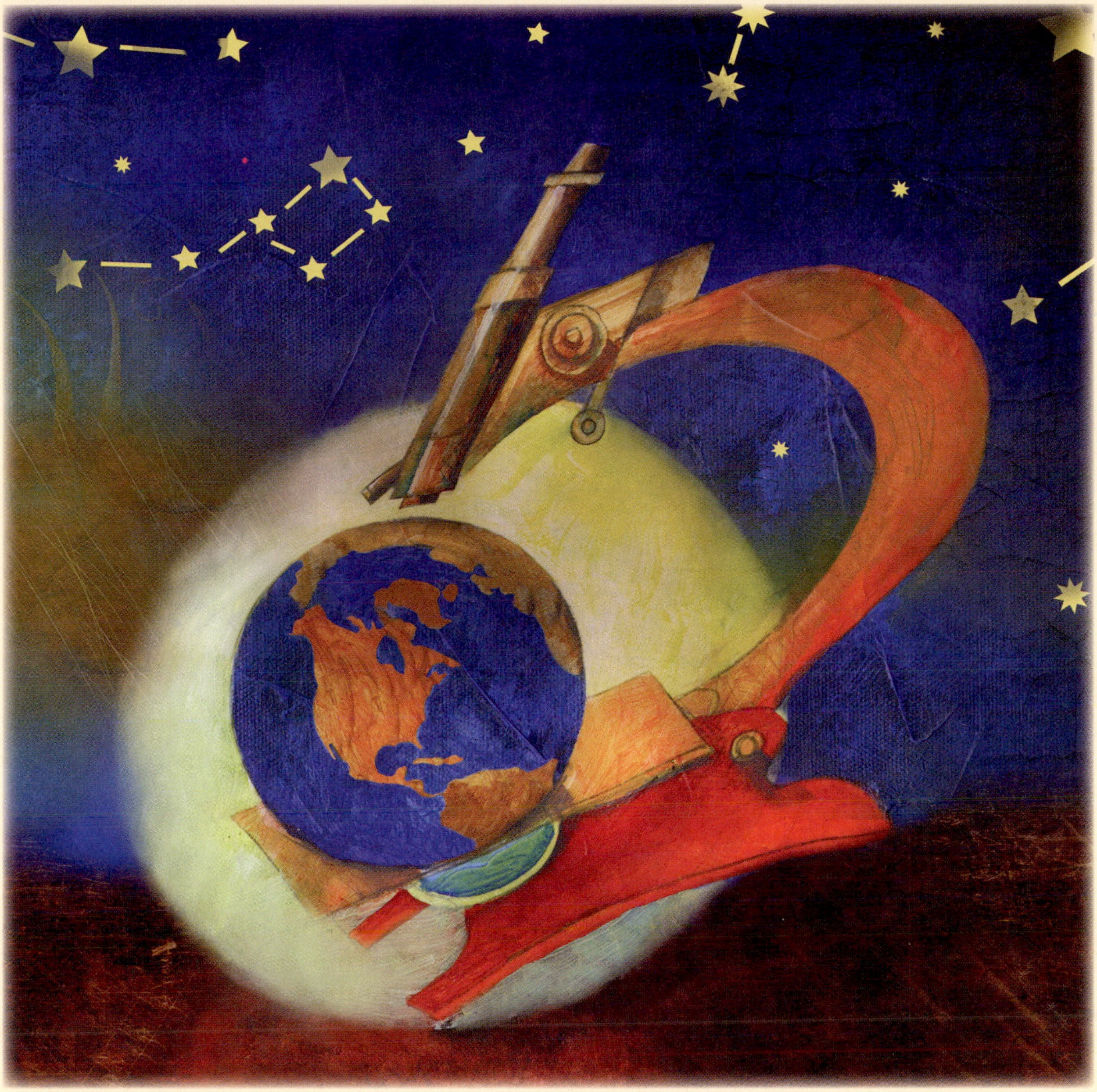

Sur le réchauffement planétaire

On nous répète sans cesse que le réchauffement global de notre planète est dû à l'activité humaine. Et si finalement, l'Homme n'en était pas responsable? Analyse qui démolit les arguments bien pensants des alter-écologistes.

D'abord, des scientifiques nous disent que les eaux vont monter de plusieurs mètres, avant de revoir leurs estimations à la baisse (ce serait 88 centimètres, aux dernières nouvelles). Les mêmes nous disent que les températures vont monter de 6 degrés d'ici 2050. J'ai beau ne pas avoir° fait huit années d'études scientifiques, je vois des failles dans le raisonnement.

> **... il serait intéressant de se poser les bonnes questions.**

Après tout, il pourrait se passer n'importe quoi d'ici 2050. Une météorite peut s'écraser et tout bouleverser°. Le super volcan Yellowstone peut entrer en éruption, et entraîner par ricochet, comme certains le prévoient, une chute de dix degrés au niveau mondial. Ensuite, comment peut-on prétendre que les seuls gaz émis par les pots d'échappement des voitures, ou encore de certaines usines, sont responsables d'un réchauffement global? On n'y pense pas assez, mais les volcans, par leurs éruptions, font beaucoup plus de dégâts question réchauffement que la pollution automobile.

Enfin, on pourrait se pencher° sur l'évolution de notre planète depuis son existence (je sais, il faut remonter° assez loin). Il y a eu des glaciations, responsables, pour certains, de la disparition des dinosaures, un réchauffement qui aurait entraîné, pour d'autres, la vraie disparition des dinosaures, qui, errant° dans de véritables déserts, seraient morts de faim et de soif. Je pourrais aussi citer le déluge qui a entraîné la formation des océans. Tout cela s'est produit bien avant que l'homme n'apparaisse. Tout cela était d'origine naturelle et non humaine. Bien sûr, l'homme peut avoir aussi une part de responsabilité: il fut un temps où le Sahara était une région fertile, verdoyante, qui est devenue un véritable désert en raison d'une déforestation intense. Nous avons connu, très récemment (au niveau d'un millénaire°, c'est très récent) une petite glaciation, qui avait fait, pour l'anecdote, de la Manche° un véritable bloc de glace compact. Bien entendu, depuis la Terre s'est réchauffée, les températures sont remontées. La question est: certes, depuis deux cents ans, il y a bien eu un réchauffement, mais est-ce qu'il s'est produit en réaction à cette mini période glaciaire? Serait-ce cyclique?

Le problème, c'est que les organisations internationales, au lieu de privilégier la diversité des opinions scientifiques, préfèrent favoriser uniquement ceux qui pensent que la Terre se réchauffe à cause de l'activité humaine. Du coup°, les scientifiques minoritaires sont obligés de se faire financer par des entreprises, n'ayant pas le choix, puisque les organisations internationales ne leur donnent rien pour les aider dans leurs travaux. Alors après, sont-ils objectifs? Je ne suis pas en train de vous dire que ceux-ci ont raison contre les autres. Mais qu'il serait intéressant de se poser les bonnes questions.

Il fut un temps où tout le monde était convaincu que la Terre était plate° et que la Terre était au centre du système solaire, que les planètes tournaient autour. Ceux qui pensaient le contraire ont été persécutés. Aujourd'hui, tout le monde sait qu'ils avaient raison.

Qui sait? ■

www.contrepoints.org

Even though I did not (ne pas avoir) · *disrupt* (bouleverser) · *examine* (se pencher) · *go back* (remonter) · *roaming* (errant) · *millennium* (millénaire) · *English Chan[nel]* (la Manche) · *As a result* (Du coup) · *flat* (plate)

Analyse

1 **Compréhension** Indiquez si ces phrases sont vraies ou fausses. Corrigez les fausses.

1. Il est certain que les êtres humains causent le réchauffement de la planète. Faux. Les êtres humains ne sont peut-être pas responsables.
2. Le raisonnement des scientifiques explique logiquement ce qui va se passer à cause du réchauffement planétaire. Faux. Il y a des failles dans le raisonnement.
3. Certaines catastrophes naturelles peuvent entraîner des baisses et des hausses de température. Vrai.
4. Le réchauffement de la planète est un phénomène cyclique qui a lieu tous les siècles. Faux. Il n'a pas lieu tous les siècles.
5. Les océans se sont formés à la suite de pluies diluviennes (*torrential*). Vrai.
6. Le Sahara est une région où l'on peut cultiver des fruits et des légumes de toutes sortes. Faux. C'est un désert.
7. La Manche n'a jamais gelé (*frozen*). Faux. Elle a été un bloc de glace compact.
8. Les scientifiques ne favorisent pas la diversité des opinions sur la cause du réchauffement planétaire. Vrai.

1 PRESENTATION Have students read the items before reading the article. This will help them anticipate the author's message and answer the questions.

2 **Questions d'opinion** À deux, décidez si chaque phrase représente l'opinion des scientifiques ou de l'auteur. Écrivez **Oui** ou **Non** dans les colonnes.

Opinions	Scientifiques	Auteur de l'article
1. L'homme n'est pas seul responsable du réchauffement.	Non	Oui
2. Les températures vont en augmentant.	Oui	Oui
3. On peut prévoir l'avenir.	Oui	Non
4. Les éruptions volcaniques contribuent plus au réchauffement que les gaz émis par les voitures.	Non	Oui
5. L'évolution de la planète a causé des changements naturels.	Oui	Oui
6. Les scientifiques sont objectifs.	Oui	Non
7. La déforestation contribue au réchauffement.	Oui	Oui

2 EXPANSION Have groups choose one opinion from the table and ask them to role-play a short skit between a scientist and the article's author.

3 **Nouveau débat** À deux, résumez ce que l'auteur propose de faire pour étudier les causes du réchauffement planétaire. Faites une liste d'autres idées qu'il pourrait proposer pour engager un débat sur les méthodes permettant d'empêcher le réchauffement et présentez-les à la classe.

4 **Composition** Écrivez un article de journal pour alerter votre communauté sur la dégradation des parcs dans votre région. Décrivez les déchets trouvés dans ces parcs puis faites une liste de recommandations pour résoudre le problème. Faites des phrases au subjonctif avec ces expressions.

- il faut que...
- la commune demande que...
- il est important que...
- il est essentiel que...
- il est regrettable que...
- c'est dommage que...

4 EXPANSION Have students read their article to the class and ask which article is the most likely to encourage them to be more respectful of the environment.

 Practice more at **vhlcentral.com.**

Préparation

Vocabulary Tools

À propos de l'auteur

Romancière et auteure Colette (1873–1954), née Sidonie-Gabrielle Colette, a commencé sa carrière de romancière en écrivant la série des quatre *Claudine* (*Claudine à l'école, Claudine à Paris, Claudine en ménage, Claudine s'en va*) de 1900 à 1905 (que son mari signait en fait de son surnom Willy). Dans ces livres, inspirés de sa vie d'adolescente et de jeune femme, Colette romance sa vie dans la campagne bourguignonne où elle passa son enfance. Plusieurs grands romans jalonnent sa carrière d'écrivaine comme *Chéri* (1920), *Le Blé en herbe* (1923) et *Gigi* (1943). Ces deux derniers ont été adaptés au cinéma. Colette a aussi fait carrière dans le music-hall et a tenu la rubrique dramatique dans le journal *Le Matin*. Colette s'est éteinte en pleine gloire à Paris le 3 août 1954. Elle a été présidente de l'Académie Goncourt et grand officier de la Légion d'honneur.

PRESENTATION Explain to students that the story takes place in the **Bois de Boulogne,** a large public park at the western end of Paris.

PRACTICE Read each word or expression aloud and ask students to provide an antonym from the new vocabulary.
1. le coq (la poule)
2. le prédateur (la proie)
3. la plume (la fourrure)
4. la tête (la queue)
5. tenir (lâcher)
6. brave (vilain)

Vocabulaire de la lecture

- **l'aile (f.)** *wing*
- **assommer** *to knock unconscious*
- **brave** *good; honest*
- **causer** *to chat*
- **un collier** *collar*
- **le coq** *rooster*
- **étouffer** *to suffocate*
- **faire un pas** *to take a step*
- **le fauve** *wild animal*
- **la fourrure** *fur*
- **glapir** *to yelp*
- **lâcher** *to drop; to let go (of)*
- **la patte** *paw; foot (of animal)*
- **le piège** *trap*
- **la plume** *feather*
- **la poule** *hen; chicken*
- **la poussière** *dust*
- **la queue** *tail*
- **velouté(e)** *velvety, soft*
- **vilain(e)** *nasty*

Vocabulaire utile

- **l'animal (m.) de compagnie** *pet*
- **la basse-cour** *barnyard*
- **la maltraitance** *mistreatment*
- **nourrir** *to feed*
- **picorer** *to peck (at)*
- **le prédateur** *predator*
- **la proie** *prey*
- **recueillir** *to rescue*

1 **Parlons d'animaux** Complétez les descriptions avec les formes correctes des mots et des expressions du nouveau vocabulaire.

1. Les oiseaux peuvent voler grâce à leurs ___ailes___.
2. La Société protectrice des animaux ___recueille___ des animaux maltraités.
3. La poule ___picore___ des grains avec son bec.
4. Le chat est un animal de ___compagnie___.
5. Les poules sont des animaux de ___(la) basse-cour___.
6. Le renard a une fourrure ___veloutée___.

2 EXPANSION Ask students to name an organization that works to protect animals (either domestic or in the wild) and have them list some of the services it provides.

2 **Les animaux de compagnie** À deux, répondez à ces questions. Puis, échangez vos idées avec la classe.

1. D'après vous, quel genre d'animaux font les meilleurs animaux de compagnie? Avez-vous déjà connu quelqu'un qui avait un animal de compagnie inhabituel? Lequel?
2. Existe-t-il certains animaux qu'on ne devrait jamais prendre comme animal de compagnie? Lesquels?
3. En quoi les animaux de compagnie enrichissent-ils la vie de leurs propriétaires?
4. Quelles responsabilités les propriétaires d'animaux ont-ils envers leurs bêtes?

3 **Sauvage ou domestique?** Par petits groupes, choisissez pour chaque type d'animaux les lettres qui correspondent à ses caractéristiques. Certaines caractéristiques peuvent être attribuées aux deux types d'animaux. Ensuite, comparez vos choix avec ceux d'un autre groupe.

Animaux	Caractéristiques
• les animaux sauvages • les animaux domestiques	a. être fidèle b. aimer les caresses c. attaquer des proies d. manger des aliments en boîte e. se méfier des humains f. avoir sa liberté g. avoir son propre lit h. être menacé par les êtres humains i. être protégé des prédateurs j. dépendre des êtres humains k. vivre dans la nature

3 EXPANSION Have students brainstorm other qualities attributed to wild and domesticated animals, and have them share their ideas with the class.

4 **En voie d'extinction** Un groupe de scientifiques décide de réintroduire une espèce animale disparue. Par groupes de trois, choisissez une espèce animale qui a existé dans votre région ou qui est en voie d'extinction. Puis, expliquez s'il faut vraiment la réintroduire et quels effets cela aurait pour l'environnement et pour les êtres humains.

- la chouette (*owl*)
- le dodo
- le loup (*wolf*)
- le mammouth
- le renard
- le tigre

4 PREPARATION Have students scan the list and say whether any of these animals can be found in their area. Ask them to describe any encounters they have had with these animals.

5 **Refuge pour animaux** On a trouvé un coq et un renard abandonnés et malades dans la nature. Un refuge décide de les soigner. Imaginez que vous et votre partenaire êtes employé(e)s du refuge. Discutez de ce qu'il faudrait faire pour aider ces deux animaux. De quoi ont-ils besoin? En quoi est-ce que leurs besoins se ressemblent? En quoi est-ce qu'ils diffèrent? Présentez vos idées à la classe.

5 EXPANSION Ask students if they have ever encountered an animal that was injured or mistreated. If so, ask what they did to help it.

Practice more at **vhlcentral.com.**

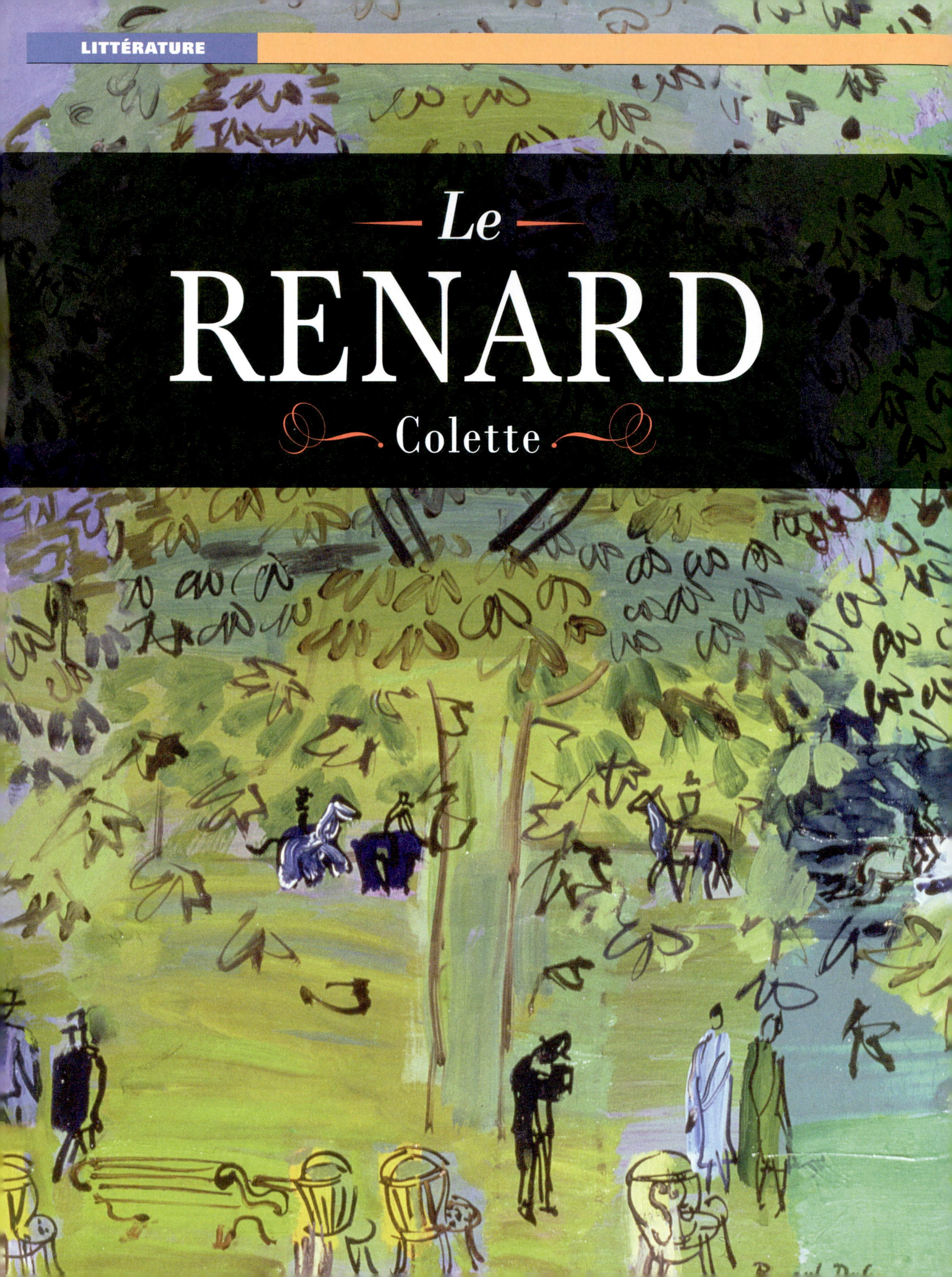
Le
RENARD
Colette

 Audio: Dramatic Reading

L'homme qui mène promener son renard au Bois de Boulogne est à coup sûr un brave homme. Il croit faire plaisir au petit renard, qui fut peut-être son compagnon de tranchées°, et qu'il apprivoisa au son affreux des bombardements. L'homme au renard, que son captif suit caninement au bout d'une chaîne, ignore que le renard n'est, en plein air, dans un décor qui peut lui rappeler sa forêt natale, qu'un esprit égaré° et plein de désespoir, une bête aveuglée par la lumière oubliée, enivrée d'odeurs, prête à s'élancer, à attaquer ou à fuir... mais qui a le cou pris dans un collier... Sauf ces détails, le bon petit renard apprivoisé aime son maître et le suit en traînant son rein° bas et sa belle queue couleur de pain un peu brûlé. Il rit volontiers — un renard rit toujours. Il a de beaux yeux veloutés — comme tous les renards, — et je ne vois rien de plus à dire de lui.

> **Un petit renard, même privé, ne saurait fréquenter des poules sans en éprouver de graves désordres...**

L'autre brave homme, l'homme aux poules, émergeait vers onze heures et demie du métro d'Auteuil. Il portait, rejeté derrière l'épaule, un sac d'étoffe sombre, assez ressemblant au sac à croûtes des chemineaux°, et gagnait, d'un bon pas, les tranquilles futaies° d'Auteuil. La première fois que je le vis, il avait posé son sac mystérieux sur un banc et attendait que je m'éloignasse avec mes chiennes. Je le rassurai, et il secoua avec délicatesse son sac d'où tombèrent, lustrés, la crête rouge et le plumage aux couleurs de l'automne, un coq et une poule qui piquèrent du bec, grattèrent la mousse fraîche et l'humus forestier, sans perdre un seul instant. Je ne posai pas de questions inutiles, et l'homme aux poules me renseigna d'un mot:

«Je les sors tous les midis que je peux. C'est juste, n'est-ce pas... Des bêtes qui vivent en appartement...»

Je repliquai par un compliment sur la beauté du coq, la vivacité de la poule; j'ajoutai que je connaissais bien aussi la petite fille qui emmène «jouer» sa grosse tortue l'après-midi, et l'homme au renard...

«Celui-là n'est pas une connaissance pour moi», dit l'homme aux poules...

Mais le hasard devait mettre en présence le maître du renard et celui des poules, dans un de ces sentiers que cherche l'humeur solitaire des promeneurs guidés par la crainte des gardes et la fantaisie d'un chien, d'un renard ou d'une poule. D'abord, l'homme au renard ne se montra point. Assis dans le fourré°, il tenait

tranchées°: trenches
égaré°: lost
rein°: back
chemineaux°: hobos
futaies°: forests
fourré°: thicket

Tiré en arrière, il s'assit sagement, et ses yeux étincelants n'exprimaient aucune pensée.

paternellement son renard par le milieu de son corps serpentin et s'attendrissait de le sentir crispé° d'attention. Le rire nerveux du renard découvrait ses canines fines, un peu jaunies par l'oisiveté° et la nourriture molle, et ses blanches moustaches, bien aplaties contre les joues, avaient l'air cosmetiquées.

À quelques pas, le coq et la poule, rassasiés° de grain, prenaient leur bain de sable et de soleil. Le coq passait les plumes de ses ailes au fer de son bec, et la poule, gonflée en forme d'œuf, pattes invisibles et cou rengorgé°, se poudrait d'une poussière jaune comme du pollen. Un cri léger et discordant, proféré par le coq, l'éveilla. Elle s'ébroua et vint, d'un pas incertain, demander à son époux:

«Qu'est-ce que tu as dit?»

II dut l'avertir par signe, car elle ne discuta pas et se rangea avec lui au plus près du sac — le sac, prison sans piège...

Cependant l'homme aux poules, étonné de ces façons, rassurait ses bêtes par des «pettits! pettits!...» et des onomatopées familières.

Peu de jours après, l'homme au renard, qui, croyant bien faire, donnait à son petit fauve ce plaisir de Tantale, jugea honnête de révéler sa présence et celle de son renard.

«Ah! c'est curieux comme bête, dit l'homme aux poules.

—Et intelligent, renchérit l'homme au renard. Et pas pour deux sous° de malice. Vous lui donneriez votre poule qu'il ne saurait quoi en faire.»

Mais le petit renard tremblait, d'un tremblement imperceptible et passionné, sous sa fourrure, tandis que le coq et la poule, rassurés par le son des voix amies, et d'ailleurs obtus, picoraient et bavardaient sous l'œil velouté du renard.

Les deux amateurs de bêtes se lièrent, comme on se lie au Bois ou dans une ville d'eaux°. On se rencontre, on cause, on raconte l'histoire que l'on préfère, on verse, dans l'oreille inconnue, deux ou trois confidences qu'ignorent vos amis intimes, et puis on se sépare à la hauteur du tramway 16 — on n'a livré ni le nom de la rue que l'on habite, ni le numéro de la maison...

Un petit renard, même privé, ne saurait fréquenter des poules sans en éprouver de graves désordres. Celui-ci maigrit, rêva la nuit tout haut, en son langage glapissant. Et son maître, en regardant le nez fin et fiévreux du renard se détourner de la soucoupe de lait, vit venir à lui, du fond d'un vert taillis° d'Auteuil, une vilaine pensée, à peine distincte, pâle dans sa forme mouvante, mais déjà laide... Ce jour-là, il causa de bonne amitié avec son ami l'homme aux poules et donna distraitement un peu

crispé° *tense*
oisiveté° *idleness*
rassasiés° *satisfied*
rengorgé° *puffed up*
pas pour deux sous° *not in the least*
ville d'eaux° *health resort*
taillis° *underbrush*

de jeu à la chaîne du renard, qui fit un pas — appellerai-je un pas ce glissement° qui ne montrait pas le bout des pattes et ne froissait nul brin d'herbe°? — vers la poule.

«Eh la! fit l'homme aux poules.

—Oh! dit l'homme au renard, il n'y toucherait pas.

—Je sais bien», dit l'homme aux poules.

Le renard ne dit rien. Tiré en arrière, il s'assit sagement, et ses yeux étincelants° n'exprimaient aucune pensée.

Le lendemain, les deux amis échangèrent leurs opinions sur la pêche à la ligne.

«Si c'était moins cher, dit l'homme aux poules, je prendrais un permis sur le Lac Supérieur. Mais c'est cher. Ça met le gardon° plus cher qu'aux Halles.

—Mais ça vaut la peine, repartit l'homme au renard. Qu'est-ce qu'il a pris, l'autre matin, un type, sur le petit lac! Vingt-huit gardons et une brème plus large que ma main.

—Voyez-vous!

—D'autant que, sans me vanter, je ne suis pas manchot°. Vous me verriez lancer la ligne... J'ai le coup de poignet, vous savez... Comme ça...»

Il se leva, lâcha la chaîne du renard et fit un magistral moulinet° de bras. Quelque chose de roux et de frénétique sillonna l'herbe, dans la direction de la poule jaune, mais la jambe de l'homme aux poules, d'une sèche détente°, brisa l'élan, et on n'entendit qu'un petit aboiement étouffé. Le renard revint aux pieds de son maître et se coucha.

«Un peu plus... dit l'homme aux poules.

—Vous m'en voyez tout ce qu'il y a de surpris! dit l'homme au renard. Petit gosse, veux-tu faire des excuses à monsieur, tout de suite? Qu'est-ce que c'est, donc?...»

L'homme aux poules regarda son ami dans les yeux et il y lut son secret, sa vilaine pensée informe et pâle... Il toussa, étouffé d'un sang brusque et coléreux, et faillit sauter° sur l'homme au renard, qui se disait au même instant: «Je l'assomme, lui et sa basse-cour...» Ils firent tous deux le même effort pour rentrer dans la vie ordinaire, baissèrent la tête et s'écartèrent l'un de l'autre, à jamais, avec leur prudence de braves gens qui venaient de passer à deux doigts d'être des assassins. ■

glissement: *sliding*
brin d'herbe: *blade of grass*
étincelants: *glittering*
gardon: *type of fish*
manchot: *I'm good with my hands*
moulinet: *twirl*
détente: *sharp stroke*
faillit sauter: *almost jumped*

Analyse

1 EXPANSION Ask students to come up with additional statements and have them say where they would fit within the activity. Ex: **Le coq avertit la poule de la présence du renard. (entre f et b)**

1 Résumé en désordre Numérotez les phrases pour les remettre dans le bon ordre.

_6_ a. Le renard libéré s'élance vers la poule.
_3_ b. L'homme au renard et l'homme aux poules deviennent amis.
_8_ c. Les deux hommes ont envie de s'attaquer l'un à l'autre.
_7_ d. L'homme aux poules arrête le renard dans son élan.
_5_ e. L'homme au renard lâche la chaîne pour montrer comment il pêche à la ligne.
_2_ f. La narratrice voit un homme sortir un coq et une poule d'un sac.
_4_ g. L'homme au renard a une mauvaise pensée pour aider sa bête.
_1_ h. La narratrice rencontre un homme qui promène un renard au bout d'une chaîne.

2 Associations Choisissez le personnage ou l'animal qui correspond à chaque description.

1. ________________ se roule dans la poussière.
   a. Le renard b. (La poule)
2. ________________ est un fauve au corps serpentin.
   a. (Le renard) b. Le coq
3. ________________ fait des moulinets avec ses bras.
   a. (L'homme au renard) b. L'homme aux poules
4. ________________ n'a plus envie de manger.
   a. Le coq b. (Le renard)
5. ________________ sont mis en confiance par des voix amies.
   a. Les deux hommes b. (La poule et le coq)
6. ________________ s'avance vers la poule.
   a. (Le renard) b. Le coq
7. ________________ avertit la poule du danger.
   a. (Le coq) b. Le renard
8. ________________ ont failli devenir des assassins.
   a. (Les deux hommes) b. La poule et le coq

3 EXPANSION Have students find a line from the text that supports or contradicts each statement. Ask why they think Colette includes the detail that the fox may have been the man's **"compagnon de tranchées"**. How does this relate to the theme of wild animals (and humans) being unable to suppress their **"instincts sauvages"**? Point out that the story was originally published in 1924, only six years after the end of World War I.

3 Vrai ou faux? Indiquez si les phrases suivantes sont vraies ou fausses et corrigez les fausses.

1. D'après la narratrice, l'homme au renard était peut-être soldat pendant la guerre. Vrai.
2. La narratrice promenait sa tortue quand elle a vu l'homme aux poules pour la première fois. Faux. Elle promenait ses chiennes.
3. L'homme aux poules habite avec ses bêtes en appartement. Vrai.
4. L'homme au renard a mis un collier autour du cou de sa bête. Vrai.
5. Le renard grossit après sa première rencontre avec les poules. Faux. Il maigrit.
6. Le coq se précipite pour attaquer le renard. Faux. Le renard s'élance vers la poule.
7. L'homme aux poules ne se rend pas compte que l'homme au renard a fait exprès de lâcher la chaîne du renard. Faux. Il s'en rend compte et ça le rend furieux.
8. À la fin, les deux hommes décident de ne plus jamais se revoir. Vrai.

 Practice more at **vhlcentral.com.**

4 **Pas naturel?** Avec un(e) partenaire, identifiez au moins trois situations dans l'histoire de Colette qui montrent une relation typique entre les êtres humains et les animaux et trois situations qui montrent une relation inhabituelle.

Modèle —Laisser des poules picorer du grain, ça, c'est quelque chose de typique.
—Oui, mais emmener des poules dans un parc public, ça, c'est quelque chose d'inhabituel.

5 **Le plaisir de Tantale** Dans la mythologie grecque, Tantale est condamné à passer l'éternité au milieu d'un fleuve qui s'assèche à chaque fois qu'il veut s'abreuver et sous des arbres fruitiers dont les branches s'écartent quand il veut cueillir un fruit. Par groupes de trois, discutez des similarités entre la situation du renard et celle de Tantale. Citez des phrases du texte qui illustrent ces similarités. Quelle est la tentation qui tourmente le renard? Qu'est-ce qui l'empêche de se comporter comme il en a envie?

6 **Sketch** Imaginez que vous travaillez pour la SPA (Société protectrice des animaux) et que vous et votre partenaire êtes témoins de la scène décrite dans le texte de Colette. Écrivez une conversation entre vous et les deux hommes qui promènent leurs animaux dans le parc. Que leur expliquez-vous? Que leur proposez-vous?

7 **Deux histoires de renard** Avec un(e) partenaire, comparez la relation entre le renard et son propriétaire dans le récit de Colette à celle qui se développe entre le petit prince et son renard dans l'extrait du *Petit Prince* de Saint-Exupéry que vous avez lu dans la Leçon 1. En quoi est-ce que ces deux relations se ressemblent? En quoi sont-elles différentes? D'après vous, qu'est-ce que chaque auteur esssaie de communiquer au lecteur à propos de la nature humaine et de la nature des animaux? Donnez des exemples précis de chaque texte pour soutenir vos opinions. Soyez prêt(e)s à partager vos idées avec la classe.

8 **Composition** Écrivez une rédaction sur le thème suivant: Est-il éthique de garder des animaux en captivité? Considérez les questions suivantes et soutenez vos arguments avec des exemples tirés du récit de Colette, de vos propres expériences et d'événements historiques ou actuels.

- Est-il parfois acceptable de prendre un animal sauvage comme animal de compagnie? Si oui, dans quelles circonstances?
- Est-il cruel de mettre les animaux sauvages dans des zoos? Pourquoi ou pourquoi pas?
- Est-il acceptable d'élever en captivité des animaux qui sont menacés d'extinction? Pourquoi ou pourquoi pas?
- Est-il éthique d'élever des animaux uniquement pour le bénéfice des humains (comme source de nourriture, par exemple)? Pourquoi ou pourquoi pas?

Practice more at **vhlcentral.com.**

6 EXPANSION Have pairs act out their dialogues for the class.

7 EXPANSION Have students work in small groups to brainstorm other examples of literary works or films that involve humans keeping wild animals as pets. Students should be prepared to identify each book or film and summarize it for the class.

8 PRESENTATION In 2011, a French family that had been raising a rescued fox cub as a pet was fined for **"détention sans autorisation d'un animal non domestique"** and directed to place the animal in a wildlife park. You may want to have students research the story of **"Zouzou le renard"** and discuss it in class, or in their essays.

Préparation

Vocabulary Tools

PRESENTATION Ask students how they would feel if they had to wear a mask constantly. Ask if they can think of situations today where people wear a gas mask over their face to protect themselves.

PRACTICE Read each definition aloud and have students supply the answer from the new vocabulary.
1. C'est un objet qu'on utilise pour respirer. (masque à gaz)
2. C'est un vêtement que porte un ouvrier. (salopette)
3. C'est un objet qu'on porte pour se protéger la tête. (casque)
4. C'est ce qu'on fait quand une idée nous fait peur. (frémir)
5. C'est un élément qui pollue l'atmosphère. (fumée)
6. C'est un insecte qui a de jolies couleurs. (papillon)

1 PRESENTATION Ask students to think of places in the world where deforestation has resulted in disastrous consequences. Ask them to describe the environmental and economic costs of felling trees.

1 EXPANSION Ask students to pick one characteristic from either environment that would scare them the most. Have them justify their answers.

2 EXPANSION Ask students to explain what constitutes irony in this **bande dessinée.**

2 EXPANSION Ask students to imagine the questions that the coworker asks about the dream and what might have caused it.

À propos de l'auteur

David Ratte est né en 1970 à Besançon et vit aujourd'hui dans le sud de la France. Il a d'abord travaillé dans la métallurgie avant de se lancer dans la bande dessinée. Il est l'auteur des bandes dessinées *Toxic Planet* et *Le Voyage des Pères*. Le premier volume de *Toxic Planet* porte le titre ironique de «Milieu naturel». Tous les personnages portent un masque à gaz car ils vivent dans un milieu pollué comme si c'était un état naturel. Cette série traite avec humour de problèmes écologiques, du nucléaire et de la pollution. Ratte, dont le but est de montrer les réactions humaines aux problèmes quotidiens, réalise lui-même le scénario et les dessins de ses bandes dessinées.

Vocabulaire de la bande dessinée

un cauchemar *nightmare*
en sueur *sweating*
frémir *to shudder*
on a beau dire tout ce qu'on voudra *no matter what anyone says*
quand même *still*
le secours *help, aid*

Vocabulaire utile

agenouillé(e) *kneeling*
un casque *helmet*
la fumée *smoke*
un masque à gaz *gas mask*
nocif/nocive *harmful*
un(e) ouvrier/ouvrière *factory worker*
un papillon *butterfly*
respirer *to breathe*
une salopette *overalls*
verdoyant(e) *lush*

1 **La pollution** Répondez aux questions.

1. Qu'est-ce qui pollue l'atmosphère? Donnez des exemples.
2. Quel objet les êtres humains utiliseraient-ils s'il n'y avait plus d'oxygène sur terre?
3. Que faut-il faire pour protéger les ressources naturelles?
4. Quelles sont les conséquences de la déforestation?
5. Quels sont les effets nocifs de la pollution sur la santé des humains et des animaux?

Analyse

1 **Le cauchemar** Le jeune ouvrier se retrouve seul dans un milieu qu'il ne connaît pas. À deux, préparez deux listes: une de ce qui lui est naturel et une autre de ce qui lui est inconnu. Ensuite, comparez vos listes avec celles d'un autre groupe.

2 **Rédaction** Rédigez l'e-mail que le jeune ouvrier écrit sur son cauchemar à un collègue différent. Montrez bien ce qui a fait peur au jeune homme. Suivez ces instructions.

- **Introduction** — Le jeune homme explique à son collègue qu'il a fait un rêve étrange.
- **Développement** — Il décrit le milieu où il se trouvait dans le cauchemar, la faune qu'il a vue. Il explique pourquoi il en a eu peur et ce qui le soulage (*relieves*).
- **Conclusion** — Expliquez pourquoi il préfère l'usine à la nature.

Practice more at **vhlcentral.com.**

TOXIC PLANET

de David Ratte

MAUVAISE NUIT

J'AI FAIT UN DE CES CAUCHEMARS CETTE NUIT...

J'EN FRÉMIS ENCORE.

OHÉ !

Y'A...

Y'A QUELQU'UN ?

TCHIP TCHIP

AAAAH!!

AU SECOURS !

JE ME SUIS RÉVEILLÉ TREMBLANT ET EN SUEUR.

TU VOIS, ON A BEAU DIRE TOUT CE QU'ON VOUDRA...

C'EST LÀ QU'ON SE REND COMPTE QU'ON EST QUAND MÊME MIEUX ICI ...

DANS NOTRE MILIEU NATUREL

Extrait de la bande dessinée *Toxic Planet* 1, de David Ratte © 2007, Éditions Paquet, www.paquet.li

Une brochure engagée

PRESENTATION To help them gather ideas for their brochures, have students visit the websites of environmental groups. They should research what kind of information the sites offer and how they are designed. Ex: **www.wwf.fr; www.amisdelaterre.org; www.fne.asso.fr; www.snpn.com.**

PRESENTATION Tell students about Nicolas Hulot, a famous French journalist and ecologist who founded the **Fondation Nicolas Hulot pour la Nature et l'Homme**. He is also famous for his TV show *Ushuaïa*, which reports on environmental issues. In 2007, during the French presidential campaign, Hulot prepared a **pacte écologique**, in which he declared that ecological problems must play a key role in all political decisions. Hulot is also the author of numerous books on ecology and conservation.

TIP Bring in examples of various graphic organizers, charts, and diagrams from which students can choose. Have them select the format most appropriate for their purposes.

TIP Assign this activity as homework.

Vous allez créer une brochure sur un problème de l'environnement qui vous paraît particulièrement grave. Votre but sera de convaincre vos lecteurs de changer leur comportement quotidien pour contribuer à la solution du problème.

Plan de rédaction

En vous inspirant de brochures ou de sites Internet créés par diverses organisations pour la protection de l'environnement, vous allez préparer une brochure sur un problème de l'environnement qui vous tient particulièrement à cœur.

Planifiez et préparez-vous à écrire

1 **Stratégie: Utiliser des graphiques pour organiser ses idées** Commencez par réfléchir au sujet que vous avez choisi et à l'aide de graphiques, notez toutes les idées qui vous viennent à l'esprit. Pour l'instant, il n'est pas nécessaire de les organiser de façon logique.

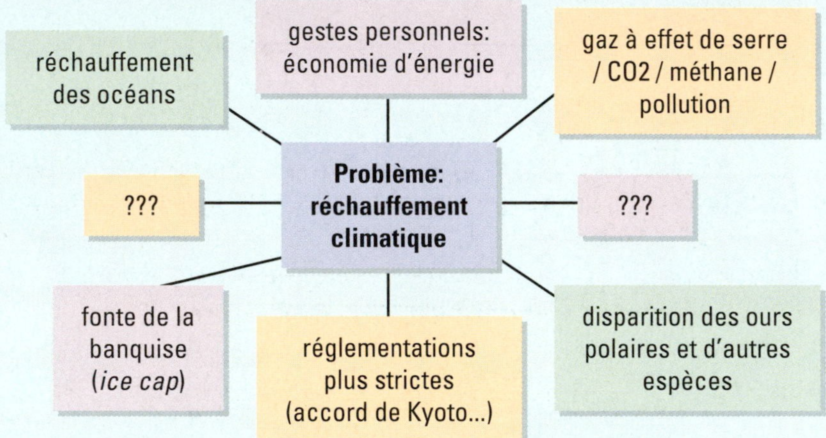

2 **Stratégie: Faire des recherches et examiner un problème** Prenez vos diagrammes comme points de départ pour commencer des recherches sur votre sujet. Utilisez les ressources de votre bibliothèque ou sur Internet. Prenez en note les informations particulièrement utiles.

3 **Stratégie: Interviewer un(e) expert(e) sur votre sujet** D'après les résultats de vos recherches initiales, préparez une liste de points que vous aimeriez approfondir. Essayez de trouver un(e) expert(e) sur le sujet que vous avez choisi:

- un(e) camarade qui fait du volontariat pour cette cause
- un professeur qui s'intéresse au sujet
- une personne de votre communauté

Vous pouvez aussi faire une autre recherche sur Internet pour trouver une interview d'une personne qui s'est engagée pour cette cause.

4 **Stratégie: Expliquer les rapports de cause à effet** Organisez dans un tableau toutes les informations que vous avez trouvées. Utilisez vos notes. Dans la première colonne, notez les causes du problème et dans la deuxième, les effets. Ajoutez une troisième colonne où vous suggérez des solutions.

Causes	Effets	Solutions possibles
élevage	émission de méthane	• réglementations plus strictes • ne plus manger de viande
transports	émission de CO2	• utiliser les transports en commun • marcher • se déplacer à vélo
d'autres causes...	d'autres effets...	• d'autres solutions...

PRESENTATION This type of chart is particularly effective for organizing thoughts and arguments for a persuasive brochure or essay.

Écrivez

5 **Votre brochure** Utilisez les informations du tableau pour préparer une brochure engagée. N'oubliez pas que le but est de convaincre vos lecteurs de la gravité du problème et de les inciter à changer leur comportement.

Ajoutez des photos, des illustrations ou d'autres éléments visuels pour rendre votre brochure plus intéressante. Employez le présent et le passé du subjonctif et la voix passive.

Rien n'a été fait jusqu'à présent.

Il est triste que nous n'ayons pas fait plus attention à notre consommation d'énergie.

TIP Encourage students to not only add images and other visuals but also to include specific examples to illustrate their position and prove their point.

Révisez et lisez

6 **Révision** Demandez à un(e) caramade de lire votre brochure et de vous faire des suggestions pour l'améliorer. Révisez-la en incorporant ses suggestions et en faisant attention à ces éléments.

- Votre brochure explique-t-elle le problème de façon claire?
- Présente-t-elle des exemples concrets?
- Propose-t-elle des solutions?
- Est-elle convaincante?
- La grammaire et l'orthographe sont-elles correctes? Vérifiez bien l'emploi et les formes du subjonctif et de la voix passive.

7 **Lecture** Passez la version finale de votre brochure à vos camarades de classe. Ils/Elles vous diront si vous les avez convaincu(e)s de s'engager pour votre cause.

EXPANSION Organize an Earth Day event in your classroom where students set up booths and display their brochures. Invite other French classes to the event.

La nature et l'environnement

PRESENTATION Tell students that this phenomenon is known as **rurbanisation** or **néoruralité**. Ask them why they think so many French citizens are moving to the country. Ex: **moins de bruit, de criminalité, de pollution, de stress.** Then ask them what might make life in the country more appealing nowadays. Ex: **des transports en commun développés, de meilleures routes, de plus amples services, la possibilité du télétravail.**

EXPANSION Ask students: **Où habitez-vous actuellement, en ville ou à la campagne? Aimez-vous l'endroit où vous habitez? Où préféreriez-vous vivre? Pourquoi?** Then take a poll to see how many students prefer to live in the country and how many in the city, and ask them to explain their preferences.

PRESENTATION Rather than having students read the fable, play a recording of it. You can find many recordings of La Fontaine fables on the Internet.

TIP Remind students that they do not need to understand every word in the fable; it is meant as a springboard for conversation. Ask a few comprehension questions to make sure they have understood the main points. Ex: **Qui sont les personnages de cette fable? Où sont-ils? Que font-ils? Quel est le problème? Pourquoi le Rat des champs préfère-t-il inviter son ami chez lui la prochaine fois?** Then have students summarize the fable in their own words.

PRESENTATION Tell students that Jean de La Fontaine (1621–1695) was a French poet whose fables are known all over the world. His masterpiece is his collection of *Fables choisies, mises en vers,* which consists of about 230 fables drawn largely from Aesop's. They feature animals that behave like humans, each fable commenting on human behavior.

En France, ce sont les communes rurales qui voient la plus grande croissance démographique. Entre 1999 et 2004, plus de 2 millions de personnes ont quitté les villes pour s'installer à la campagne (Gérard Mermet, *Francoscopie 2007*).

Le poète Jean de La Fontaine abordait déjà au XVIIe siècle le thème des différences entre la ville et la campagne. Lisez cette fable.

Le Rat de ville et le Rat des champs

Autrefois le Rat de ville
Invita le Rat des champs,
D'une façon fort civile,
À des reliefs d'Ortolans°.
Sur un Tapis de Turquie
Le couvert° se trouva mis.
Je laisse à penser la vie
Que firent ces deux amis.
Le régal° fut fort honnête,
Rien ne manquait au festin;
Mais quelqu'un troubla la fête
Pendant qu'ils étaient en train.
À la porte de la salle
Ils entendirent du bruit:
Le Rat de ville détale°;
Son camarade le suit.
Le bruit cesse, on se retire:
Rats en campagne aussitôt;
Et le citadin de dire:
Achevons tout notre rôt°.
—C'est assez, dit le rustique;
Demain vous viendrez chez moi:
Ce n'est pas que je me pique°
De tous vos festins de Roi;
Mais rien ne vient m'interrompre:
Je mange tout à loisir.
Adieu donc; fi du° plaisir
Que la crainte peut corrompre.

Jean de La Fontaine

Ortolans°: gourmet leftovers; couvert°: place setting; régal°: feast; détale°: dashes off; rôt°: roast; me pique°: I'm offended; fi du°: I don't care for

1 Vous allez travailler avec un(e) partenaire. L'un(e) de vous sera le Rat de ville et l'autre le Rat des champs. Le Rat de ville devra essayer de convaincre son ami(e) de venir habiter à la ville et vice versa.

2 Chaque étudiant(e) va commencer par faire deux listes.

- Le Rat de ville va préparer une liste des avantages de la ville et une liste des inconvénients de la campagne.
- Le Rat des champs va préparer une liste des avantages de la campagne et une liste des inconvénients de la ville.

Chaque étudiant(e) va utiliser un tableau à deux colonnes pour organiser ses idées.

Rat de ville	
Avantages de la ville	**Inconvénients de la campagne**
• proximité des services (hôpitaux, pompiers, etc.)	• ennuyeux
• plus de magasins	• loin des activités culturelles
• d'autres avantages	• d'autres inconvénients

Rat des champs	
Avantages de la campagne	**Inconvénients de la ville**
• proche de la nature	• trop de bruit
• pas de pollution	• dangereux
• d'autres avantages	• d'autres inconvénients

3 Travaillez à deux et commencez votre discussion. Utilisez les arguments de vos tableaux pour, à tour de rôle, convaincre votre partenaire que la vie à la campagne ou à la ville est plus désirable. Employez le subjonctif et la voix passive dans votre conversation.

Il faut absolument que tu viennes vivre à la campagne parce que...

À la ville, on est dérangé trop souvent par...

Moi, j'ai peur qu'à la ville, il y ait...

Il n'y a personne à la campagne qui puisse...

4 À la fin de la discussion, faites le point: Est-ce que votre partenaire a réussi à vous convaincre? Pourquoi?

La ville

La campagne

TIP Try to pair up students according to their true preferences, based on the poll you took at the beginning of this **Conversation** strand.

TIP If students are having difficulty coming up with ideas for their tables, remind them of the topics and reasons discussed on the previous page.

PRESENTATION Tell students that they should not be reading from their tables. Instead, they should engage in a lively conversation with their partners. This is a good opportunity to practice real life communication skills such as interrupting and reacting, asking for clarification, and agreeing and disagreeing. Encourage students to add examples and personal anecdotes.

TIP Give pairs 15 minutes for their discussions. Circulate around the classroom to make sure the conversations stay focused on the topic.

TIP Continue circulating around the classroom and jump into the various conversations. Ask follow-up questions. Ex: **Quels sont les arguments de votre partenaire qui vous ont convaincu(e)?**

EXPANSION Wrap up this activity by taking a class poll to see how many "city rats" versus "country rats" have changed their minds. Ask volunteers to explain their reasons. Then, as a class, compare the class results with the French trends mentioned in the introduction.

LEÇON

6

La société

Une société est une communauté d'hommes et de femmes réunis sous le même gouvernement et partageant des lois communes. À travers les civilisations, on a vu se développer différents types de régimes politiques. Ils déterminent souvent les facteurs qui définissent notre qualité de vie et nos horizons.

1. **Quel est le droit le plus important que vous avez, en tant que citoyen(ne)?**
2. **Comment pouvons-nous assurer la justice et l'égalité de nos sociétés?**
3. **Votez-vous quand il y a des élections?**

190

PREVIEW Continue class discussion by asking these questions:
1. Notre société est-elle juste? Pourquoi? Donnez des exemples de justice et d'injustice.
2. Y a-t-il des groupes de personnes pour qui la vie est moins juste? Lesquels? Justifiez votre réponse.
3. Êtes-vous parfois la victime d'une injustice sociale? Connaissez-vous personnellement quelqu'un qui le soit? Expliquez.

172

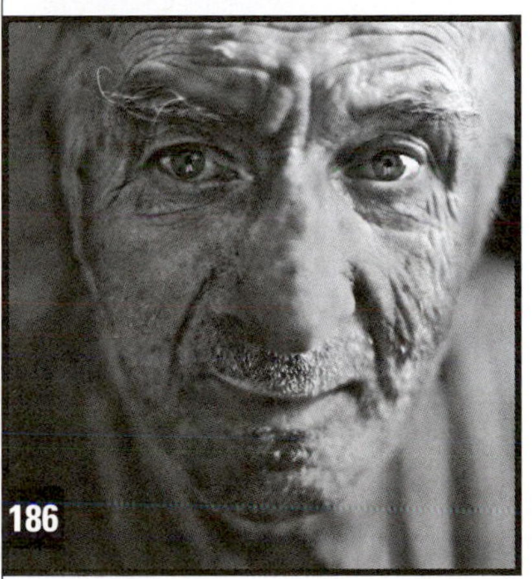
186

Préparation

PRESENTATION After going over the **Vocabulaire utile** expressions, ask students what they think some of the themes of the **Court métrage** will be (music, failure, deception). Have them brainstorm additional vocabulary they already know that relates to these themes.

PRESENTATION Point out that the expression **Je m'en fous!** is very colloquial, and may be replaced with the milder **Je m'en fiche!**

PRACTICE Read these words and expressions aloud and ask students to provide an equivalent from the new vocabulary.
1. ne pas réussir (échouer)
2. très surpris(e) (choqué(e))
3. tromper (duper/arnaquer)
4. une fraude (un imposteur/ une supercherie)
5. licencier (virer)
6. aveugle (non-voyant(e))

Vocabulaire du court métrage

l'accordeur (m.) *tuner (of an instrument)*
l'agenda (m.) *appointment book*
arnaquer *to cheat*
aveugle *blind*
le carnet de commandes *order list*
le concours *competition*
échouer *to fail*
écœurant *nauseating*
les lentilles (f.) de contact *contact lenses*
non-voyant(e) *visually impaired*
prévenir *to warn*
un prodige *prodigy*
répéter *to rehearse*
virer *to fire*

Vocabulaire utile

la canne blanche *white cane*
choqué(e) *shocked*
duper *to fool*
le gérant *manager*
l'imposteur (m.) *impostor; fraud*
l'orgueil (m.) *pride*
porter plainte *to make a complaint*
se laisser aller *to let (oneself) go*
la supercherie *deception; trickery*

EXPRESSIONS

Ça t'étonne? *Are you surprised?*
de justesse *just barely*
Je m'en fous! (fam.) *I don't care!*
Je tiens à payer. *I insist on paying.*
pris(e) à son propre piège *caught in one's own trap*
se produire en public *to perform for an audience*
Vous pouvez facturer la visite. *You can charge for the visit.*

1 EXPANSION Ask students to explain why each word or expression does or does not belong. Ex: **1. Les mots «accordeur» et «pianiste» ont tous les deux un rapport avec la musique.**

1 Chassez l'intrus Entourez le mot qui ne convient pas dans la liste.

1. un accordeur	un pianiste	(un imposteur)
2. l'aveugle	(l'orgueil)	le non-voyant
3. (virer)	arnaquer	duper
4. l'imposteur	la supercherie	(le prodige)
5. (porter plainte)	un concours	échouer
6. un carnet de commandes	(des lentilles de contact)	un agenda

2 EXPANSION Ask students to create additional fill-in-the blank sentences using other vocabulary words or expressions. Have pairs exchange their sentences and supply the missing words or expressions.

2 À compléter Complétez chaque phrase avec la forme correcte d'un mot ou d'une expression du vocabulaire qui convient.

1. Je n'ai pas reçu de prix puisque j'ai __échoué__ au concours.
2. Cet __imposteur__ nous a arnaqués!
3. J'ai essayé de vous __prévenir__ qu'il allait vous duper.
4. Au lieu de lunettes, elle préfère porter des __lentilles de contact__.
5. Depuis que son patron l'a __viré__, il n'a pas réussi à trouver un nouvel emploi.
6. J'ai rendez-vous chez le médecin demain; c'est noté dans mon __agenda__.
7. Ce piano sonne faux. Il faudrait trouver un bon __accordeur__.
8. Nous avons __répété__ pendant des semaines avant de nous produire en concert.

3  **Questions personnelles** Répondez aux questions.

1. Comment vous sentez-vous le jour avant un examen ou un concours? Comment réagissez-vous si vous échouez? Préférez-vous être seul(e) ou bien recherchez-vous la compagnie d'un(e) proche?
2. Avez-vous déjà menti pour obtenir la pitié des autres? Qu'avez-vous fait ou dit? Est-ce qu'on a cru à votre mensonge? A-t-il été découvert? Si oui, comment?
3. Est-ce que quelqu'un a déjà essayé de vous arnaquer? Qu'est-ce qu'il ou elle a fait et comment avez-vous réagi? Est-ce que la supercherie a réussi ou est-ce que vous vous êtes rendu compte qu'on voulait vous duper?
4. Aimeriez-vous porter des lentilles de contact pour changer la couleur de vos yeux? Pourquoi ou pourquoi pas?

3 EXPANSION Ask students to write a paragraph about a time when they told a lie or were lied to, and what happened as a result. Have pairs exchange their paragraphs for peer editing.

4 **Citations du film** Avec un(e) partenaire, lisez ces trois citations tirées du court métrage *L'Accordeur* et donnez-en votre interprétation. Aidez-vous des photos ci-dessous. Ensuite, présentez vos idées à la classe.

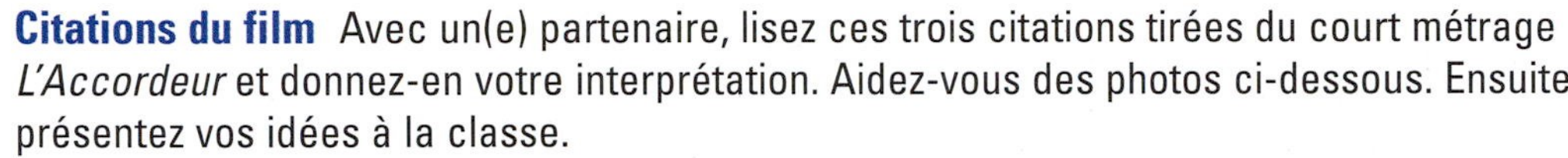

«Il m'arrive rarement de me produire en public. Il faut vraiment un événement ou une audience exceptionnel.»

«On vit vraiment dans une société de voyeurs et d'exhibitionnistes.»

«Les gens s'imaginent que la perte de quelque chose nous rend plus sensibles.»

4 EXPANSION Point out that the first quotation uses the masculine singular form of the adjective **exceptionnel** because it refers to *either* **un événement** or **une audience**.

5  **Anticipation** Avec un(e) partenaire, observez ces images du court métrage et répondez aux questions.

A

B

Image A

- Décrivez ce que vous voyez sur la photo. D'après vous, où se passe l'action? Que va faire le jeune homme?

Image B

- Où se trouve ce jeune homme? Quel objet tient-il à la main? Est-il non-voyant? Comment le savez-vous?

5 EXPANSION Have students speculate about the connection between the two photos. After they have watched the short film, ask them to reconsider their answers to this activity's questions.

Practice more at **vhlcentral.com.**

24 25 **FILMS** PRÉSENTE

GRÉGORY **GADEBOIS**

GRÉGOIRE **LEPRINCE-RINGUET**

DANIÈLE **LEBRUN**

L'ACCORDEUR

UN FILM DE **OLIVIER TREINER**

FICHE **Personnages** l'accordeur, Simon, la cliente **Durée** 13 minutes **Pays** France **Année** 2010

SCÈNES

Video

L'accordeur L'an dernier, j'étais considéré comme un prodige, et je me croyais promis à un brillant avenir. Tous mes efforts tendaient vers l'accomplissement auquel je me préparais depuis 15 ans: le concours Bernstein.

L'accordeur J'ai échoué. Et brutalement, ce jour-là, tout s'est écroulé[1]. On se retrouve seul, hanté[2] par le spectre de la défaite. Le trou noir. J'ai survécu de justesse. Je suis devenu accordeur de pianos.

Simon Ce que je veux savoir, c'est comment ton carnet de commandes a pu doubler depuis le mois dernier.
L'accordeur Tes clients doivent apprécier mon travail. Ça t'étonne?
Simon Un peu.
L'accordeur Quelqu'un s'est plaint?
Simon Pas encore.

L'accordeur J'ai décidé de devenir aveugle.
Simon C'est quoi, ça?
L'accordeur Des lentilles de contact. J'ai un accordage cet après-midi chez un nouveau client.

L'accordeur Je suis non-voyant, j'ai eu des difficultés pour parvenir jusque chez vous. Ni vous ni votre mari n'avez décommandé la visite. Je trouve choquant que vous ne preniez pas la peine d'ouvrir la porte pour vous expliquer.

L'accordeur Je suis aveugle. Je ne peux pas savoir ce qui se trame[3] dans mon dos. Et puisque je ne le sais pas, je dois me détendre. Je dois continuer à jouer.

[1] *fell apart* [2] *haunted* [3] *what's happening*

Note CULTURELLE

Les salons de thé, dans lesquels on peut déguster sur place du thé ou du café ainsi que des pâtisseries et des gâteaux, constituent une institution parisienne qui date du dix-septième siècle. Parmi les salons de thé les plus connus à Paris, on trouve Ladurée, établi en 1871 et renommé mondialement pour ses macarons, et Angelina, créé en 1903, apprécié pour ses pâtisseries et son ambiance élégante.

EXPANSION Ask students to come up with additional statements and have them say where they would fit within the activity.
Ex: **L'accordeur raconte à Simon l'histoire de l'empereur Shâh Jâhân. (entre a et f)**

À L'ÉCRAN

Le bon ordre Numérotez ces événements dans l'ordre chronologique d'après le court métrage.

3 a. Simon demande à l'accordeur comment son carnet de commandes a pu doubler en un seul mois.
5 b. L'accordeur arrive chez une nouvelle cliente qui semble ne pas vouloir le laisser entrer.
1 c. Le jeune homme échoue au concours Bernstein.
6 d. La cliente se rend compte que l'accordeur n'est pas aveugle.
2 e. Le jeune homme commence à se faire passer pour un accordeur aveugle.
4 f. Le jeune homme propose à une femme âgée de l'aider à traverser la rue.

Analyse

1 EXPANSION Have students come up with at least one additional description that applies to each person listed. Ex: **L'empereur Shâh Jâhân a fait construire le Taj Mahal.** You may also want to add additional people, such as **l'architecte** or **la jeune danseuse**.

1 Correspondances Faites correspondre les phrases avec les personnages.

e 1. L'accordeur...
c 2. La femme dans la rue...
b 3. Simon...
a 4. L'empereur Shâh Jâhân...
g 5. Le serveur...
d 6. La dernière cliente...
f 7. La jeune femme...
h 8. L'architecte...

a. ...a voulu que son architecte souffre comme lui de la perte de sa femme.
b. ...a peur qu'on l'accuse de complicité de fraude.
c. ...est étonnée qu'un non-voyant lui propose de l'aider à traverser.
d. ...ne s'attendait pas à la visite de l'accordeur.
e. ...porte des lentilles de contact pour paraître aveugle.
f. ...danse pendant que l'accordeur joue du piano.
g. ...essaie d'arnaquer l'accordeur non-voyant.
h. ...a dit qu'il aimait sa femme plus que tout.

2 EXPANSION Have students work in pairs to correct the false statements. Sample answers: **2. L'accordeur est un imposteur qui se fait passer pour un aveugle. 5. L'accordeur se rend compte que le serveur l'arnaque et il lui dit qu'il va porter plainte. 6. Les clients sont à l'aise avec l'accordeur parce qu'ils pensent qu'il ne voit pas ce qu'ils font. 7. La dernière cliente propose à l'accordeur de facturer la visite s'il le veut.**

2 Vrai ou faux? Indiquez si ces phrases sont vraies ou fausses, d'après le court métrage. Corrigez les phrases fausses.

	Vrai	Faux
1. Le jeune pianiste est hanté par son échec au concours Bernstein.	✓	
2. L'accordeur est un personnage honnête.		✓
3. Simon reproche à l'accordeur de manger beaucoup de sucre.	✓	
4. L'accordeur raconte à Simon une histoire qui concerne la construction du Taj Mahal.	✓	
5. L'accordeur ne se rend pas compte que le serveur l'arnaque.	✓	
6. Les clients se méfient de l'accordeur aveugle.		✓
7. La dernière cliente essaie d'éviter de payer l'accordeur.		✓
8. L'agenda de l'accordeur est la preuve qu'il est un imposteur.	✓	

3 PRESENTATION Have students discuss what motivates the **accordeur** to adopt a fabricated identity. How is his decision to feign blindness different from or similar to Vincent's decision to create an "enhanced" version of himself in the film *Reality+*?

3 EXPANSION Have pairs come up with additional questions. Have them take turns supplying the correct answers.

3 Questions Répondez aux questions par des phrases complètes et détaillées.

Answers may vary. Suggested answers.

1. Que faisait le jeune homme avant de devenir accordeur? Qu'est-ce qui lui est arrivé? C'était un jeune pianiste qui a échoué au concours Bernstein. Il est hanté par sa défaite et il a perdu le goût de jouer du piano.
2. Que fait-il pour reprendre goût à la musique? Comment justifie-t-il cette décision? Il décide de se faire passer pour un aveugle. C'est un moyen de cacher son échec et de gagner la confiance des gens qu'il rencontre.
3. Qui est Simon? Pourquoi est-il en colère? Simon est le patron de l'accordeur. Il est en colère parce qu'il a peur d'être accusé de complicité de fraude.
4. D'après l'accordeur, pourquoi l'empereur moghol a-t-il fait exécuter la femme de son architecte? Il voulait que celui-ci ressente la même douleur que lui. Il pensait que l'architecte pourrait alors construire un palais à la hauteur de sa souffrance.
5. Pourquoi les clients se sentent-ils à l'aise avec l'accordeur? Ils se sentent à l'aise avec lui parce qu'ils croient qu'il ne les voit pas.
6. Que fait l'accordeur pour prouver à Simon que tout le monde croit à son imposture? Il rappelle le serveur qui ne lui a pas rendu la monnaie exacte. Quand l'accordeur dit qu'il veut parler au gérant, le serveur lui propose de ne pas payer l'addition.
7. Pourquoi la dernière cliente refuse-t-elle d'ouvrir sa porte? Elle refuse d'ouvrir sa porte de peur qu'on ne voie ce qui est arrivé à son mari.
8. Comment l'accordeur est-il finalement pris au piège de son imposture? Quand sa dernière cliente le laisse finalement entrer, il glisse sur une mare de sang répandue sur le sol. La femme prend ses vêtements pour les laver et découvre son agenda dans une poche. C'est la preuve qu'il n'est pas aveugle.

4 **Dialogues** Choisissez une des situations suivantes et avec un(e) partenaire, préparez un dialogue entre les personnages indiqués. Puis, présentez votre dialogue à la classe en jouant les rôles des deux personnages.

1. Imaginez la dispute entre la vieille dame et son mari qui a précédé l'arrivée de l'accordeur. Qu'est-ce qui a poussé la femme à commettre son crime?
2. Avant que l'accordeur n'entre dans l'appartement de sa dernière cliente, on voit ouvrir la porte du logement d'en face. La dame qui en sort fixe sa voisine d'un œil méfiant. Imaginez qu'ayant vu et entendu des activités suspectes, elle décide d'appeler la police. Que va-t-elle dire à l'agent de police à propos de ses voisins et du jeune homme qu'elle a vu dans le couloir? Quelles questions l'agent va-t-il lui poser?
3. Imaginez que l'accordeur, tout en jouant du piano pour la vieille dame, formule un plan pour échapper à la mort. Comment va-t-il convaincre la dame de le laisser en vie?

4 PRESENTATION Encourage students to use the vocabulary they learned on the **Préparation** page in their dialogues.

5 **Proverbes et citations** Par groupes de trois, lisez les citations suivantes et discutez de leur sens et de leur rapport au court métrage. Donnez des exemples précis pour illustrer en quoi les événements du film soutiennent ou contredisent les sentiments exprimés par chaque citation.

«La fin justifie les moyens.»

«L'arrogance précède la ruine et l'orgueil précède la chute.»

«Les yeux sont le miroir de l'âme.»

5 PRESENTATION Tell students that the first quotation is from Machiavelli, the second is from the Old Testament (Proverbs, 16:18), and the third is a saying attributed to Leonardo da Vinci.

5 EXPANSION With regards to the third quotation, ask students to consider the significance of the fact that the **accordeur** hides his eyes behind contact lenses or dark glasses.

6 **Les mensonges** L'accordeur semble penser que sa décision de se présenter en tant qu'aveugle ne fait de mal à personne. Êtes-vous d'accord avec son raisonnement? Pourquoi ou pourquoi pas? Existe-t-il parfois des circonstances dans la vie où les mensonges sont justifiés? Lesquelles? Connaissez-vous des exemples célèbres de gens qui ont menti au public? Quelles ont été les conséquences de leur supercherie?

6 PRESENTATION You may want to use these questions as the basis for a class discussion. Encourage students to support their opinions with examples from their own lives and from current events, as well as from the film.

7  **Critique cinématographique** Écrivez une critique du court métrage *L'Accordeur*. Considérez ces éléments: le sujet du film, l'importance des différentes scènes, les événements que le réalisateur ne montre pas à l'écran, les actions des différents personnages, la manière de filmer du réalisateur, la musique, etc. Organisez votre critique ainsi:

- Commencez par une introduction dans laquelle vous donnez le titre du film, le nom de son réalisateur, de ses acteurs et ses thèmes principaux.
- Résumez brièvement l'histoire sans, pour l'instant, parler de la fin.
- Décrivez les personnages et leurs relations.
- Décrivez le dénouement du film et expliquez votre réaction.
- Donnez votre opinion personnelle du film.
- Comparez brièvement le film à un autre film que vous avez vu.

7 PRESENTATION Encourage students to use the Internet to look up a variety of French movie critiques that they can use as models for their own.

Practice more at **vhlcentral.com.**

PRESENTATION Remind students that comparatives and superlatives are used to make comparisons and can be used with adjectives, adverbs, verbs, and nouns.

6.1 Les comparatifs et les superlatifs

Rappel
Les comparatifs expriment le degré plus ou moins élevé d'une qualité avec une idée de comparaison. Il y a trois degrés de comparaison: l'égalité, la supériorité et l'infériorité. Les superlatifs, relatifs ou absolus, expriment la qualité au plus haut degré, avec ou sans comparaison.

Coup de main

Certains adjectifs ont des comparatifs irréguliers:

bon(ne)(s) → meilleur(e)(s)
mauvais(e)(s) → pire(s)

Certains adverbes ont des comparatifs irréguliers:

beaucoup → plus
bien → mieux
peu → moins

PRESENTATION Tell students that even though **meilleur** is the comparative of **bon** and **mieux** that of **bien**, they must use **moins bon/aussi bon** and **moins bien/aussi bien**.

PRESENTATION Remind students that, when verbs are compared in a comparison of equality, **autant** replaces **aussi**. Ex: **Il travaille autant que toi.**

Attention!

- Dans les comparaisons, on utilise les pronoms disjoints (**moi, toi, lui, elle, nous, vous, eux, elles**) après **que**.

*Cet homme est plus courageux que **toi**.*

Les comparatifs

*—Oui, Votre Majesté; elle est ma vie, je l'aime **plus que** tout.*

- Pour comparer des adjectifs ou des adverbes, on utilise les adverbes **aussi, plus** ou **moins** avant l'adjectif ou l'adverbe et **que** après l'adjectif ou l'adverbe.

comparatif d'égalité	**aussi** + adjectif/adverbe + **que**
comparatif de supériorité	**plus** + adjectif/adverbe + **que**
comparatif d'infériorité	**moins** + adjectif/adverbe + **que**

*Ce député est **aussi** sympathique **que** le ministre des affaires étrangères. Il parle **aussi** bien **que** lui.*
*Ces nouvelles lois sont **plus** strictes **que** les anciennes. Elles ne sont pas **pires que** les anciennes.*
*Cette candidate est **moins** intelligente **que** celles qui se sont adressées à nous hier. Elle comprend **moins** vite **qu'**elles.*

- Pour comparer des noms, on utilise **autant de**, **plus de** ou **moins de** avant le nom et **que** après le nom. Dans ce cas, on compare seulement **la quantité**.

comparatif d'égalité	**autant de** + nom + **que**
comparatif de supériorité	**plus de** + nom + **que**
comparatif d'infériorité	**moins de** + nom + **que**

*Mon candidat a obtenu **autant de** votes **que** le tien.*
*Ce parti écolo a **plus de** membres **que** celui-là.*

Les superlatifs

- Les superlatifs absolus expriment une qualité au plus haut degré sans idée de comparaison. Ils se forment au moyen d'adverbes tels que **très**, **extrêmement** et **fort**, placés devant l'adjectif.

  *Ces élections sont **extrêmement** importantes.*

- Les superlatifs relatifs expriment une qualité au plus haut degré avec une idée de comparaison.

	Adjectifs
	Si l'adjectif *précède* le nom
superlatif de supériorité	**le/la/les plus** + adjectif + **(de)**
superlatif d'infériorité	**le/la/les moins** + adjectif + **(de)**
	Si l'adjectif *suit* le nom
superlatif de supériorité	**le/la/les** + nom + **le/la/les plus** + adjectif + **(de)**
superlatif d'infériorité	**le/la/les** + nom + **le/la/les moins** + adjectif + **(de)**

*C'est **le plus** grand politicien (**du** parti).*
*C'est **la** députée **la plus** respectée (**du** pays).*

*—Tu pourrais bâtir à mon épouse **le plus** somptueux, **le plus** magnifique **des** tombeaux.*

	Adverbes
superlatif de supériorité	**le plus** + adverbe
superlatif d'infériorité	**le moins** + adverbe

*C'est le candidat qui participe **le plus souvent** aux débats.*

	Noms
superlatif de supériorité	**le plus de** + nom
superlatif d'infériorité	**le moins de** + nom

*Mais c'est celui qui a **le moins d'**idées!*

PRESENTATION Remind students not to use articles after **plus de, moins de,** and **autant de.**

PRESENTATION Remind students to use the preposition **de** following the superlative to mean *in* or *of*. Ex: **C'est le plus intelligent des candidats**.

PRESENTATION Tell students that when the adjective follows the noun, the definite article **(le/la/les)** must be repeated.

PRESENTATION Remind students that **de** + **le** becomes **du**, and **de** + **les** becomes **des**.

Coup de main

Certains adjectifs ont des superlatifs irréguliers:

bon(ne)(s) → le/la/les meilleur(e)(s)

mauvais(e)(s) → le/la/les pire(s)

Certains adverbes ont des superlatifs irréguliers:

beaucoup → le plus
bien → le mieux
peu → le moins

Attention!

- Le superlatif de **petit** est **le/la/les moindre(s)** quand **petit** est pris dans un sens abstrait.

  Il ne faut pas nous remercier. C'était la moindre des choses!

- Par contre, quand on parle de taille, on utilise **le/la/les plus petit(e)(s)**

  *Carine est **la plus petite** élève de la classe.*

Mise en pratique

1 PRESENTATION To make this activity more challenging, write the sentence elements on the board and delete the **de** and **que** in the last section of each sentence where applicable. Remind students that **que** introduces the second part of the comparison in the comparative construction and **de** introduces the rest of the reference group in the superlative construction.

1 **Mon candidat** Faites des phrases avec les éléments donnés.

1. ce candidat est / + jeune / que les autres de son parti Ce candidat est plus jeune que les autres de son parti.
2. il a participé à / = émissions télévisées / que ton candidat Il a participé à autant d'émissions télévisées que ton candidat.
3. c'est le candidat / ++ dynamique / de notre parti C'est le candidat le plus dynamique de notre parti.
4. il a / = expérience / que les plus âgés Il a autant d'expérience que les plus âgés.
5. mais il est / - arrogant / que les autres candidats Mais il est moins arrogant que les autres candidats.
6. il a / ++ bon / conseillers / de la capitale Il a les meilleurs conseillers de la capitale.
7. il ne perd pas son calme / = souvent / que ses adversaires politiques Il ne perd pas son calme aussi souvent que ses adversaires politiques.
8. et surtout, c'est lui qui parle / ++ bien / en public Et surtout, c'est lui qui parle le mieux en public.

2 **Au contraire!** Votre partenaire a des idées politiques bien arrêtées (*fixed*) et vous êtes toujours de l'avis contraire. Réécrivez ces phrases en exprimant le contraire.

Modèle Cette chaîne de télévision est la moins impartiale de toutes.
Cette chaîne de télévision est la plus impartiale de toutes.

1. La pire des choses qui puisse arriver, c'est que le candidat de l'opposition soit élu. La meilleure
2. Le parti écolo aura le moins de votes aux prochaines élections. le plus
3. L'augmentation du chômage, c'est le plus grand de mes soucis. le moindre
4. C'est le conservateur qui passe le moins bien à la télévision. le mieux
5. La meilleure des solutions pour éviter les fraudes, c'est d'adopter le scrutin électronique. La pire
6. Les jeunes s'intéressent plus à la politique aujourd'hui qu'il y a vingt ans. moins

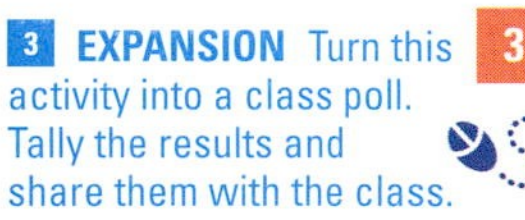

3 EXPANSION Turn this activity into a class poll. Tally the results and share them with the class.

3 EXPANSION Ask students to express their opinions of people on campus using comparatives and superlatives.

3 **Quelle est votre opinion?** Dites ce que vous pensez de ces personnes. Pour chacune, écrivez deux phrases: la première en utilisant un comparatif et la seconde en utilisant un superlatif.

Le palais de l'Élysée, résidence officielle du président de la République française

1. le président français
2. le président ou premier ministre de votre pays
3. le gouverneur de votre état ou un député de votre province
4. le maire de votre ville
5. l'ancien président ou premier ministre de votre pays
6. le premier ministre de l'Angleterre

Note CULTURELLE

La France est une république dont le président est élu au suffrage universel direct. Le mandat présidentiel est de cinq ans et le nombre de mandats est limité à deux. Les présidents de la République française résident au palais de l'Élysée.

Communication

4 **La politique et vous** Créez des questions avec ces éléments, en utilisant des superlatifs. Ensuite posez-les à votre partenaire.

Modèle le reportage / complet / lire
—**Quel est le reportage le plus complet que tu aies lu?**
—**Le reportage le plus complet que j'aie lu, c'est celui du *Monde*.**

1. la campagne électorale / intéressant / suivre
2. le personnage politique / important / rencontrer
3. le débat télévisé / ennuyeux / regarder
4. les articles / sensationnel / lire
5. la promesse électorale / incroyable / entendre
6. l'affiche électorale / amusant / voir
7. le discours / émouvant / entendre
8. les émissions politiques / impartial / suivre

4 PRESENTATION Remind students that, when the superlative is followed by a relative clause, the verb of the relative clause is in the subjunctive if the speaker expresses an opinion. Ex: **C'est le plus beau discours qu'il ait fait.**

5 **Pour qui voter?** Vous et votre partenaire, vous ne savez pas pour qui voter. Comparez le programme électoral des deux candidats. Utilisez des comparatifs et des superlatifs.

Modèle —**Si on vote pour Latour, on devra payer plus de taxes.**
—**Seulement sur les produits de luxe, mais si on vote pour Khasimi, on devra payer moins de taxes sur les produits courants.**

Pierre Latour
- Agrandissement de l'Europe
- Augmentation des taxes sur les produits de luxe
- Augmentation du budget de la Défense
- Création de 500.000 emplois
- Protection des frontières

Isabelle Khasimi
- Allègement des taxes sur les produits de consommation courante
- Augmentation du revenu minimum légal
- Création d'un demi-million d'emplois
- Défense de l'environnement
- Ouverture des frontières aux immigrants légaux

5 PRESENTATION Encourage students to go on the Internet and find out about the different platforms of political parties in recent European elections and compare them.

6 **Opinions personnelles** Avec un(e) partenaire, vous discutez de votre politicien(ne) préféré(e). Votre partenaire n'est pas du tout de votre avis.

Modèle —**L'ancien gouverneur de Californie avait autant d'expérience que n'importe quel autre homme politique.**
—**Moi, je crois qu'il avait moins d'expérience que quelqu'un qui a fait de la politique toute sa vie et qu'il avait plus de talent comme acteur que comme politicien!**

6 PRESENTATION Tell students that when you make more than one comparison, the comparative **plus/aussi/moins** must be repeated before each adjective. Ex: **Le président américain est plus jeune et plus grand que le président français.**

6 PRESENTATION As an alternative, ask students for whom they would vote in the next presidential elections. Pair up students with opposing views to make the debate more spirited.

 Practice more at **vhlcentral.com.**

PRESENTATION Remind students that the infinitive is the non-conjugated form of a verb.

PRESENTATION Remind students that, when a conjugated verb is followed by another verb, the latter is always in the infinitive.

PRESENTATION Remind students that **aller** plus the infinitive of the main verb is how to construct the **futur proche**. However, the verb of motion **aller** can be followed by an infinitive without expressing the future. Ex: **Va chercher le journal, s'il te plaît.**

PRESENTATION Remind students that **faire** plus the infinitive of the main verb is the construction used to indicate that someone is having something done (by someone else). In this case, the past participle of **faire** does not agree with a preceding direct object. Ex: **Je les ai fait participer à la réunion.**

PRESENTATION Tell students that in the impersonal expressions **il faut** or **il vaut mieux, il** is the only possible subject. However, the expression can be conjugated in different tenses. Ex: **Il a fallu recompter les bulletins de vote.**

PRESENTATION Remind students that **venir de** is the construction used to express the **passé récent** and means *to have just done something.*

PRESENTATION Tell students to learn the verb and its preposition at the same time in order to remember which verbs are followed by a preposition.

6.2 Les infinitifs compléments de verbe

Rappel

Vous avez déjà appris que certains verbes peuvent avoir un infinitif comme complément. Certains sont directement suivis d'un verbe à l'infinitif, d'autres se construisent avec une préposition.

*—Madame, souhaitez-vous que je vous **aide à traverser**?*

- Certains verbes et expressions verbales sont directement suivis d'un verbe à l'infinitif:

aimer *to like*	**falloir (il faut)** *must*
aller *to go*	**laisser** *to let*
avouer *to confess, to admit*	**penser** *to intend*
désirer *to wish, to desire*	**pouvoir** *to be able*
détester *to hate*	**préférer** *to prefer*
devoir *should, must*	**savoir** *to know how*
espérer *to hope*	**valoir (il vaut) mieux** *it's better to*
estimer *to consider*	**vouloir** *to want*

*Ils **aiment participer** aux réunions de leur parti.*
*Tout le monde **devrait voter.***
*Ils ne pensent pas **assister** à la manifestation de demain.*
*Ils **estiment avoir** toujours raison.*

*—Mon mari n'est pas là. Il **faudra revenir** un autre jour.*

- Certains verbes et expressions verbales sont suivis d'un infinitif précédé de la préposition **de**:

accepter de *to agree to*	**décider de** *to decide to*
(s')arrêter de *to stop*	**finir de** *to finish*
avoir l'intention de *to intend to*	**mériter de** *to deserve to*
avoir peur de *to be afraid of*	**oublier de** *to forget to*
avoir raison de *to be right to*	**promettre de** *to promise to*
avoir tort de *to be wrong to*	**refuser de** *to refuse to*
choisir de *to choose to*	**regretter de** *to regret*
convaincre de *to convince to*	**remercier de** *to thank for*

*Ce candidat **a** vraiment **l'intention de gagner** les élections!*
*Nous **avions tort de croire** à toutes ses promesses électorales.*
*Ce sénateur **a accepté de répondre** à toutes nos questions.*

- Certains verbes et expressions verbales sont suivis d'un infinitif précédé de la préposition **à**:

aider à *to help to*	**continuer à** *to continue to*
s'amuser à *to enjoy oneself*	**hésiter à** *to hesitate to*
apprendre à *to learn how to*	**se mettre à** *to begin to*
arriver à *to manage to*	**parvenir à** *to manage to*
commencer à *to begin to*	**réussir à** *to succeed in*
consentir à *to consent to*	**tenir à** *to insist on*

*Ce candidat **est parvenu à** nous **convaincre** de voter pour lui.*
*Nous **avons réussi à voir** le président lors des cérémonies du 14 juillet.*
*Nous **tenons à** vous **accompagner** à cette manifestation.*

- Certaines prépositions ou locutions prépositives sont suivies d'un verbe à l'infinitif:

afin de *in order to*	**au lieu de** *instead of*	**pour** *in order to*
après *after*	**avant de** *before*	**sans** *without*

*Étudiez le programme des différents candidats **avant de faire** votre choix.*
*En France, il faut avoir la nationalité française **afin de voter.***

- On utilise l'infinitif passé pour indiquer une action qui a eu lieu *avant* l'action du verbe conjugué. On le forme avec l'infinitif de l'auxiliaire **avoir** ou **être** suivi du participe passé du verbe. Le participe passé qui suit l'auxiliaire **être** s'accorde en genre et en nombre avec le sujet. Le participe passé qui suit l'auxiliaire **avoir** s'accorde en genre et en nombre avec le complément d'objet direct si celui-ci le précède.

*Nous avons eu tort de lui **avoir fait** confiance.*
*Il nous a remercié d'**être venus**.*

Attention!

- Les verbes **commencer** et **finir** peuvent être suivis de la préposition **par**:

commencer par *to start with*
finir par *to end up*

*Nous **avons fini par** comprendre que ce candidat ne tiendrait pas ses promesses.*

PRESENTATION Tell students that some verbs, such as **décider** and **demander**, can take **à** or **de,** depending on the context and the meaning. Ex: **Ils *ont décidé de* le *rejoindre* parce qu'ils étaient *décidés à intervenir* en sa faveur**. and ***J'avais demandé à voir* son discours mais il m'*a demandé d'attendre* pour le lire.**

PRESENTATION Tell students that the verb **continuer** can be followed by either **à** or **de** with no difference in meaning. Ex: **Les étudiants continuent à/de faire la grève après deux semaines**.

PRESENTATION Remind students that pronouns are usually placed before the infinitive.

Coup de main

La préposition **après** est toujours suivie d'un infinitif passé.

***Après avoir gagné** les élections, il a pris quelques jours de vacances.*

PRESENTATION Tell students that the English equivalent of the French past infinitive is often a verb form ending in *-ing*. Ex: **Il est déçu d'avoir perdu sa place au Sénat.** *He is disappointed about losing his Senate seat.*

Mise en pratique

1 PRESENTATION To make this activity more challenging, add a fourth choice **d. par** to every item and add this additional item: **Si les candidats ne tiennent pas leurs promesses, on finira ______ ne plus leur faire confiance.**

1 **Que le meilleur gagne!** Demain, c'est le jour des élections. Choisissez la bonne préposition, si nécessaire.

1. Tous les candidats ont fini ________ mener leur campagne électorale.
   a. à b. — c. de
2. Les électeurs pourront commencer ________ voter demain dès huit heures du matin.
   a. à b. — c. de
3. Chaque citoyen a l'intention ________ voter pour le candidat ou la candidate qu'il préfère.
   a. à b. — c. de
4. Je suis sûr que certains hésitent encore ________ se prononcer.
   a. à b. — c. de
5. J'espère que mon parti réussira ________ sortir vainqueur de ces élections.
   a. à b. — c. de
6. Malheureusement, je doute que les candidats parviennent ________ tenir toutes les promesses faites pendant leur campagne.
   a. à b. — c. de
7. Théoriquement, tous les bulletins de vote devraient ________ être comptés vers dix heures du soir.
   a. à b. — c. de
8. Est-ce que tu as finalement décidé ________ venir à la soirée «élections» que Patrick organise demain soir?
   a. à b. — c. de

2 **Élections européennes** C'est bientôt les élections européennes. Complétez l'e-mail de Julienne par les prépositions **à, après, de/d', par** et **pour,** si nécessaire.

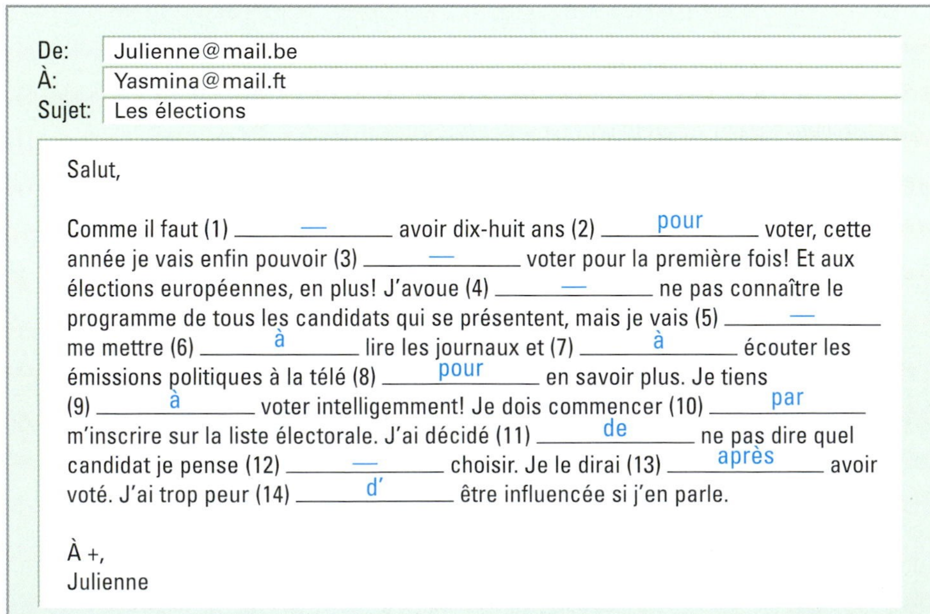

De: Julienne@mail.be
À: Yasmina@mail.ft
Sujet: Les élections

Salut,

Comme il faut (1) ____—____ avoir dix-huit ans (2) ____pour____ voter, cette année je vais enfin pouvoir (3) ____—____ voter pour la première fois! Et aux élections européennes, en plus! J'avoue (4) ____—____ ne pas connaître le programme de tous les candidats qui se présentent, mais je vais (5) ____—____ me mettre (6) ____à____ lire les journaux et (7) ____à____ écouter les émissions politiques à la télé (8) ____pour____ en savoir plus. Je tiens (9) ____à____ voter intelligemment! Je dois commencer (10) ____par____ m'inscrire sur la liste électorale. J'ai décidé (11) ____de____ ne pas dire quel candidat je pense (12) ____—____ choisir. Je le dirai (13) ____après____ avoir voté. J'ai trop peur (14) ____d'____ être influencée si j'en parle.

À +,
Julienne

Note CULTURELLE

L'Union européenne est composée de 28 États membres dont trois États francophones: la France, la Belgique et le Luxembourg. Dix-neuf de ces pays ont adopté une monnaie commune, l'euro. Les élections européennes ont lieu tous les cinq ans et nomment les députés du Parlement européen, qui siège à Strasbourg et Bruxelles.

Practice more at **vhlcentral.com.**

Communication

3 **Sondage** Formez des questions avec ces éléments et posez-les à votre partenaire. Faites tous les changements nécessaires. Attention! Un des verbes est à la forme passive.

1. est-ce que / tu / regretter / ne pas assister au débat télévisé d'hier soir
2. est-ce que / les électeurs / devoir / être âgés de plus de 18 ans pour voter
3. est-ce que / suivre la campagne / aider / choisir un candidat
4. est-ce que / tu / avoir l'intention / voter pour un parti écolo
5. quel candidat / mériter / élire / à ton avis
6. est-ce que / les candidats / toujours accepter / répondre aux questions des journalistes
7. est-ce que / tu / croire que / les gens / finir un jour / comprendre qu'il est important de voter
8. est-ce que / tu / décider / plus tard / faire de la politique

3 EXPANSION Have groups make up a five-item questionnaire on the topic of voting or an election. Then, have each group work with another one to ask and answer their questions.

4 **Le témoin** Vous avez été témoin d'un accident (ou d'un vol, d'un incendie, etc.) et vous avez appelé la police. Votre partenaire vous pose des questions pour savoir ce qui s'est passé. Utilisez ces prépositions dans votre dialogue.

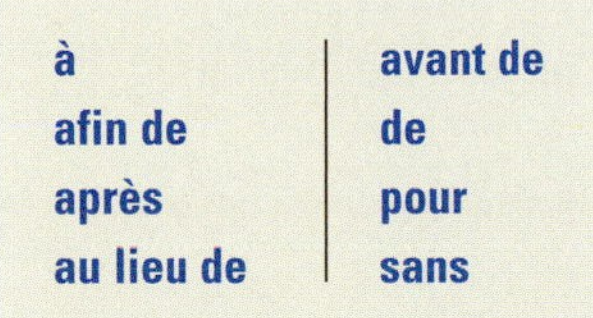

à	**avant de**
afin de	**de**
après	**pour**
au lieu de	**sans**

Modèle —**Qu'est-ce que la police a fait?**
—**Un policier a demandé à voir mes papiers d'identité.**
—**Qu'est-ce qu'il a fait après avoir vu tes papiers?**
—**Il m'a demandé de raconter ce que j'avais vu afin de...**

4 EXPANSION Remind students that the preposition **de** is also used after **essayer de** *to try to*, **s'étonner de** *to be amazed to*, **éviter de** *to avoid*, **s'excuser de** *to apologize for*, **parler de** *to talk about*, and **risquer de** *could*. The preposition **à** is used after **avoir à** *to have to*, **chercher à** *to attempt to*, **se décider à** *to make the decision to*, **passer son temps à** *to spend one's time*, **se préparer à** *to get ready to*, and **songer à** *to consider*.

5 **Élection présidentielle** Votre partenaire et vous discutez du candidat pour lequel vous avez voté lors des dernières élections présidentielles. Expliquez votre choix. Utilisez des prépositions dans votre dialogue.

Modèle —**Après avoir écouté le discours du candidat démocrate, j'ai décidé de voter pour lui.**
—**Moi, j'ai voté pour son opposant parce qu'il promettait de ne pas augmenter les impôts.**

5 EXPANSION Have students research the most recent French presidential election and say for which of the two candidates, François Hollande or Nicolas Sarkozy, they would have voted and why.

Préparation

PRESENTATION Ask students if they know someone who is currently homeless or has ever been homeless. Have volunteers explain the circumstances to the class.

PRACTICE Read each definition aloud and have students provide the correct answer.
1. Un objet en papier qu'on colle sur un mur (une affiche)
2. Une boîte qu'on utilise pour emballer des objets (un carton)
3. Un objet qu'on utilise pour monter ou descendre (une échelle)
4. Un lieu où des ouvriers travaillent à la construction d'un bâtiment (un chantier)
5. Un objet qu'on met sur son lit pour avoir chaud (une couverture)
6. Un outil qu'on utilise pour faire des trous dans du ciment (un marteau-piqueur)

À propos de l'auteur

Abdelkader Djemaï est né à Oran, en Algérie, en novembre 1948 et vit aujourd'hui en France. L'écriture le passionne depuis toujours, et bien avant de commencer sa carrière de journaliste à Oran, il écrit déjà de la poésie. Encore adolescent, il apprend le français, langue dans laquelle il continue à écrire, même lorsqu'il évoque ses origines algériennes. Djemaï maîtrise (*masters*) des genres littéraires variés, y compris le roman et le théâtre. Parmi ses œuvres se trouvent *Un été de cendres* (1995), *Le Nez sur la vitre* (2005) et *La Dernière Nuit de l'Emir* (2012). Djemaï est aussi chevalier des Arts et des Lettres et lauréat du prix Tropiques.

Vocabulaire de la lecture

une affiche *poster*
un beignet *donut*
un carton *cardboard box*
un chantier *construction site*
couler à flots *to earn a lot of money*
une couverture *blanket*
creuser *to dig*
croquer *to bite into*
une échelle *ladder*
emballer *to pack*
enfler *to swell*
un four *oven*
les gencives (f.) *gums*
une mâchoire *jaw*
une marque *brand*
un marteau-piqueur *pneumatic drill*
mendier *to beg*
un panneau *sign*
une perceuse électrique *drill*
plier *to fold*
une tribune *platform*

Vocabulaire utile

une agence pour l'emploi *employment office*
les affaires (f.) *belongings*
un(e) assistant(e) social(e) *social worker*
un chariot *cart*
démuni(e) *penniless*
un foyer d'accueil *homeless shelter*
un outil *tool*
précaire *precarious*
un(e) SDF (sans domicile fixe) *homeless person*

1 **Dialogues** Complétez ces phrases avec les mots du nouveau vocabulaire écrits à la forme qui convient.

1. —Je dois aller chez le dentiste parce que j'ai les ___gencives___ enflées.
2. —Quand tu iras à la Nouvelle-Orléans, n'oublie pas d'aller au Café du Monde manger des ___beignets___. Ils sont délicieux.
   —Ah bon! Ils les sortent du ___four___ juste avant de les servir?
3. —Le président de la République regardait le défilé militaire, debout dans la ___tribune___.
4. —Ma mère refuse de m'acheter des vêtements de ___marque___. Elle trouve que c'est trop cher.

2 PRÉPARATION Explain to students that some homeless people refuse to stay in shelters because they find them dirty, and some women do not feel safe there. Ask students if they think these are valid reasons to turn down these accommodations.

2 **Les SDF** À deux, posez-vous ces questions.

1. Qu'est-ce qui peut amener certaines personnes à vivre dans la rue?
2. Quelles sont les conditions de vie des SDF? À quel moment de l'année ce style de vie devient-il plus difficile? Pourquoi?
3. Y a-t-il beaucoup de SDF dans votre ville? Pourquoi? Que fait la commune pour les aider?
4. Si vous étiez assistant(e) social(e), que feriez-vous pour aider les SDF de votre ville?

Practice more at **vhlcentral.com.**

L'AFFICHE

Abdelkader Djemaï

Sa bouche le torturait depuis deux jours. Il lui semblait que ses dents, ses gencives, ses lèvres et son cou enflaient indéfiniment. C'était comme si on le forçait à croquer des braises° ou des bonbons fourrés au° plomb fondu°. Et pourtant, malgré la douleur qui le dévorait, il avait rêvé cette nuit de beignets chauds et bien dodus°. Il les déchirait voluptueusement avec les sept ou huit dents qui lui restaient avant de retomber dans l'huile bouillante° de la fièvre.

Depuis presque cinq ans, il vivait dans la rue. Changeant souvent de lieu, il avait campé au bas des marches du Trésor public, à la gare routière°, à l'entrée du port et près du stade olympique jusqu'à ce qu'il trouve ce coin-là, à trois cents mètres de l'Arche de la Victoire construite toute en marbre et dédiée à la gloire des héros. Chaque année, on dressait°, sous son ombre tutélaire°, l'immense tribune officielle devant laquelle défilaient°, au milieu des banderoles et des mots d'ordre enflammés, des centaines de soldats, de paysans et de travailleurs.

Aujourd'hui, les temps avaient changé. Ils étaient devenus plus durs, plus confus. Avec l'argent qui coulait à flots pour quelques-uns seulement, les défilés

embers · *filled with/ molten lead* · *plump* · *boiling* · *bus station* · *set up* · *protecting shadow* · *paraded* étaient plus maigres et plus discrets que celui des luxueuses voitures qui passaient à toute allure devant son nez. Un été, il avait vécu près de l'un des chantiers des innombrables villas qui poussaient, elles aussi, à toute allure.

Pour délimiter son territoire, il posait ses gros sacs, son petit bidon d'eau, ses deux vieilles couvertures et ses cartons que l'un des gardiens de nuit des Nouvelles Galeries lui avait vendus. Il les dépliait par terre et sur les côtés comme s'il voulait être à l'intérieur d'une boîte dont il rabattait°, le sommeil venu, la partie supérieure.

Depuis trois mois, il habitait dans ses cartons qui avaient servi à emballer un réfrigérateur géant et une machine à laver. Avant il avait utilisé ceux d'une cuisinière°, d'un sèche-linge et d'un téléviseur à l'écran aussi large que le terrain du stade olympique. Leurs marques et le type d'appareils y étaient inscrits, en grandes lettres noires et droites. Il ne savait ni lire ni écrire mais il prenait plaisir à feuilleter° les vieux journaux et les revues qui gonflaient° toujours l'un de ses sacs.

Tout autour de l'Arche de la Victoire avec ses soixante-cinq mètres de haut et ses panneaux en lettres dorées qui continuaient de chanter la justice sociale et le sacrifice pour la patrie, le soleil était toujours là. Rien ne pouvait entraver° sa course, sa présence. C'était lui qui le réveillait parfois. Hier, en plus de sa bouche qui ressemblait à un four incandescent, le bruit d'un marteau-piqueur avait perforé ses mâchoires. Une camionnette était stationnée juste en face de lui. Deux ouvriers avaient descendu des plaques en zinc, un sac de ciment, une truelle, une échelle et une perceuse électrique. Ils commencèrent par mesurer le sol° avant de creuser deux trous dans lesquels ils plantèrent deux piliers° ronds et gris. Dès que le ciment sécha, ils fixèrent avec application les plaques qui formèrent un grand panneau dont ils peignirent° les bordures en blanc. Leur travail fini, ils ramassèrent lentement leur matériel et repartirent dans leur camionnette.

Cette nuit-là, la fièvre avait continué à secouer° ses maigres épaules. Elle l'obligeait à rester dans ses cartons comme une vieille chaussure trouée par les ornières° de la vie et déformée par les pluies de l'âge. Il avait presque la soixantaine. Demain non plus, il ne pourrait pas aller mendier quelques sous° pour atténuer la faim qui commençait à vriller° ses entrailles. Plus que parler—il avait toujours été silencieux—, ce qui lui manquait le plus, c'était de pouvoir ouvrir la bouche pour sentir une soupe odorante et bienfaisante couler dans sa gorge.

Le matin, vers huit heures, deux autres hommes vêtus de salopettes bleu pétrole étaient venus dans une fourgonnette° ornée de dessins fantaisistes. Ils sortirent des seaux°, une échelle métallique et de larges brosses aux manches longues. L'un d'eux tenait sous son bras un paquet de feuilles de papier pliées comme des nappes. Il les tendit une par une à son camarade qui, juché° sur l'échelle, les collait° avec dextérité. Peu à peu le visage d'un adolescent bien coiffé, bien propre et au tee-shirt bariolé°, occupa toute la surface de l'affiche aux couleurs vives et joyeuses. Avec ses sourcils de jeune fille, ses dents resplendissantes et ses gencives éclatantes de santé, il mordait, avec des yeux pétillants°, dans un copieux et délicieux sandwich dont le nom s'étalait au milieu d'une gerbe d'étincelles° au-dessus de sa tête.

En voyant l'affiche qui le fit saliver, l'estomac de l'homme aux cartons se creusa encore plus. C'est à ce moment-là qu'il s'aperçut que le panneau lui cachait aussi le soleil. ■

rabattait folded back · *cuisinière* stove · *feuilleter* thumb through · *gonflaient* swelled · *entraver* hinder · *sol* ground · *piliers* poles · *peignirent* painted · *secouer* shake · *ornières* ruts · *sous* pennies · *vriller* pierce · *fourgonnette* van · *seaux* buckets · *juché/collait* perched/glued · *bariolé* many-colore · *pétillants* sparkling · *étincelles* shower of sparks

Analyse

1 

Vrai ou faux? Indiquez si ces phrases sont vraies ou fausses. Corrigez les fausses.

1. La bouche de l'homme lui fait mal parce qu'il s'est brûlé en buvant une soupe chaude. Faux. Il a de la fièvre.
2. Il se sent mieux parce qu'on lui a servi des beignets. Faux. Il a faim et rêve d'en manger.
3. Il n'a pas de domicile fixe depuis cinq ans. Vrai.
4. Les quelques objets qu'il possède lui servent à se créer un espace personnel. Vrai.
5. Il a obtenu tous ces objets gratuitement. Faux. Il a payé les cartons.
6. Les cartons sont petits. Faux. Ils sont grands parce qu'ils contenaient des appareils ménagers.
7. L'homme garde dans son sac les journaux qu'il aime lire. Faux. Il ne sait pas lire.
8. Le bruit des outils des ouvriers l'empêche de dormir. Vrai.
9. Il ne peut plus se lever pour mendier parce qu'il est trop malade. Vrai.
10. Les ouvriers ont collé des affiches près de lui pour le protéger du soleil. Faux. Les affiches font de la publicité.

2 **Compréhension** À deux, répondez à ces questions.

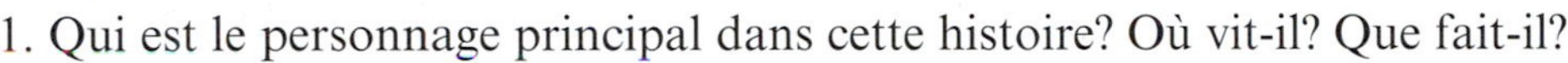

1. Qui est le personnage principal dans cette histoire? Où vit-il? Que fait-il?

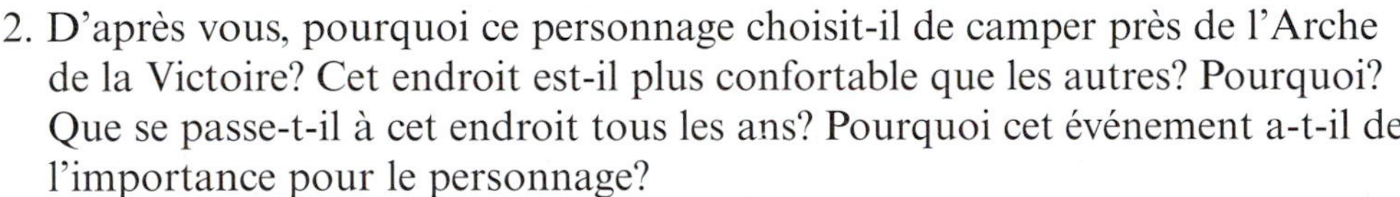

2. D'après vous, pourquoi ce personnage choisit-il de camper près de l'Arche de la Victoire? Cet endroit est-il plus confortable que les autres? Pourquoi? Que se passe-t-il à cet endroit tous les ans? Pourquoi cet événement a-t-il de l'importance pour le personnage?
3. Quel est l'âge du personnage principal? Relevez les détails qui renseignent sur son état de santé. Par quel moyen l'auteur accentue-t-il sa déchéance (*decline*)?
4. Qu'est-ce qui perturbe la vie du personnage un jour en particulier? Comment l'auteur montre-t-il que le modernisme gêne même les personnes sans domicile fixe?
5. Quel est le ton du dernier paragraphe? Dans quel but l'auteur utilise-t-il ce ton?

3 **Mes affaires** À deux, faites une liste des affaires que le SDF de la nouvelle porte dans son chariot. Ensuite, faites une deuxième liste de cinq objets qu'il lui faudrait dans le chariot pour vivre moins difficilement. Expliquez comment il les obtiendra.

4 **Au secours des SDF** Par groupes de trois, écrivez un dialogue entre un(e) SDF et deux employé(e)s de l'assistance sociale. Les employé(e)s lui posent des questions sur sa vie et essaient de le/la convaincre de se réintégrer dans la société. Utilisez ce vocabulaire.

- chercher un logement
- chercher du travail
- écrire une lettre de présentation
- s'inscrire à l'Agence pour l'emploi
- recevoir des allocations-logement
- voir un médecin

5 **SOS pauvreté** Vous travaillez pour une association de charité et vous créez une affiche pour faire appel à l'aide internationale contre la pauvreté. Écrivez un slogan d'environ dix lignes sous la forme d'un poème et faites des rimes pour mieux attirer l'attention du public. Utilisez ces suggestions pour vous aider.

- Aider les fermiers à augmenter leurs récoltes.
- Demander de l'aide pour construire des maisons.
- Donner des conseils pour ne pas gaspiller la nourriture ni l'eau.
- Trouver des remèdes aux causes de famine et de pauvreté.

 Practice more at **vhlcentral.com.**

1 PRESENTATION After students read the story, have them explain why the author chose the word **affiche** for title. Ask them in what city or country they think this story is taking place.

1 EXPANSION This article shows the indifference of people in large cities for those who suffer. Ask students how the author conveys that indifference.

2 EXPANSION Ask students if they think they know the name of the sandwich advertised on the poster. Have them make a few suggestions.

4 PREPARATION Explain to students that the French government gives financial aid to large families. Parents receive a certain amount of money monthly if they have at least two children under the age of 18. That aid increases with the number of children. Mothers also receive some aid to stay at home and raise their children. Have students discuss the type of aid given to needy people in their area.

5 EXPANSION Ask pairs to comment on each other's slogans and make suggestions for improving them. Then, ask each pair to make a poster to fight poverty and hunger. Have them include pictures as well as their poems. Display the posters around the classroom or on a language class bulletin board.

Préparation

À propos de l'auteur

Marie de France a vécu pendant la deuxième moitié du XIIe siècle en France et en Angleterre. On sait peu de choses sur sa vie et ses origines, mais elle déclare dans l'épilogue de ses fables qu'elle s'appelle Marie et qu'elle vient de France, sans que l'on sache son vrai nom de famille. Sa grande œuvre est son adaptation en vers de légendes bretonnes, auxquelles elle donne le nom de *Lais*. Un lai est un court récit en octosyllabes à rimes plates (*couplets*), c'est-à-dire qui se répètent deux par deux. Ici vous allez lire une traduction moderne du poème original en ancien français.

PRESENTATION Ask students to describe the structure of a poem. Explain that in the Middle Ages, poems were meant to be recited aloud. Therefore, the repetition of sounds and certain words was meant to attract the audience's attention and to make the story easier to follow.

PRESENTATION Read the poem's first six verses aloud and ask students to identify elements that indicate that the poet is addressing an audience.

PRACTICE Read each word aloud and ask students to provide a cognate or a closely associated word.
1. coffret (châsse)
2. laüstic (rossignol)
3. maison (demeure)
4. chevalier (seigneur)
5. veiller (éveillé)

2 PRÉPARATION Explain to students that in the Middle Ages, knights fought in tournaments to show their worth and gain the admiration and love of a lady. Although knights declared their love, their courtship usually remained chaste. This courtship process was called **courtoisie.**

2 EXPANSION Ask students to imagine what steps young people will take to meet each other 100 years from now.

Vocabulaire de la lecture

broder *to embroider*
une châsse *reliquary*
un chevalier *knight*
un coffret *box*
debout *standing*
une demeure *residence*
un donjon *tower, keep*
une étoffe *fabric*
éveillé(e) *awake*
un filet *net*
un lacet *snare*
un lai *lay (medieval poem)*
un laüstic *nightingale*
la méchanceté *malice*
un piège *trap*
renommé(e) *famous*
un rossignol *nightingale*
la sagesse *wisdom*
un seigneur *lord*
la soie *silk*
surveillé(e) *supervised*
tordre *to wring*
un tournoi *tournament*
veiller *to stay up*

Vocabulaire utile

en cachette *secretly*
faire la cour *to court*
l'infidélité (f.) *infidelity*
une poursuite *chase*
se résigner *to resign oneself*
la vengeance *revenge*
se venger *to take revenge*

1 **Vocabulaire** Complétez les phrases à l'aide du nouveau vocabulaire.

1. Un ___lai___ était synonyme de **poème** à l'époque médiévale.
2. Les chevaliers du Moyen Âge (*Middle Ages*) participaient au ___tournoi___, une épreuve physique pour mesurer leur force.
3. Le ___donjon___ fait partie d'un château.
4. Après de longues heures ___debout___, on a envie de s'asseoir.
5. Le ___piège/lacet___ est un bon moyen pour attraper un animal.
6. Une étoffe en ___soie___ est plus fine et plus précieuse qu'une en coton.

2 **Courtoisie moderne** À deux, répondez à ces questions.

1. Comment les jeunes d'aujourd'hui montrent-ils leur intérêt les uns pour les autres? Le font-ils ouvertement? Pourquoi?
2. Par quels moyens communiquent-ils leur intérêt? Se font-ils des compliments face à face ou le font-ils par un moyen électronique?
3. Qu'est-ce qui attire les jeunes aujourd'hui? Les prouesses (*skills*) sportives? Intellectuelles? Les dernières modes? La musique?
4. En quoi le rôle des filles a-t-il changé dans les dix dernières années? Les trente dernières? Les cinquante dernières?
5. Qu'est-ce qui a changé dans le rôle d'une femme mariée en général? Que peut-elle faire aujourd'hui qu'elle ne pouvait pas faire il y a cent ans?

3 **Dictionnaire d'ornithologie** Choisissez un oiseau de la liste et faites une fiche ornithologique. Décrivez ses caractéristiques. Essayez de déterminer ce que l'oiseau choisi symbolise et s'il a une fonction utile. Ensuite, lisez votre fiche à la classe sans nommer l'oiseau pour que vos camarades l'identifient.

Espèces	Caractéristiques
un aigle	une aile (*wing*)
un cardinal	un bec
un canari	un cri
une colombe (*dove*)	faire la roue (*to fan its tail*)
un geai bleu	un gazouillis (*birdsong*)
un paon (*peacock*)	une patte (*leg*)
un pélican	le plumage
un perroquet (*parrot*)	une proie (*prey*)
une perruche (*parakeet*)	une serre (*talon, claw*)
un pigeon	siffler (*to whistle*)

3 PREPARATION Explain to students that nightingales are often represented in lyric poetry because they sing at night, and lovers knew that they were safe as long as the bird sang. They would separate only when the singing stopped, signaling that the sun would soon rise.

4 **Au secours!** Pensez à une occasion où vous aviez besoin de communiquer avec quelqu'un et cela n'a pas été possible. À deux, suivez ces instructions.

- Faites une liste de cinq obstacles (physiques, sociaux, psychologiques) qui nous empêchent de communiquer quand et comme nous le voulons.
- Choisissez trois obstacles de votre liste et, pour chacun, écrivez ce que vous diriez si vous pouviez vous exprimer librement.

4 EXPANSION Have pairs exchange papers. Then, have them play the role of each message's desired recipient by writing a reply to each one.

5 **Anticiper** Par petits groupes, discutez des caractéristiques des rossignols. Ensuite, lisez le titre du poème et imaginez pourquoi l'auteur a choisi cet oiseau. Présentez vos idées à la classe.

 Practice more at **vhlcentral.com.**

Le Rossignol

Marie de France

Je vais vous raconter une aventure
dont les Bretons ont tiré un lai
name qu'ils nomment° *Le laüstic*, je crois,
dans leur pays,
c'est-à-dire *Le rossignol* en français
et *The nightingale* en bon anglais.

Dans la région de Saint-Malo,
il y avait une ville réputée,
où vivaient deux chevaliers,
dans deux demeures fortifiées.
La valeur de ces deux seigneurs
renown contribuait beaucoup au renom° de la ville.
L'un avait pour femme

une dame pleine de sagesse, de courtoisie et de grâce,
dont la parfaite conduite° *conduct*
répondait aux usages et aux bonnes manières.
Le second, jeune et célibataire,
renommé parmi ses pairs° *equals*
pour sa prouesse° et sa valeur, *skill*
menait une vie fastueuse°: *sumptuous*
il participait à de nombreux tournois, dépensait sans compter
et multipliait les largesses.
Il s'éprit° de la femme de son voisin. *became enamoured of*
Toutes ses requêtes et ses prières°, *requests*
mais aussi ses grands mérites
finirent par lui valoir l'amour passionné de la dame:
c'est qu'elle n'entendait dire de lui que du bien,
et aussi qu'il habitait tout près d'elle.
Ils s'aimèrent donc avec prudence,
prenant soin de se cacher
et de n'être pas surpris
ni soupçonnés:
ce qui leur était facile,
car leurs demeures étaient toutes proches,
leurs maisons voisines,
ainsi que les grandes salles de leurs donjons.
Nulle barrière, nulle autre séparation
qu'un grand mur de pierre grise.
De la fenêtre de sa chambre,
la dame, debout à sa fenêtre,
pouvait parler à son ami,
de l'autre côté, et il lui répondait.
Ils pouvaient échanger des cadeaux
qu'ils se lançaient d'une fenêtre à l'autre.
Rien ne troublait donc
leur bonheur
que l'impossibilité de se rejoindre
à leur guise°; *as they pleased*
car la dame était surveillée de près
quand son ami était dans le pays.
Mais ils se consolaient
en se parlant,
de nuit et de jour:
personne ne pouvait les empêcher
de venir à la fenêtre
et de se voir de loin.
Ils se sont donc longtemps aimés,
jusqu'à un printemps:
bois et prés° avaient reverdi *meadows*
et les jardins étaient fleuris.
Les oiseaux chantaient doucement
leur joie dans les fleurs.

Quand on aime,
on ne peut alors penser qu'à l'amour.
Le chevalier, en vérité,
s'y abandonne de tout son cœur,
tout comme la dame, de l'autre côté du mur,
qui échange avec lui paroles et regards.
La nuit, au clair de lune,
quand son mari était couché,
elle se levait de son lit,
prenait son manteau
et venait à la fenêtre,
pour voir son ami, dont elle savait
qu'il en faisait tout autant:
elle restait éveillée la plus grande partie de la nuit.
Ils goûtaient le plaisir de se voir,
puisqu'ils ne pouvaient avoir plus.
Mais la dame, à force de se lever pour venir à la fenêtre,
provoked suscita° la colère de son mari
qui lui demanda à plusieurs reprises
pourquoi elle se levait et où elle allait.
«Seigneur, lui répond la dame,
il ne connaît pas la joie en ce monde,
celui qui n'entend pas le rossignol chanter:
voilà pourquoi je vais à ma fenêtre.
La nuit, son chant si doux
me remplit d'un tel bonheur,
je désire tant l'écouter
que je ne peux pas fermer l'œil.»
À ces mots, le mari,
mocking furieux, a un sourire moqueur°:
il décide
de prendre le rossignol au piège.
Tous les serviteurs de la maison
se mettent à fabriquer pièges, filets et lacets
qu'ils disposent dans le jardin.
hazel trees/chestnut trees Dans tous les noisetiers°, dans tous les châtaigniers°
bird lime ils mettent des lacets ou de la glu°,
si bien qu'ils ont capturé le rossignol
qu'ils ont remis vivant à leur maître.
Celui-ci, tout heureux
de le tenir,
entre dans la chambre de la dame.
«Dame, dit-il, où êtes-vous donc?
Venez me voir!
J'ai capturé le rossignol
qui vous a tant fait veiller!
from now on Désormais° vous pouvez dormir tranquille,
il ne vous réveillera plus!»
Triste et peinée,

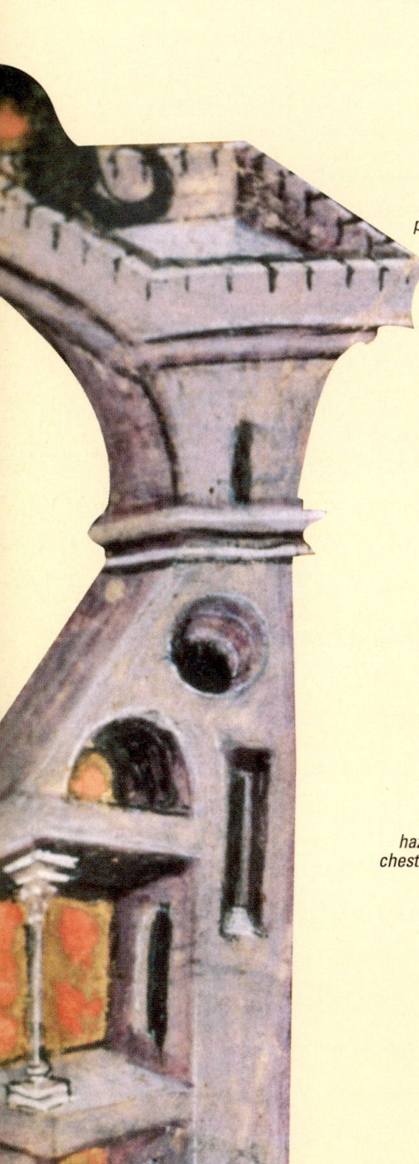

la dame, à ces mots,
demande l'oiseau à son mari
qui le tue par pure méchanceté,
en lui tordant le cou:
soul il avait bien l'âme° d'un vilain!
Il jette sur la dame le cadavre,
stains qui tache° de sang sa robe,
sur le devant, juste à l'endroit du cœur.
Puis il quitte la chambre.
Alors la dame prend le petit cadavre,
curses pleure tendrement et maudit°
betrayed tous ceux qui ont trahi° le rossignol
en fabriquant pièges et lacets:
deprived ils l'ont privée° de sa joie.
«Hélas, dit-elle, je suis bien malheureuse!
Je ne pourrai plus me lever la nuit
pour me tenir à la fenêtre
et continuer à voir mon ami.
Je sais bien qu'il va croire
neglect que je le délaisse°.
Il faut trouver une solution.
Je vais lui envoyer le rossignol
et lui faire savoir l'aventure.»
Dans une étoffe de soie
sur laquelle elle a brodé leur histoire en lettres d'or,
elle a enveloppé l'oiseau.
Elle a appelé un serviteur,
lui a confié son message
et l'a envoyé à son ami.
Celui-ci arrive chez le chevalier,
lui transmet le salut de sa dame
et lui délivre son message
en lui présentant le rossignol.
Il a tout raconté
et le chevalier l'a bien écouté.
L'aventure le remplit de chagrin.
act Mais il a vite fait d'agir° en homme courtois.
Il a fait forger un coffret,
iron/steel qu'il n'a pas voulu de fer° ni d'acier°,
set in mais d'or fin serti° des pierres
les plus précieuses,
lid avec un couvercle° bien fixé:
il y a placé le rossignol
seal puis il a fait sceller° cette châsse
que désormais il a toujours gardée près de lui.
On raconta cette aventure
qui ne put rester longtemps cachée.
made Les Bretons en firent° un lai
que l'on appelle *Le rossignol.* ■

Traduction de Laurence Harf-Lancner

Analyse

2 EXPANSION Ask students if they think that the husband killed the nightingale because he realized that his wife had a lover. Ask them to justify their answers with elements from the poem.

3 EXPANSION Ask pairs to choose three of the character descriptions and illustrate them with examples from the text.

1 Choix multiple Choisissez la bonne réponse.

1. Le rossignol est un oiseau qui...
   a. parle breton. b. attrape les souris (*mice*). (c. chante la nuit.)
2. La dame tombe amoureuse du chevalier célibataire pour...
   (a. son mérite.) b. sa beauté. c. sa largesse.
3. Les deux seigneurs qui habitent la région de Saint-Malo sont deux...
   a. vilains. (b. chevaliers de renom.) c. célibataires.
4. La dame explique à son mari jaloux qu'elle se lève la nuit pour...
   (a. écouter le rossignol chanter.) b. donner à manger au rossignol.
   c. attraper le rossignol au piège.
5. La dame envoie le cadavre du rossignol à son amant pour lui montrer...
   (a. la fin de leur histoire d'amour.) b. la bonté de son mari.
   c. ses prouesses à la chasse.

2 Le bon ordre Numérotez les phrases pour remettre les actions du récit dans le bon ordre.

8 a. La dame ne pourra plus communiquer avec son amant.
4 b. Ils échangent des cadeaux et des mots d'amour.
6 c. La dame invente le prétexte d'écouter un rossignol chanter.
7 d. Le mari est jaloux du «rossignol» et le tue.
5 e. Le mari de la dame finit par lui demander des explications.
10 f. L'amant conserve le rossignol dans un coffret en or.
3 g. Les amants se voient la nuit, des fenêtres de leurs demeures.
2 h. La dame mariée s'éprend du chevalier courtois.
9 i. La dame envoie le cadavre du rossignol à son amant.
1 j. Un chevalier courtois fait la cour à une dame mariée.

3 Les personnages Faites correspondre chaque description avec le personnage décrit.

Descriptions	La dame	L'amant	Le mari
1. Aimé(e) des gens du pays	✓	✓	✓
2. Aime se faire admirer		✓	
3. Montre ses qualités de chasseur			✓
4. Communique en cachette	✓	✓	
5. Est victime d'une trahison			✓

4 **Compréhension** Répondez à ces questions.

1. Le mari se rend-il compte que sa femme est amoureuse d'un autre homme? Comment le savez-vous?
2. Comment la femme et son ami communiquent-ils entre eux? Pourquoi?
3. Quel est le rôle du rossignol dans le poème? Justifiez vos réponses.
4. Comment la dame annonce-t-elle la fin de sa relation avec son amant?
5. Étant donné que le divorce n'était pas une option au Moyen Âge, le mari agit-il de la façon la plus juste possible? Expliquez.

4 **EXPANSION** Ask students to give examples of famous love stories in which two lovers must end their relationship. Have them explain what causes these lovers' relationships to end.

5 **L'original** À deux, lisez ces vers de la version originale du poème en ancien français. Ensuite, suivez les instructions.

La dame prent le cors petit.
Durement plure e si maldit
tuz cels ki l'aüstic traïrent,
les engins et les laçuns firent,
kar mult li unt toleit grant hait.

- Identifiez les mots que vous comprenez sans l'aide de la traduction en français moderne.
- Identifiez les rimes dans la version médiévale.
- Expliquez pourquoi ces rimes ne se trouvent pas dans la version moderne.
- Expliquez ce que symbolisent les **engins** (*pièges*) et les **laçuns** (*lacets*) qui ont capturé le rossignol.

5 **PRESENTATION** Read the six verses of the medieval poem. Ask students if they noticed the repetition of similar sounds at the end of each verse.

6 **Une autre perspective** Imaginez que vous puissiez voyager dans le temps et parler à une femme du XIIe siècle. À deux, préparez votre dialogue en suivant ces instructions.

- Parlez d'abord du rôle des femmes au XIIe siècle.
- Discutez des aspects positifs et négatifs de leur vie.
- Parlez de l'évolution du rôle des femmes au XXIe siècle.
- Suggérez des moyens utiles pour lutter contre les limites imposées aux femmes des deux époques.

6 **EXPANSION** Have students act out their dialogues in front of the class. Have the class vote for the one that would be most effective in helping the medieval woman deal with her lot in life.

7 **Des exigences** Écrivez la suite de l'histoire en rédigeant une lettre d'après un de ces deux scénarios.

- La dame du poème décide de pardonner à son mari si celui-ci peut remplir trois conditions.
- Le mari du poème décide de pardonner à sa femme si celle-ci peut remplir trois conditions.

7 **EXPANSION** Ask students to peer-edit each other's letters. Then, have them combine their best ideas into a single letter that they can share with the class.

Practice more at **vhlcentral.com.**

Préparation

 Vocabulary Tools

À propos de l'auteur

Georges Wolinski est un dessinateur français né le 28 juin 1934 en Tunisie. Il se tourne rapidement vers le dessin après avoir fait des études d'architecture. En 1960, il publie ses premiers travaux dans le journal satirique *Hara-Kiri*, où Wolinski développe sa fibre protestataire et satirique. En 1968, il fonde le périodique politique *L'Enragé* puis collabore à deux autres journaux engagés (*socially involved*) bien connus des Français: *Charlie Hebdo* et *Charlie Mensuel*. En 2005, Wolinski reçoit le Grand Prix de la ville d'Angoulême, lors du Festival international de la bande dessinée d'Angoulême. Il meurt le 7 janvier 2015 dans l'attentat contre *Charlie Hebdo*.

PREPARATION Explain to students that Wolinski writes comic books for adults. He developed his trade during the cultural revolution of the 1970s. Therefore, the themes he deals with mostly concern politics and women's liberation.

Vocabulaire de la bande dessinée

- **même pas** *not even*
- **mériter** *to deserve*
- **des tas de** *loads of*

Vocabulaire utile

- **un accueil** *reception, welcome*
- **ailleurs** *elsewhere*
- **engager** *to hire*
- **les papiers d'identité** *identification*
- **le permis de travail** *work permit*

PREPARATION Read each situation aloud and have students answer **Oui** or **Non** to say whether an immigrant would be hired.
1. Un immigré utilise le visa de travail d'un ami. (Non)
2. Il possède un permis de travail. (Oui)
3. Il possède un faux passeport. (Non)
4. Il n'a pas de papiers d'identité. (Non)
5. Il a un cachet de la douane sur son permis de travail. (Oui)

1 **Moment de détente** Les Français ont la réputation d'aimer faire la conversation. À deux, choisissez les conditions d'une bonne conversation. Ensuite, justifiez vos réponses.

- Regarder ailleurs
- Interrompre son ami(e)
- S'asseoir à la terrasse d'un café
- Prendre un verre
- Inviter d'autres personne à se joindre à la conversation
- Rester seul dans son coin
- Dire bonjour en passant
- Écouter son ami(e) parler
- Regarder la télévision
- Offrir quelque chose à manger

1 PRESENTATION Have students read the comic before doing this activity.

2 **Entre amis** Par petits groupes, dites à vos camarades si vous retrouvez souvent des amis juste pour bavarder. Où allez-vous? Est-il nécessaire de boire ou de manger quelque chose? De quoi parlez-vous?

Analyse

2 EXPANSION Have the same groups describe good table manners in their country or family.

2 PREPARATION Explain to students that table manners vary from one country to another. In France, it is customary to keep both forearms resting on the table. It is rude to speak with one's mouth full, but in many homes smoking at the table is appropriate behavior.

1 **Compréhension** Répondez aux questions.

1. De quoi les personnages parlent-ils? Que font-ils en même temps qu'ils bavardent? Selon vous, où peuvent-ils être?
2. Qui parle le plus? Que dit ce personnage?
3. Pourquoi le second personnage parle-t-il moins que le premier? Quelles sont ses opinions sur le sujet de la conversation, à votre avis?
4. Quel est le ton de la bande dessinée? Qu'est-ce que Wolinski cherche à montrer? D'après vous, réussit-il à avoir un ton humoristique?

2 **Au contraire** Par petits groupes, improvisez une scène où une troisième personne se joint à la conversation pour exprimer des opinions opposées. Présentez vos dialogues à la classe.

L'ENRAGÉ
de Georges Wolinski

Cause Toujours! by Wolinski © Glénat Éditions / Drugstore / 1997

Un essai comparatif

TIP This final **Rédaction** topic will require students to conduct some fairly extensive preliminary research before they begin work on their essays. Have them select the Francophone country that they wish to feature ahead of time, and assign the research portion of this assignment as homework.

PRESENTATION Have students consider what the term *social security* evokes for them and invite them to discuss their thoughts as a class. Tell them that it refers primarily to a government-sponsored program that provides protection against poverty, illness, old age, and disability. In France, the social security system, which is mostly financed by employee contributions, provides a wide variety of benefits in these areas: **maladie, vieillesse et veuvage, famille, accidents du travail et maladies professionnelles,** and **chômage.**

TIP There are many sites on the Internet where students can find relevant material to use in their essays.

Vous allez choisir un pays francophone et préparer un essai dans lequel vous comparerez certains aspects de son système de sécurité sociale avec celui de votre pays.

Plan de rédaction

Commencez par sélectionner un pays francophone qui vous intéresse pour votre recherche. Suivez ensuite ces étapes de préparation et de rédaction.

Planifiez et préparez-vous à écrire

1 **Stratégie: Faire des recherches générales sur le sujet puis en choisir un aspect particulier**

- Commencez par faire des recherches générales sur les systèmes de sécurité sociale du pays choisi et de votre propre pays.
- Choisissez un aspect qui vous intéresse particulièrement, puis approfondissez vos recherches sur cet aspect précis.
- Le but de votre rédaction étant d'écrire un essai comparatif, assurez-vous bien de trouver des informations qui vous permettront de comparer les deux systèmes.
- Utilisez un tableau pour organiser les résultats de votre recherche de façon logique en vue d'une comparaison. Suivez ce modèle.

Aspect choisi: les programmes d'assistance	
France	**États-Unis**
allocation de solidarité aux personnes âgées	SSI (Supplemental Security Income)
allocations familiales, allocations logement	aide aux familles ayant des enfants à charge, tickets pour l'achat de nourriture (*foodstamps*), Section 8

2 **Stratégie: Trouver des informations supplémentaires et les organiser** Pour chaque programme de votre tableau initial, trouvez des informations supplémentaires qui vous permettront de faire une comparaison détaillée. Utilisez un nouveau tableau.

PRESENTATION The **RSA** is a new program that replaced the former **RMI (revenu minimum d'insertion)** in 2009. Unlike the **RMI**, which was designed to help people without any income who were not entitled to regular unemployment benefits, the **RSA** is also available to working people earning low wages.

	France	**États-Unis**	**Mes observations**
allocations chômage	**Conditions:** avoir travaillé un certain temps, ... **Rémunération:** variable **Durée:** jusqu'à 23 mois	**Conditions:** se retrouver involontairement au chômage, ... **Rémunération:** variable **Durée:** 26 semaines	• On a droit aux allocations chômage pendant plus longtemps en France.
RSA (revenu de solidarité active)	**Conditions:** être français ou titulaire d'un titre de séjour autorisant à travailler...		• On n'a pas besoin d'avoir travaillé...

Écrivez

3 **Votre essai comparatif** Maintenant, composez votre essai. Suivez ce plan et utilisez les informations de vos tableaux. N'oubliez pas que le but est de comparer certains aspects des deux systèmes de sécurité sociale. Employez des comparatifs et des superlatifs.

aussi	**moindre(s)**
autant	**moins**
bon(ne)(s)	**peu**
mauvais(e)(s)	**pire(s)**
meilleur(e)(s)	**plus**
mieux	

- **Introduction:** Expliquez en termes généraux ce dont vous allez parler.
- **Développement:** Décrivez et comparez en détails plusieurs aspects des deux systèmes et donnez vos observations personnelles.
- **Conclusion:** Résumez vos observations les plus importantes puis terminez en donnant votre opinion personnelle sur ces deux systèmes.

Révisez et lisez

4 **Révision** Demandez à un(e) caramade de lire votre essai et de vous faire des suggestions pour l'améliorer. Révisez-le en incorporant ses suggestions et en faisant attention à ces éléments.

- Votre introduction explique-t-elle de façon claire ce dont vous allez parler?
- Votre développement est-il organisé logiquement et présente-t-il une comparaison de certains aspects des deux systèmes?
- Votre conclusion donne-t-elle votre opinion personnelle sur les systèmes comparés?
- La grammaire et l'orthographe sont-elles correctes? Vérifiez bien l'emploi du comparatif et du superlatif.

5 **Lecture** Mettez-vous en petits groupes et, à tour de rôle, lisez votre essai à vos camarades. Ils vous poseront des questions puis résumeront deux ou trois choses intéressantes qu'ils ont apprises en vous écoutant.

TIP Circulate around the classroom as groups complete this activity and spend a few minutes interacting with each one. Ask questions such as: **Alors, qu'est-ce que vous avez appris sur... ? Est-ce que vous saviez que... ? Que pensez-vous de... ? Quelles sont les différences principales entre... et... ?**

PRESENTATION Go over the introduction and ask students: **Qui constitue la génération X aux États-Unis? En faites-vous partie? Qu'est-ce que vous associez à cette génération? Comment appelle-t-on cette génération en France? Qu'est-ce que ces termes indiquent au sujet de cette génération?**

TIP Explain that the expression **alter ego** is from Latin. **Alter** means *other* and **ego** means *I*. The expression can be translated into French as **un autre moi-même**. Ask students to explain how they understand this idea.

PRESENTATION Ask volunteers to read the statistics in the colored strips and ask comprehension or follow-up questions. Ex: **Les trois-quarts des 15 à 24 ans habitent encore chez leurs parents. C'est beaucoup, à votre avis? Pourquoi pensez-vous que tant de jeunes Français restent habiter chez leurs parents? Que veut dire la phrase «Les 15–24 ans sont nés français mais ont grandi européens»? Y a-t-il des informations qui vous surprennent? Lesquelles?**

EXPANSION Once you have gone over all the information, ask: **À votre avis, quel est le meilleur terme pour décrire les jeunes Français de 15 à 24 ans: génération techno, génération alter ego ou génération zapping? Pourquoi?** Take a class poll to see which term is the most popular among your students.

La société

On dit que les jeunes de 15 à 24 ans constituent une génération en transition. En France, on entend parler de **génération techno**, de **génération alter ego** ou de **génération zapping**.

Il y a, en France, à peu près 7,8 millions de jeunes entre 15 et 24 ans.

Les 15 à 24 ans ont grandi dans une période marquée par la technologie et la mondialisation: près de 91% d'entre eux ont un ordinateur et ils représentent près de 50% des blogueurs.

Les trois-quarts des 15 à 24 ans habitent encore chez leurs parents.

Les 15 à 24 ans sont nés français mais ont grandi européens.

La majorité des 15 à 24 ans considère la spiritualité importante mais ils ne sont pas religieux.

Ils sont plus de 9 sur 10 à posséder un téléphone portable.

Les 15 à 24 ans veulent vivre toutes sortes d'expériences et connaître d'autres cultures. Ils sont ouverts et tolérants.

La préservation de l'environnement est importante pour eux.

Ils font partie de la civilisation du temps libre et des loisirs: pour la plupart d'entre eux, travailler est une nécessité qui ne doit pas réduire le temps de loisir. Ils consacrent en moyenne 100 euros par mois aux loisirs.

Les 15 à 24 ans sont moins idéalistes, plus pessimistes, plus individualistes et plus pragmatiques que leurs parents.

Les 15 à 24 ans se disent plus touchés que leurs aînés par les difficultés de trouver un emploi, par la compétition et l'instabilité sociale.

Adapté de Gérard Mermet, *Francoscopie 2007*.

1 Dans cette activité, vous allez travailler par petits groupes pour comparer votre génération aux jeunes Français du même âge, en vous basant sur les informations et les statistiques données.

2 Utilisez un tableau à trois colonnes pour organiser vos idées. Le groupe discute de chaque idée pendant quelques minutes, puis vous notez vos remarques principales.

Idée/sujet	Les jeunes Français	Les jeunes Américains
informatique	• 80% ont un ordinateur • 50% sont blogueurs	• Nous avons tous/toutes un ordinateur dans notre groupe. • Un(e) étudiant(e) sur les cinq de notre groupe est blogueur/blogueuse.
religion	Ils ne sont pas religieux.	Les jeunes Américains sont plus religieux; beaucoup vont à l'église le dimanche.
pessimisme	Ils sont plus pessimistes que leurs parents.	Nous sommes aussi plus pessimistes que nos parents.
Autres		

3 Les groupes vont analyser les différentes remarques notées dans leur tableau pour en tirer des conclusions. Ils vont préparer un résumé qu'un(e) volontaire va ensuite présenter oralement à la classe.

Modèle —**Dans l'ensemble, nous pensons que les jeunes Américains s'intéressent autant à l'informatique et aux télécommunications que les jeunes Français...**
—**Par contre, nous sommes plus religieux...**

4 Par petits groupes, discutez pour trouver un nom qui décrive votre génération. Donnez les raisons de votre choix. Ensuite la classe votera pour décider quel est le meilleur nom.

TIP Tell students to start by going over each boxed sentence again and highlighting important words and facts to use in their comparisons.

TIP Tell students they can also add plus, minus, and equal symbols in their tables to indicate how they think Americans in their age bracket generally compare with their French counterparts.

ALTERNATIVE Have groups design a short survey they could use to gather facts and numbers. The survey could ask questions such as: **As-tu un ordinateur? Es-tu blogueur/blogueuse? As-tu un téléphone portable? Te considères-tu plutôt optimiste ou pessimiste?** For homework, have each student interview five students from another French course using the survey. They can use the survey results to fill out their tables.

TIP Review the formation of comparatives and superlatives and ask students to include at least three instances of each in their summaries. Also encourage them to use transition words such as **par contre, de plus** and **cependant.**

EXPANSION After each summary, ask the class for reactions and comments. Ex: **Êtes-vous d'accord avec le groupe de John? Pourquoi? Votre groupe ne pense-t-il pas pareil? Quelles sont les différences entre les idées des deux groupes?**

La France

L'ANGLETERRE
LES PAYS-BAS
LA BELGIQUE
L'ALLEMAGNE
LE LUXEMBOURG
LA MANCHE
LA SUISSE
L'ITALIE
MONACO
ANDORRE
L'ESPAGNE
L'OCÉAN ATLANTIQUE
LA MER MÉDITERRANÉE
NORD-PAS-DE-CALAIS
Pas-de-Calais 62
Lille
59 Nord
Arras
Somme
80 Amiens
PICARDIE
Seine-Maritime
76 Rouen
Beauvais
Oise
60
Charleville-Mézières
08 Ardennes
Laon
Aisne
02
HAUTE-NORMANDIE
Évreux
Eure 27
Val-d'Oise 95
Pontoise
Paris
Yvelines 78
Versailles
Évry
91 Essonne
77
ÎLE-DE-FRANCE
Melun
Seine-et-Marne
51
Châlons-en-Champagne
Marne
CHAMPAGNE-ARDENNE
10 Troyes
Aube
52
Chaumont
Haute-Marne
LORRAINE 57
Meuse 55
Metz
Moselle
Bar-le-Duc
54
Nancy
Meurthe-et-Moselle
88
Épinal
Vosges
Bas-Rhin
67
Strasbourg
ALSACE
Colmar
Haut-Rhin
68
Belfort
90
Belfort
50
Saint-Lô
Manche
Caen
14
Calvados
BASSE-NORMANDIE
Orne
61
Alençon
Finistère
29
Quimper
22
St-Brieuc
Côtes-d'Armor
BRETAGNE
35
Rennes
Ille-et-Vilaine
Morbihan
56
Vannes
53
Laval
Mayenne
72
Le Mans
Sarthe
PAYS DE LA LOIRE
44
Loire-Atlantique
Nantes
Angers
49
Maine-et-Loire
85
La-Roche-sur-Yon
Vendée
Chartres
Eure-et-Loire
28
Loiret
Orléans
45
41
Blois
Loir-et-Cher
Tours
37
Indre-et-Loire
CENTRE
18
Bourges
Cher
Châteauroux
Indre
36
89
Auxerre
Yonne
BOURGOGNE
Nièvre
Nevers
58
Côte-d'Or
21
Dijon
71
Saône-et-Loire
70
Vesoul
Haute-Saône
Doubs
Besançon
FRANCHE-COMTÉ
Jura
25
Lons-le-Saunier
39
79
Deux-Sèvres
86
Poitiers
Niort
Vienne
La Rochelle
POITOU-CHARENTES
Charente-Maritime
16
Angoulême
17
Charente
87
Limoges
Haute-Vienne
Guéret
Creuse
23
LIMOUSIN
Corrèze
19
Tulle
Moulins
Allier
03
AUVERGNE
Clermont-Ferrand
63
Puy-de-Dôme
15
Cantal
Aurillac
Haute-Loire
43
Le Puy-en-Velay
Mâcon
69
Rhône
Lyon
Loire
42
St-Étienne
01
Ain
Bourg-en-Bresse
74
Haute-Savoie
Annecy
RHÔNE-ALPES
38
Isère
Chambéry
Savoie
73
Grenoble
Valence
Drôme
26
Privas
Ardèche
07
05
Hautes-Alpes
Gap
PROVENCE-ALPES-CÔTE-D'AZUR
84
Digne-les-Bains
04
Alpes-de-Haute-Provence
Alpes-Maritimes
06
Nice
Avignon
Vaucluse
13
Bouches-du-Rhône
Marseille
Var
83
Toulon
Périgueux
24
Dordogne
Bordeaux
33
AQUITAINE
Gironde
47
Lot-et-Garonne
Agen
Landes
40
Mont-de-Marsan
64
Pau
Pyrénées-Atlantiques
Lot
Cahors
46
Aveyron
Rodez
Tarn-et-Garonne
82
Montauban
MIDI-PYRÉNÉES
Albi
Tarn
12
81
Gers
Auch
32
Toulouse
Haute-Garonne
31
Tarbes
65
Hautes-Pyrénées
09
Foix
Ariège
48
Mende
Lozère
30
Gard
Nîmes
34
Hérault
Montpellier
LANGUEDOC-ROUSSILLON
11
Carcassonne
Aude
66
Perpignan
Pyrénées-Orientales
Seine-Saint-Denis
Nanterre
Bobigny
93
92
75
Paris
Hauts-de-Seine
94
Créteil
Val-de-Marne
0
100 milles
0
100 kilomètres
0
30 milles
0
30 kilomètres
Bastia
2B
Haute-Corse
CORSE
Ajaccio
2A
Corse-du-Sud

Le monde francophone

L'OCÉAN ARCTIQUE
L'ISLANDE
LA SUÈDE
LA FINLANDE
LA NORVÈGE
LA RUSSIE
L'ESTONIE
LA LETTONIE
LA LITUANIE
LA MER DU NORD
LE DANEMARK
17
LA BIÉLORUSSIE
L'IRLANDE
LA GRANDE-BRETAGNE
LA POLOGNE
L'ALLEMAGNE
L'UKRAINE
LE KAZAKHSTAN
LA MONGOLIE
LA FRANCE
LA MOLDAVIE
LA ROUMANIE
LA BULGARIE
L'OUZBÉKISTAN
LE KIRGHIZISTAN
LE TADJIKISTAN
LE TURKMÉNISTAN
LA CORÉE DU NORD
LA CORÉE DU SUD
LE JAPON
LE PORTUGAL
L'ESPAGNE
L'ITALIE
La Corse
LA GRÈCE
LA TURQUIE
LA CHINE
LA TUNISIE
LA MER MÉDITERRANÉE
L'IRAK
L'IRAN
L'AFGHANISTAN
LE MAROC
LE BHOUTAN
LE KOWEÏT
BAHREÏN
LE PAKISTAN
LE NÉPAL
L'ALGÉRIE
LA LYBIE
L'ÉGYPTE
L'ARABIE SAOUDITE
LE QATAR
LE SAHARA OCCIDENTAL
LA BIRMANIE
L'INDE
LES ÉMIRATS ARABES UNIS
OMAN
TAÏWAN
L'OCÉAN PACIFIQUE
LA MAURITANIE
LE MALI
LE NIGER
LE TCHAD
LE SOUDAN
L'ÉRYTHRÉE
LE YÉMEN
LE LAOS
LE BANGLADESH
LA THAÏLANDE
LE VIÊT-NAM
LES PHILIPPINES
DJIBOUTI
LE SOUDAN DU SUD
LE NIGERIA
LA RÉPUBLIQUE CENTRAFRICAINE
L'ÉTHIOPIE
LE CAMBODGE
LE SRI LANKA
LE CAMEROUN
LA SOMALIE
LA MALAISIE
LA PAPOUASIE-NOUVELLE-GUINÉE
LE CONGO
L'OUGANDA
LE KENYA
LE GABON
LA RÉPUBLIQUE DÉMOCRATIQUE DU CONGO
LES COMORES
L'INDONÉSIE
LA TANZANIE
LES SEYCHELLES
LE TIMOR ORIENTAL
MAYOTTE
L'ANGOLA
LA ZAMBIE
LE MALAWI
MADAGASCAR
LA NAMIBIE
LE ZIMBABWE
LE BOTSWANA
LE MOZAMBIQUE
MAURICE
La Réunion
L'OCÉAN INDIEN
L'AUSTRALIE
LE SWAZILAND
L'AFRIQUE DU SUD
LE LESOTHO
1 LES PAYS-BAS
2 LA BELGIQUE
3 LE LUXEMBOURG
4 LE LIECHTENSTEIN
5 LA SUISSE
6 ANDORRE
7 LA SLOVÉNIE
8 LA CROATIE
9 LA BOSNIE-HERZÉGOVINE
10 LA SERBIE
11 L'ALBANIE
12 LA MACÉDOINE
13 LA HONGRIE
14 L'AUTRICHE
15 LA SLOVAQUIE
16 LA RÉPUBLIQUE TCHÈQUE
17 LA RUSSIE
18 LA GÉORGIE
19 L'ARMÉNIE
20 L'AZERBAIDJAN
21 LE RWANDA
22 LE BURUNDI
23 LA GUINÉE ÉQUATORIALE
24 LE BÉNIN
25 LE TOGO
26 LE GHANA
27 LA CÔTE D'IVOIRE
28 LE BURKINA-FASO
29 LE LIBÉRIA
30 LA SIERRA LEONE
31 LA GUINÉE
32 LA GUINÉE-BISSAU
33 LA GAMBIE
34 LE SÉNÉGAL
35 ISRAËL
36 LE LIBAN
37 LA JORDANIE
38 LA SYRIE
39 CHYPRE
40 LE MONTÉNÉGRO

L'Europe

0 500 milles
0 500 kilomètres
Pays francophones
LA MER DE BARENTS
LA MER DE NORVÈGE
L'ISLANDE
Reykjavik
LA SUÈDE
LA FINLANDE
LA NORVÈGE
Helsinki
LA RUSSIE
Oslo
Stockholm
Tallinn
L'ESTONIE
Moscou
LA MER BALTIQUE
Riga
LA LETTONIE
LA MER DU NORD
LE DANEMARK
LA LITUANIE
Copenhague
Vilnius
LA RUSSIE
Minsk
Dublin
LES PAYS-BAYS
LA BIÉLORUSSIE
L'IRLANDE
LA GRANDE-BRETAGNE
Berlin
Varsovie
La Haye
LA POLOGNE
Kiev
Londres
Bruxelles
L'ALLEMAGNE
L'UKRAINE
LA BELGIQUE
Prague
L'OCÉAN ATLANTIQUE
Luxembourg
LA RÉPUBLIQUE TCHÈQUE
Paris
LA SLOVAQUIE
LA MOLDAVIE
LE LUXEMBOURG
LE LIECHTENSTEIN
Bratislava
Chisinau
Vienne
Budapest
Berne
L'AUTRICHE
LA HONGRIE
LA SUISSE
LA ROUMANIE
LA FRANCE
Ljubljana
Zagreb
LA MER NOIRE
Bucarest
LA SLOVÉNIE
Belgrade
LA CROATIE
LA BOSNIE-HERZÉGOVINE
LA SERBIE
Monte Carlo
Sarajevo
LA BULGARIE
Andorre-la-Vieille
L'ITALIE
Sofia
LE MONTÉNÉGRO
Skopje
LE PORTUGAL
ANDORRE
MONACO
LA MACÉDOINE
Rome
Tirana
La Corse
LA TURQUIE
Madrid
L'ALBANIE
Lisbonne
L'ESPAGNE
LA GRÈCE
La Sardaigne
Athènes
La Sicile
Nicosie
CHYPRE
MALTE
La Valette
LA MER MÉDITERRANÉE
LE MAROC
LA TUNISIE
L'ALGÉRIE
LA LIBYE
L'ÉGYPTE

L'Afrique

LA FRANCE
LE PORTUGAL
L'ESPAGNE
L'ITALIE
LA GRÈCE
LA TURQUIE
LA MER MÉDITERRANÉE
Alger
Tunis
LA TUNISIE
Tripoli
Rabat
LE MAROC
L'ALGÉRIE
LA LYBIE
Le Caire
L'ÉGYPTE
LA SYRIE
LE LIBAN
ISRAËL
LA JORDANIE
L'IRAK
L'IRAN
LE KOWEÏT
BAHREÏN
LES ÉMIRATS ARABES UNIS
L'ARABIE SAOUDITE
LE QATAR
OMAN
LE YÉMEN
LE SAHARA OCCIDENTAL
LA MAURITANIE
Nouakchott
LE MALI
LE NIGER
LE TCHAD
LE SOUDAN
Khartoum
Asmara
L'ÉRYTHRÉE
LE SÉNÉGAL
Dakar
LA GAMBIE
Bissau
LA GUINÉE-BISSAU
LA GUINÉE
Bamako
LE BURKINA-FASO
Niamey
Ouagadougou
N'Djamena
DJIBOUTI
Djibouti
Conakry
Freetown
LA SIERRA LEONE
Monrovia
LE LIBÉRIA
Yamoussoukro
LA CÔTE D'IVOIRE
LE GHANA
Accra
Lomé
LE TOGO
LE BÉNIN
Porto-Novo
LE NIGÉRIA
Abuja
LE CAMEROUN
Yaoundé
LA RÉPUBLIQUE CENTRAFRICAINE
Bangui
LE SOUDAN DU SUD
Addis-Abeba
L'ÉTHIOPIE
LA SOMALIE
Muqdisho
L'OUGANDA
Kampala
LE KENYA
Nairobi
LA GUINÉE ÉQUATORIALE
LE GABON
Libreville
LE CONGO
Brazzaville
Kinshasa
LE RWANDA
Kigali
LA RÉPUBLIQUE DÉMOCRATIQUE DU CONGO
Bujumbura
LE BURUNDI
LA TANZANIE
Dar es-Salaam
LES SEYCHELLES
LES COMORES
MAYOTTE
Luanda
L'ANGOLA
LA ZAMBIE
Lusaka
Lilongwe
LE MALAWI
Harare
LE ZIMBABWE
LE MOZAMBIQUE
MADAGASCAR
Antananarivo
MAURICE
La Réunion
LA NAMIBIE
Windhoek
LE BOTSWANA
Gabarone
Pretoria
Maputo
Mbabane
LE SWAZILAND
Maseru
LE LESOTHO
L'AFRIQUE DU SUD
L'OCÉAN ATLANTIQUE
L'OCÉAN INDIEN
Pays francophones
0
1,000 miles
0
1,000 kilomètres

L'Amérique du Nord et du Sud

Tables de conjugaison

Guide to the Verb Lists and Tables

The list of verbs below includes common regular, irregular, reflexive, and spelling-change verbs. Each verb is followed by a model verb that has the same conjugation pattern. The number in parentheses indicates where in the verb tables (pages 205–216) you can find the model verb. Regular **-er**, **-ir**, and **-re** verbs are conjugated like **parler** (1), **finir** (2) and **vendre** (3), respectively. The phrase ***p.c. with être*** after a verb means that it is conjugated with **être** in the **passé composé** and other compound tenses. (See page 206.) Reminder: All reflexive (pronominal) verbs use **être** as their auxiliary verb, and they are alphabetized under the non-reflexive infinitive.

accueillir like ouvrir (34)
s'acharner like se laver (4)
acheter (7)
s'adapter like se laver (4)
s'adresser like se laver (4)
agacer like commencer (9)
aller (13); **p.c.** with **être**
s'améliorer like se laver (4)
amener like acheter (7)
s'amuser like se laver (4)
apercevoir like recevoir (40)
s'apercevoir like recevoir (40) *except* **p.c.** with **être**
appartenir like tenir (48)
appeler (8)
apprendre like prendre (39)
s'appuyer like employer (10) *except* **p.c.** with **être**
s'arrêter like se laver (4)
arriver like parler (1) *except* **p.c.** with **être**
s'asseoir (14); **p.c.** with **être**
s'assimiler like se laver (4)
s'associer like se laver (4)
atteindre like éteindre (26)
s'attendre like vendre (3) *except* **p.c.** with **être**
avancer like commencer (9)
avoir (5)
se balancer like commencer (9) *except* **p.c.** with **être**
balayer like employer (10) *except* **y** to **i** change optional
se battre (15); **p.c.** with **être**
se blesser like se laver (4)
boire (16)
se brosser like se laver (4)
se casser like se laver (4)
célébrer like préférer (12)
se coiffer like se laver (4)
combattre like se battre (15) *except* **p.c.** with **avoir**
commencer (9)
se comporter like se laver (4)
comprendre like prendre (39)
conduire (17)
connaître (18)
se connecter like se laver (4)
se consacrer like se laver (4)
considérer like préférer (12)
construire like conduire (17)
convaincre like vaincre (49)
se coucher like se laver (4)
se couper like se laver (4)
courir (19)
couvrir like ouvrir (34)
craindre like éteindre (26)
croire (20)
se croiser like se laver (4)
déblayer like essayer (10)
se débrouiller like se laver (4)
se décourager like manger (11) *except* **p.c.** with **être**
découvrir like ouvrir (34)
décrire like écrire (23)
se demander like se laver (4)
déménager like manger (11)
se dépasser like se laver (4)
se dépêcher like se laver (4)
se déplacer like commencer (9)
déranger like manger (11)
se dérouler like se laver (4)
descendre like vendre (3) *except* **p.c.** with **être; p.c.** w/ **avoir** if takes a direct object
se déshabiller like se laver (4)
se détendre like vendre (3) *except* **p.c.** with **être**
détruire like conduire (17)
devenir like venir (51); **p.c.** with **être**
devoir (21)
dire (22)
diriger like manger (11)
disparaître like connaître (18)
se disputer like se laver (4)
se divertir like finir (2) *except* **p.c.** with **être**
divorcer like commencer (9)
dormir like partir (35) *except* **p.c.** with **avoir**
se douter like se laver (4)
écrire (23)
effacer like commencer (9)
élever like acheter (7)
élire like lire (30)
s'embrasser like se laver (4)
emménager like manger (11)
emmener like acheter (7)
émouvoir (24)
employer (10)
s'endormir like partir (35); **p.c.** with **être**
enlever like acheter (7)
s'énerver like se laver (4)
s'enfoncer like commencer (9) *except* **p.c.** with **être**
s'engager like manger (11) *except* **p.c.** with **être**
ennuyer like employer (10)
s'ennuyer like employer (10) *except* **p.c.** with **être**
s'enrichir like finir (2) *except* **p.c.** with **être**
s'entendre like vendre (3) *except* **p.c.** with **être**
s'étonner like se laver (4)
s'entourer like se laver (4)
entreprendre like prendre (39)
entrer like parler (1) *except* **p.c.** with **être**
entretenir like tenir (48)
s'entretenir like tenir (48) *except* **p.c.** with **être**
envoyer (25)
épeler like appeler (8)
espérer like préférer (12)
essayer like employer (10) *except* **y** to **i** change optional

essuyer like employer (10)
s'établir like finir (2) *except* **p.c.** with **être**
éteindre (26)
s'étendre like vendre (3) *except* **p.c.** with **être**
être (6)
s'excuser like se laver (4)
exiger like manger (11)
se fâcher like se laver (4)
faire (27)
falloir (28)
se fiancer like commencer (9) *except* **p.c.** with **être**
finir (2)
forcer like commencer (9)
se fouler like se laver (4)
fuir (29)
s'habiller like se laver (4)
s'habituer like se laver (4)
harceler like acheter (7)
s'informer like se laver (4)
s'inquiéter like préférer (12) *except* **p.c.** with **être**
s'inscrire like écrire (23) *except* **p.c.** with **être**
s'installer like se laver (4)
interdire like dire (22) *except* **vous interdisez** (present) and **interdisez** (imperative)
s'intégrer like préférer (12) *except* **p.c.** with **être**
s'intéresser like se laver (4)
s'investir like finir (2) *except* **p.c.** with **être**
jeter like appeler (8)
lancer like commencer (9)
se lancer like commencer (9) *except* **p.c.** with **être**
se laver (4)
lever like acheter (7)
se lever like acheter (7) *except* **p.c.** with **être**
se libérer like se laver (4)
lire (30)
loger like manger (11)
maintenir like tenir (48)
manger (11)
se maquiller like se laver (4)
se marier like se laver (4)
se méfier like se laver (4)
menacer like commencer (9)
mener like acheter (7)
mentir like partir (35) *except* **p.c.** with **avoir**
mettre (31)
se mettre like mettre (31) *except* **p.c.** with **être**
monter like parler (1) *except* **p.c.** with **être; p.c.** w/**avoir** if takes a direct object
se moquer like se laver (4)
mourir (32); **p.c.** with **être**
nager like manger (11)
naître (33); **p.c.** with **être**
nettoyer like employer (10)
nuire like conduire (17)
obtenir like tenir (48)
s'occuper like se laver (4)
offrir like ouvrir (34)
s'orienter like se laver (4)
ouvrir (34)
paraître like connaître (18)
parcourir like courir (19)
parler (1)
partager like manger (11)
partir (35); **p.c.** with **être**
parvenir like venir (51)
passer like parler (1) *except* **p.c.** with **être**
payer like employer (10) *except* **y** to **i** change optional
se peigner like se laver (4)
percevoir like recevoir (40)
permettre like mettre (31)
peser like acheter (7)
placer like commencer (9)
se plaindre like éteindre (26) *except* **p.c.** with **être**
plaire (36)
pleuvoir (37)
plonger like manger (11)
posséder like préférer (12)
pouvoir (38)
prédire like dire (22) *except* **vous prédisez** (present) and **prédisez** (imperative)
préférer (12)
prendre (39)
prévenir like venir (51) *except* **p.c.** with **avoir**
prévoir like voir (53)
produire like conduire (17)
projeter like appeler (8)
se promener like acheter (7) *except* **p.c.** with **être**
promettre like mettre (31)
protéger like préférer (12) *except* takes **e** between **g** and vowels **a** and **o**
provenir like venir (51)
ranger like manger (11)
rappeler like appeler (8)
se rappeler like appeler (8) *except* **p.c.** with **être**
se raser like se laver (4)
se rassurer like se laver (4)
se rebeller like se laver (4)
recevoir (40)
se réconcilier like se laver (4)
reconnaître like connaître (18)
réduire like conduire (17)
régner like préférer (12)
rejeter like appeler (8)
rejoindre (41)
se relever like acheter (7) *except* **p.c.** with **être**
remplacer like commencer (9)
renouveler like appeler (8)
rentrer like parler (1) *except* **p.c.** with **être**
renvoyer like envoyer (25)
répéter like préférer (12)
se reposer like se laver (4)
reprendre like prendre (39)
résoudre (42)
ressentir like partir (35) *except* **p.c.** with **avoir**
rester like parler (1) *except* **p.c.** with **être**
retenir like tenir (48)
retourner like parler (1) *except* **p.c.** with **être**
se retourner like se laver (4)
retransmettre like mettre (31)
se réunir like finir (2) *except* **p.c.** with **être**
se réveiller like se laver (4)
revenir like venir (51); **p.c.** with **être**
revoir like voir (53)
se révolter like se laver (4)
rire (43)
rompre (44)
savoir (45)
se sécher like préférer (12) *except* **p.c.** with **être**
séduire like conduire (17)
sentir like partir (35) *except* **p.c.** with **avoir**
servir like partir (35) *except* **p.c.** with **avoir**
se servir like partir (35); **p.c.** with **être**
sortir like partir (35); **p.c.** with **être**
se soucier like se laver (4)
souffrir like ouvrir (34)
soulager like manger (11)
soulever like acheter (7)
sourire like rire (43)
soutenir like tenir (48)
se souvenir like venir (51); **p.c.** with **être**
subvenir like venir (51) *except* **p.c.** with **avoir**
suffire like lire (30)
suggérer like préférer (12)
suivre (46)
surprendre like prendre (39)
survivre like vivre (52)
se taire (47)
télécharger like manger (11)
tenir (48)
tomber like parler (1) *except* **p.c.** with **être**
traduire like conduire (17)
se tromper like se laver (4)
se trouver like se laver (4)
vaincre (49)
valoir (50)
vendre (3)
venir (51); **p.c.** with **être**
vivre (52)
voir (53)
vouloir (54)
voyager like manger (11)

Tables de conjugaison

Regular verbs

	Infinitive Present participle Past participle Past infinitive	INDICATIVE Subject Pronouns	Present	Passé simple	Imperfect	Future	CONDITIONAL Present	SUBJUNCTIVE Present	IMPERATIVE
1	parler	je	parle	parlai	parlais	parlerai	parlerais	parle	
	(to speak)	tu	parles	parlas	parlais	parleras	parlerais	parles	parle
		il/elle/on	parle	parla	parlait	parlera	parlerait	parle	
	parlant	nous	parlons	parlâmes	parlions	parlerons	parlerions	parlions	parlons
	parlé	vous	parlez	parlâtes	parliez	parlerez	parleriez	parliez	parlez
	avoir parlé	ils/elles	parlent	parlèrent	parlaient	parleront	parleraient	parlent	
2	finir	je	finis	finis	finissais	finirai	finirais	finisse	
	(to finish)	tu	finis	finis	finissais	finiras	finirais	finisses	finis
		il/elle/on	finit	finit	finissait	finira	finirait	finisse	
	finissant	nous	finissons	finîmes	finissions	finirons	finirions	finissions	finissons
	fini	vous	finissez	finîtes	finissiez	finirez	finiriez	finissiez	finissez
	avoir fini	ils/elles	finissent	finirent	finissaient	finiront	finiraient	finissent	
3	vendre	je	vends	vendis	vendais	vendrai	vendrais	vende	
	(to sell)	tu	vends	vendis	vendais	vendras	vendrais	vendes	vends
		il/elle/on	vend	vendit	vendait	vendra	vendrait	vende	
	vendant	nous	vendons	vendîmes	vendions	vendrons	vendrions	vendions	vendons
	vendu	vous	vendez	vendîtes	vendiez	vendrez	vendriez	vendiez	vendez
	avoir vendu	ils/elles	vendent	vendirent	vendaient	vendront	vendraient	vendent	

Reflexive (Pronominal)

	INFINITIVE Present participle Past participle Past infinitive	INDICATIVE Subject Pronouns	Present	Passé simple	Imperfect	Future	CONDITIONAL Present	SUBJUNCTIVE Present	IMPERATIVE
4	se laver	je	me lave	me lavai	me lavais	me laverai	me laverais	me lave	
	(to wash oneself)	tu	te laves	te lavas	te lavais	te laveras	te laverais	te laves	lave-toi
		il/elle/on	se lave	se lava	se lavait	se lavera	se laverait	se lave	
	se lavant	nous	nous lavons	nous lavâmes	nous lavions	nous laverons	nous laverions	nous lavions	lavons-nous
	lavé	vous	vous lavez	vous lavâtes	vous laviez	vous laverez	vous laveriez	vous laviez	lavez-vous
	s'être lavé(e)(s)	ils/elles	se lavent	se lavèrent	se lavaient	se laveront	se laveraient	se lavent	

Auxiliary verbs: *avoir* and *être*

	Infinitive	INDICATIVE					CONDITIONAL	SUBJUNCTIVE	IMPERATIVE
	Present participle Past participle Past infinitive	**Subject Pronouns**	**Present**	**Passé simple**	**Imperfect**	**Future**	**Present**	**Present**	
5	avoir	j'	ai	eus	avais	aurai	aurais	aie	
	(to have)	tu	as	eus	avais	auras	aurais	aies	aie
		il/elle/on	a	eut	avait	aura	aurait	ait	
	ayant	nous	avons	eûmes	avions	aurons	aurions	ayons	ayons
	eu	vous	avez	eûtes	aviez	aurez	auriez	ayez	ayez
	avoir eu	ils/elles	ont	eurent	avaient	auront	auraient	aient	
6	être	je (j')	suis	fus	étais	serai	serais	sois	
	(to be)	tu	es	fus	étais	seras	serais	sois	sois
		il/elle/on	est	fut	était	sera	serait	soit	
	étant	nous	sommes	fûmes	étions	serons	serions	soyons	soyons
	été	vous	êtes	fûtes	étiez	serez	seriez	soyez	soyez
	avoir été	ils/elles	sont	furent	étaient	seront	seraient	soient	

Compound tenses

INDICATIVE							CONDITIONAL		SUBJUNCTIVE	
Subject pronouns	**Passé composé**		**Pluperfect**		**Future perfect**		**Past**		**Past**	
j'	ai		avais		aurai		aurais		aie	
tu	as	parlé	avais	parlé	auras	parlé	aurais	parlé	aies	parlé
il/elle/on	a	fini	avait	fini	aura	fini	aurait	fini	ait	fini
nous	avons	vendu	avions	vendu	aurons	vendu	aurions	vendu	ayons	vendu
vous	avez		aviez		aurez		auriez		ayez	
ils/elles	ont		avaient		auront		auraient		aient	
je (j')	suis		étais		serai		serais		sois	
tu	es		étais		seras		serais		sois	
il/elle/on	est		était		sera		serait		soit	
nous	sommes	allé(e)(s)	étions	allé(e)(s)	serons	allé(e)(s)	serions	allé(e)(s)	soyons	allé(e)(s)
vous	êtes		étiez		serez		seriez		soyez	
ils/elles	sont		étaient		seront		seraient		soient	

Verbs with spelling changes

	Infinitive	INDICATIVE					CONDITIONAL	SUBJUNCTIVE	IMPERATIVE
	Present participle Past participle Past infinitive	Subject Pronouns	Present	Passé simple	Imperfect	Future	Present	Present	
7	acheter	j'	achète	achetai	achetais	achèterai	achèterais	achète	
	(to buy)	tu	achètes	achetas	achetais	achèteras	achèterais	achètes	achète
		il/elle/on	achète	acheta	achetait	achètera	achèterait	achète	
	achetant	nous	achetons	achetâmes	achetions	achèterons	achèterions	achetions	achetons
	acheté	vous	achetez	achetâtes	achetiez	achèterez	achèteriez	achetiez	achetez
	avoir acheté	ils/elles	achètent	achetèrent	achetaient	achèteront	achèteraient	achètent	
8	appeler	j'	appelle	appelai	appelais	appellerai	appellerais	appelle	
	(to call)	tu	appelles	appelas	appelais	appelleras	appellerais	appelles	appelle
		il/elle/on	appelle	appela	appelait	appellera	appellerait	appelle	
	appelant	nous	appelons	appelâmes	appelions	appellerons	appellerions	appelions	appelons
	appelé	vous	appelez	appelâtes	appeliez	appellerez	appelleriez	appeliez	appelez
	avoir appelé	ils/elles	appellent	appelèrent	appelaient	appelleront	appelleraient	appellent	
9	commencer	je	commence	commençai	commençais	commencerai	commencerais	commence	
	(to begin)	tu	commences	commenças	commençais	commenceras	commencerais	commences	commence
		il/elle/on	commence	commença	commençait	commencera	commencerait	commence	
	commençant	nous	commençons	commençâmes	commencions	commencerons	commencerions	commencions	commençons
	commencé	vous	commencez	commençâtes	commenciez	commencerez	commenceriez	commenciez	commencez
	avoir commencé	ils/elles	commencent	commencèrent	commençaient	commenceront	commenceraient	commencent	
10	employer	j'	emploie	employai	employais	emploierai	emploierais	emploie	
	(to use; to employ)	tu	emploies	employas	employais	emploieras	emploierais	emploies	emploie
		il/elle/on	emploie	employa	employait	emploiera	emploierait	emploie	
	employant	nous	employons	employâmes	employions	emploierons	emploierions	employions	employons
	employé	vous	employez	employâtes	employiez	emploierez	emploieriez	employiez	employez
	avoir employé	ils/elles	emploient	employèrent	employaient	emploieront	emploieraient	emploient	
11	manger	je	mange	mangeai	mangeais	mangerai	mangerais	mange	
	(to eat)	tu	manges	mangeas	mangeais	mangeras	mangerais	manges	mange
		il/elle/on	mange	mangea	mangeait	mangera	mangerait	mange	
	mangeant	nous	mangeons	mangeâmes	mangions	mangerons	mangerions	mangions	mangeons
	mangé	vous	mangez	mangeâtes	mangiez	mangerez	mangeriez	mangiez	mangez
	avoir mangé	ils/elles	mangent	mangèrent	mangeaient	mangeront	mangeraient	mangent	

Verbs with spelling changes *(continued)*

	Infinitive	INDICATIVE					CONDITIONAL	SUBJUNCTIVE	IMPERATIVE
	Present participle Past participle Past infinitive	**Subject Pronouns**	**Present**	**Passé simple**	**Imperfect**	**Future**	**Present**	**Present**	
12	préférer	je	préfère	préférai	préférais	préférerai	préférerais	préfère	
	(to prefer)	tu	préfères	préféras	préférais	préféreras	préférerais	préfères	préfère
		il/elle/on	préfère	préféra	préférait	préférera	préférerait	préfère	
	préférant	nous	préférons	préférâmes	préférions	préférerons	préférerions	préférions	préférons
	préféré	vous	préférez	préférâtes	préfériez	préférerez	préféreriez	préfériez	préférez
	avoir préféré	ils/elles	préfèrent	préférèrent	préféraient	préféreront	préféreraient	préfèrent	

Irregular verbs

	Infinitive	INDICATIVE					CONDITIONAL	SUBJUNCTIVE	IMPERATIVE
	Present participle Past participle Past infinitive	**Subject Pronouns**	**Present**	**Passé simple**	**Imperfect**	**Future**	**Present**	**Present**	
13	aller	je (j')	vais	allai	allais	irai	irais	aille	
	(to go)	tu	vas	allas	allais	iras	irais	ailles	va
		il/elle/on	va	alla	allait	ira	irait	aille	
	allant	nous	allons	allâmes	allions	irons	irions	allions	allons
	allé	vous	allez	allâtes	alliez	irez	iriez	alliez	allez
	être allé(e)(s)	ils/elles	vont	allèrent	allaient	iront	iraient	aillent	
14	s'asseoir	je	m'assieds	m'assis	m'asseyais	m'assiérai	m'assiérais	m'asseye	
	(to sit down,	tu	t'assieds	t'assis	t'asseyais	t'assiéras	t'assiérais	t'asseyes	assieds-toi
	to be seated)	il/elle/on	s'assied	s'assit	s'asseyait	s'assiéra	s'assiérait	s'asseye	
	s'asseyant	nous	nous asseyons	nous assîmes	nous asseyions	nous assiérons	nous assiérions	nous asseyions	asseyons-nous
	assis	vous	vous asseyez	vous assîtes	vous asseyiez	vous assiérez	vous assiériez	vous asseyiez	asseyez-vous
	s'être assis(e)(s)	ils/elles	s'asseyent	s'assirent	s'asseyaient	s'assiéront	s'assiéraient	s'asseyent	
15	se battre	je	me bats	me battis	me battais	me battrai	me battrais	me batte	
	(to fight)	tu	te bats	te battis	te battais	te battras	te battrais	te battes	bats-toi
		il/elle/on	se bat	se battit	se battait	se battra	se battrait	se batte	
	se battant	nous	nous battons	nous battîmes	nous battions	nous battrons	nous battrions	nous battions	battons-nous
	battu	vous	vous battez	vous battîtes	vous battiez	vous battrez	vous battriez	vous battiez	battez-vous
	s'être battu(e)(s)	ils/elles	se battent	se battirent	se battaient	se battront	se battraient	se battent	

	Infinitive	INDICATIVE					CONDITIONAL	SUBJUNCTIVE	IMPERATIVE
	Present participle Past participle Past infinitive	Subject Pronouns	Present	Passé simple	Imperfect	Future	Present	Present	
16	boire	je	bois	bus	buvais	boirai	boirais	boive	
	(to drink)	tu	bois	bus	buvais	boiras	boirais	boives	bois
		il/elle/on	boit	but	buvait	boira	boirait	boive	
	buvant	nous	buvons	bûmes	buvions	boirons	boirions	buvions	buvons
	bu	vous	buvez	bûtes	buviez	boirez	boiriez	buviez	buvez
	avoir bu	ils/elles	boivent	burent	buvaient	boiront	boiraient	boivent	
17	conduire	je	conduis	conduisis	conduisais	conduirai	conduirais	conduise	
	(to drive; to lead)	tu	conduis	conduisis	conduisais	conduiras	conduirais	conduises	conduis
		il/elle/on	conduit	conduisit	conduisait	conduira	conduirait	conduise	
	conduisant	nous	conduisons	conduisîmes	conduisions	conduirons	conduirions	conduisions	conduisons
	conduit	vous	conduisez	conduisîtes	conduisiez	conduirez	conduiriez	conduisiez	conduisez
	avoir conduit	ils/elles	conduisent	conduisirent	conduisaient	conduiront	conduiraient	conduisent	
18	connaître	je	connais	connus	connaissais	connaîtrai	connaîtrais	connaisse	
	(to know, to be	tu	connais	connus	connaissais	connaîtras	connaîtrais	connaisses	connais
	acquainted with)	il/elle/on	connaît	connut	connaissait	connaîtra	connaîtrait	connaisse	
	connaissant	nous	connaissons	connûmes	connaissions	connaîtrons	connaîtrions	connaissions	connaissons
	connu	vous	connaissez	connûtes	connaissiez	connaîtrez	connaîtriez	connaissiez	connaissez
	avoir connu	ils/elles	connaissent	connurent	connaissaient	connaîtront	connaîtraient	connaissent	
19	courir	je	cours	courus	courais	courrai	courrais	coure	
	(to run)	tu	cours	courus	courais	courras	courrais	coures	cours
		il/elle/on	court	courut	courait	courra	courrait	coure	
	courant	nous	courons	courûmes	courions	courrons	courrions	courions	courons
	couru	vous	courez	courûtes	couriez	courrez	courriez	couriez	courez
	avoir couru	ils/elles	courent	coururent	couraient	courront	courraient	courent	
20	croire	je	crois	crus	croyais	croirai	croirais	croie	
	(to believe)	tu	crois	crus	croyais	croiras	croirais	croies	crois
		il/elle/on	croit	crut	croyait	croira	croirait	croie	
	croyant	nous	croyons	crûmes	croyions	croirons	croirions	croyions	croyons
	cru	vous	croyez	crûtes	croyiez	croirez	croiriez	croyiez	croyez
	avoir cru	ils/elles	croient	crurent	croyaient	croiront	croiraient	croient	

	Infinitive	INDICATIVE					CONDITIONAL	SUBJUNCTIVE	IMPERATIVE
	Present participle Past participle Past infinitive	Subject Pronouns	Present	Passé simple	Imperfect	Future	Present	Present	
21	devoir	je	dois	dus	devais	devrai	devrais	doive	
	(to have to; to owe)	tu	dois	dus	devais	devras	devrais	doives	dois
		il/elle/on	doit	dut	devait	devra	devrait	doive	
	devant	nous	devons	dûmes	devions	devrons	devrions	devions	devons
	dû	vous	devez	dûtes	deviez	devrez	devriez	deviez	devez
	avoir dû	ils/elles	doivent	durent	devaient	devront	devraient	doivent	
22	dire	je	dis	dis	disais	dirai	dirais	dise	
	(to say, to tell)	tu	dis	dis	disais	diras	dirais	dises	dis
		il/elle/on	dit	dit	disait	dira	dirait	dise	
	disant	nous	disons	dîmes	disions	dirons	dirions	disions	disons
	dit	vous	dites	dîtes	disiez	direz	diriez	disiez	dites
	avoir dit	ils/elles	disent	dirent	disaient	diront	diraient	disent	
23	écrire	j'	écris	écrivis	écrivais	écrirai	écrirais	écrive	
	(to write)	tu	écris	écrivis	écrivais	écriras	écrirais	écrives	écris
		il/elle/on	écrit	écrivit	écrivait	écrira	écrirait	écrive	
	écrivant	nous	écrivons	écrivîmes	écrivions	écrirons	écririons	écrivions	écrivons
	écrit	vous	écrivez	écrivîtes	écriviez	écrirez	écririez	écriviez	écrivez
	avoir écrit	ils/elles	écrivent	écrivirent	écrivaient	écriront	écriraient	écrivent	
24	émouvoir	j'	émeus	émus	émouvais	émouvrai	émouvrais	émeuve	
	(to move)	tu	émeus	émus	émouvais	émouvras	émouvrais	émeuves	émeus
		il/elle/on	émeut	émut	émouvait	émouvra	émouvrait	émeuve	
	émouvant	nous	émouvons	émûmes	émouvions	émouvrons	émouvrions	émouvions	émouvons
	ému	vous	émouvez	émûtes	émouviez	émouvrez	émouvriez	émouviez	émouvez
	avoir ému	ils/elles	émeuvent	émurent	émouvaient	émouvront	émouvraient	émeuvent	
25	envoyer	j'	envoie	envoyai	envoyais	enverrai	enverrais	envoie	
	(to send)	tu	envoies	envoyas	envoyais	enverras	enverrais	envoies	envoie
		il/elle/on	envoie	envoya	envoyait	enverra	enverrait	envoie	
	envoyant	nous	envoyons	envoyâmes	envoyions	enverrons	enverrions	envoyions	envoyons
	envoyé	vous	envoyez	envoyâtes	envoyiez	enverrez	enverriez	envoyiez	envoyez
	avoir envoyé	ils/elles	envoient	envoyèrent	envoyaient	enverront	enverraient	envoient	

	Infinitive Present participle Past participle Past infinitive	INDICATIVE Subject Pronouns	Present	Passé simple	Imperfect	Future	CONDITIONAL Present	SUBJUNCTIVE Present	IMPERATIVE
26	éteindre	j'	éteins	éteignis	éteignais	éteindrai	éteindrais	éteigne	
	(to turn off)	tu	éteins	éteignis	éteignais	éteindras	éteindrais	éteignes	éteins
		il/elle/on	éteint	éteignit	éteignait	éteindra	éteindrait	éteigne	
	éteignant	nous	éteignons	éteignîmes	éteignions	éteindrons	éteindrions	éteignions	éteignons
	éteint	vous	éteignez	éteignîtes	éteigniez	éteindrez	éteindriez	éteigniez	éteignez
	avoir étient	ils/elles	éteignent	éteignirent	éteignaient	éteindront	éteindraient	éteignent	
27	faire	je	fais	fis	faisais	ferai	ferais	fasse	
	(to do; to make)	tu	fais	fis	faisais	feras	ferais	fasses	fais
		il/elle/on	fait	fit	faisait	fera	ferait	fasse	
	faisant	nous	faisons	fîmes	faisions	ferons	ferions	fassions	faisons
	fait	vous	faites	fîtes	faisiez	ferez	feriez	fassiez	faites
	avoir fait	ils/elles	font	firent	faisaient	feront	feraient	fassent	
28	falloir								
	(to be necessary)								
		il	faut	fallut	fallait	faudra	faudrait	faille	
	fallu								
	avoir fallu								
29	fuir	je	fuis	fuis	fuyais	fuirai	fuirais	fuie	
	(to flee)	tu	fuis	fuis	fuyais	fuiras	fuirais	fuies	fuis
		il/elle/on	fuit	fuit	fuyait	fuira	fuirait	fuie	
	fuyant	nous	fuyons	fuîmes	fuyions	fuirons	fuirions	fuyions	fuyons
	fui	vous	fuyez	fuîtes	fuyiez	fuirez	fuiriez	fuyiez	fuyez
	avoir fui	ils/elles	fuient	fuirent	fuyaient	fuiront	fuiraient	fuient	
30	lire	je	lis	lus	lisais	lirai	lirais	lise	
	(to read)	tu	lis	lus	lisais	liras	lirais	lises	lis
		il/elle/on	lit	lut	lisait	lira	lirait	lise	
	lisant	nous	lisons	lûmes	lisions	lirons	lirions	lisions	lisons
	lu	vous	lisez	lûtes	lisiez	lirez	liriez	lisiez	lisez
	avoir lu	ils/elles	lisent	lurent	lisaient	liront	liraient	lisent	

	Infinitive Present participle Past participle Past infinitive	INDICATIVE					CONDITIONAL	SUBJUNCTIVE	IMPERATIVE
		Subject Pronouns	Present	Passé simple	Imperfect	Future	Present	Present	
31	mettre	je	mets	mis	mettais	mettrai	mettrais	mette	
	(to put)	tu	mets	mis	mettais	mettras	mettrais	mettes	mets
		il/elle/on	met	mit	mettait	mettra	mettrait	mette	
	mettant	nous	mettons	mîmes	mettions	mettrons	mettrions	mettions	mettons
	mis	vous	mettez	mîtes	mettiez	mettrez	mettriez	mettiez	mettez
	avoir mis	ils/elles	mettent	mirent	mettaient	mettront	mettraient	mettent	
32	mourir	je	meurs	mourus	mourais	mourrai	mourrais	meure	
	(to die)	tu	meurs	mourus	mourais	mourras	mourrais	meures	meurs
		il/elle/on	meurt	mourut	mourait	mourra	mourrait	meure	
	mourant	nous	mourons	mourûmes	mourions	mourrons	mourrions	mourions	mourons
	mort	vous	mourez	mourûtes	mouriez	mourrez	mourriez	mouriez	mourez
	être mort(e)(s)	ils/elles	meurent	moururent	mouraient	mourront	mourraient	meurent	
33	naître	je	nais	naquis	naissais	naîtrai	naîtrais	naisse	
	(to be born)	tu	nais	naquis	naissais	naîtras	naîtrais	naisses	nais
		il/elle/on	naît	naquit	naissait	naîtra	naîtrait	naisse	
	naissant	nous	naissons	naquîmes	naissions	naîtrons	naîtrions	naissions	naissons
	né	vous	naissez	naquîtes	naissiez	naîtrez	naîtriez	naissiez	naissez
	être né(e)(s)	ils/elles	naissent	naquirent	naissaient	naîtront	naîtraient	naissent	
34	ouvrir	j'	ouvre	ouvris	ouvrais	ouvrirai	ouvrirais	ouvre	
	(to open)	tu	ouvres	ouvris	ouvrais	ouvriras	ouvrirais	ouvres	ouvre
		il/elle/on	ouvre	ouvrit	ouvrait	ouvrira	ouvrirait	ouvre	
	ouvrant	nous	ouvrons	ouvrîmes	ouvrions	ouvrirons	ouvririons	ouvrions	ouvrons
	ouvert	vous	ouvrez	ouvrîtes	ouvriez	ouvrirez	ouvririez	ouvriez	ouvrez
	avoir ouvert	ils/elles	ouvrent	ouvrirent	ouvraient	ouvriront	ouvriraient	ouvrent	
35	partir	je	pars	partis	partais	partirai	partirais	parte	
	(to leave)	tu	pars	partis	partais	partiras	partirais	partes	pars
		il/elle/on	part	partit	partait	partira	partirait	parte	
	partant	nous	partons	partîmes	partions	partirons	partirions	partions	partons
	parti	vous	partez	partîtes	partiez	partirez	partiriez	partiez	partez
	être parti(e)(s)	ils/elles	partent	partirent	partaient	partiront	partiraient	partent	

	Infinitive Present participle Past participle Past infinitive	INDICATIVE Subject Pronouns	 Present	 Passé simple	 Imperfect	 Future	CONDITIONAL Present	SUBJUNCTIVE Present	IMPERATIVE
36	plaire	je	plais	plus	plaisais	plairai	plairais	plaise	
	(to please)	tu	plais	plus	plaisais	plairas	plairais	plaises	plais
		il/elle/on	plaît	plut	plaisait	plaira	plairait	plaise	
	plaisant	nous	plaisons	plûmes	plaisions	plairons	plairions	plaisions	plaisons
	plu	vous	plaisez	plûtes	plaisiez	plairez	plairiez	plaisiez	plaisez
	avoir plu	ils/elles	plaisent	plurent	plaisaient	plairont	plairaient	plaisent	
37	pleuvoir								
	(to rain)								
		il	pleut	plut	pleuvait	pleuvra	pleuvrait	pleuve	
	pleuvant								
	plu								
	avoir plu								
38	pouvoir	je	peux	pus	pouvais	pourrai	pourrais	puisse	
	(to be able)	tu	peux	pus	pouvais	pourras	pourrais	puisses	
		il/elle/on	peut	put	pouvait	pourra	pourrait	puisse	
	pouvant	nous	pouvons	pûmes	pouvions	pourrons	pourrions	puissions	
	pu	vous	pouvez	pûtes	pouviez	pourrez	pourriez	puissiez	
	avoir pu	ils/elles	peuvent	purent	pouvaient	pourront	pourraient	puissent	
39	prendre	je	prends	pris	prenais	prendrai	prendrais	prenne	
	(to take)	tu	prends	pris	prenais	prendras	prendrais	prennes	prends
		il/elle/on	prend	prit	prenait	prendra	prendrait	prenne	
	prenant	nous	prenons	prîmes	prenions	prendrons	prendrions	prenions	prenons
	pris	vous	prenez	prîtes	preniez	prendrez	prendriez	preniez	prenez
	avoir pris	ils/elles	prennent	prirent	prenaient	prendront	prendraient	prennent	
40	recevoir	je	reçois	reçus	recevais	recevrai	recevrais	reçoive	
	(to receive)	tu	reçois	reçus	recevais	recevras	recevrais	reçoives	reçois
		il/elle/on	reçoit	reçut	recevait	recevra	recevrait	reçoive	
	recevant	nous	recevons	reçûmes	recevions	recevrons	recevrions	recevions	recevons
	reçu	vous	recevez	reçûtes	receviez	recevrez	recevriez	receviez	recevez
	avoir reçu	ils/elles	reçoivent	reçurent	recevaient	recevront	recevraient	reçoivent	

	Infinitive	INDICATIVE					CONDITIONAL	SUBJUNCTIVE	IMPERATIVE
	Present participle Past participle Past infinitive	Subject Pronouns	Present	Passé simple	Imperfect	Future	Present	Present	
41	rejoindre	je	rejoins	rejoignis	rejoignais	rejoindrai	rejoindrais	rejoigne	
	(to join)	tu	rejoins	rejoignis	rejoignais	rejoindras	rejoindrais	rejoignes	rejoins
		il/elle/on	rejoint	rejoignit	rejoignait	rejoindra	rejoindrait	rejoigne	
	rejoignant	nous	rejoignons	rejoignîmes	rejoignions	rejoindrons	rejoindrions	rejoignions	rejoignons
	rejoint	vous	rejoignez	rejoignîtes	rejoigniez	rejoindrez	rejoindriez	rejoigniez	rejoignez
	avoir rejoint	ils/elles	rejoignent	rejoignirent	rejoignaient	rejoindront	rejoindraient	rejoignent	
42	résoudre	je	résous	résolus	résolvais	résoudrai	résoudrais	résolve	
	(to solve)	tu	résous	résolus	résolvais	résoudras	résoudrais	résolves	résous
		il/elle/on	résout	résolut	résolvait	résoudra	résoudrait	résolve	
	résolvant	nous	résolvons	résolûmes	résolvions	résoudrons	résoudrions	résolvions	résolvons
	résolu	vous	résolvez	résolûtes	résolviez	résoudrez	résoudriez	résolviez	résolvez
	avoir résolu	ils/elles	résolvent	résolurent	résolvaient	résoudront	résoudraient	résolvent	
43	rire	je	ris	ris	riais	rirai	rirais	rie	
	(to laugh)	tu	ris	ris	riais	riras	rirais	ries	ris
		il/elle/on	rit	rit	riait	rira	rirait	rie	
	riant	nous	rions	rîmes	riions	rirons	ririons	riions	rions
	ri	vous	riez	rîtes	riiez	rirez	ririez	riiez	riez
	avoir ri	ils/elles	rient	rirent	riaient	riront	riraient	rient	
44	rompre	je	romps	rompis	rompais	romprai	romprais	rompe	
	(to break)	tu	romps	rompis	rompais	rompras	romprais	rompes	romps
		il/elle/on	rompt	rompit	rompait	rompra	romprait	rompe	
	rompant	nous	rompons	rompîmes	rompions	romprons	romprions	rompions	rompons
	rompu	vous	rompez	rompîtes	rompiez	romprez	rompriez	rompiez	rompez
	avoir rompu	ils/elles	rompent	rompirent	rompaient	rompront	rompraient	rompent	
45	savoir	je	sais	sus	savais	saurai	saurais	sache	
	(to know)	tu	sais	sus	savais	sauras	saurais	saches	sache
		il/elle/on	sait	sut	savait	saura	saurait	sache	
	sachant	nous	savons	sûmes	savions	saurons	saurions	sachions	sachons
	su	vous	savez	sûtes	saviez	saurez	sauriez	sachiez	sachez
	avoir su	ils/elles	savent	surent	savaient	sauront	sauraient	sachent	

	Infinitive	INDICATIVE					CONDITIONAL	SUBJUNCTIVE	IMPERATIVE
	Present participle Past participle Past infinitive	Subject Pronouns	Present	Passé simple	Imperfect	Future	Present	Present	
46	suivre	je	suis	suivis	suivais	suivrai	suivrais	suive	
	(to follow)	tu	suis	suivis	suivais	suivras	suivrais	suives	suis
		il/elle/on	suit	suivit	suivait	suivra	suivrait	suive	
	suivant	nous	suivons	suivîmes	suivions	suivrons	suivrions	suivions	suivons
	suivi	vous	suivez	suivîtes	suiviez	suivrez	suivriez	suiviez	suivez
	avoir suivi	ils/elles	suivent	suivirent	suivaient	suivront	suivraient	suivent	
47	se taire	je	me tais	me tus	me taisais	me tairai	me tairais	me taise	
	(to be quiet)	tu	te tais	te tus	te taisais	te tairas	te tairais	te taises	tais-toi
		il/elle/on	se tait	se tut	se taisait	se taira	se tairait	se taise	
	se taisant	nous	nous taisons	nous tûmes	nous taisions	nous tairons	nous tairions	nous taisions	taisons-nous
	tu	vous	vous taisez	vous tûtes	vous taisiez	vous tairez	vous tairiez	vous taisiez	taisez-vous
	s'être tu(e)(s)	ils/elles	se taisent	se turent	se taisaient	se tairont	se tairaient	se taisent	
48	tenir	je	tiens	tins	tenais	tiendrai	tiendrais	tienne	
	(to hold)	tu	tiens	tins	tenais	tiendras	tiendrais	tiennes	tiens
		il/elle/on	tient	tint	tenait	tiendra	tiendrait	tienne	
	tenant	nous	tenons	tînmes	tenions	tiendrons	tiendrions	tenions	tenons
	tenu	vous	tenez	tîntes	teniez	tiendrez	tiendriez	teniez	tenez
	avoir tenu	ils/elles	tiennent	tinrent	tenaient	tiendront	tiendraient	tiennent	
49	vaincre	je	vaincs	vainquis	vainquais	vaincrai	vaincrais	vainque	
	(to defeat)	tu	vaincs	vainquis	vainquais	vaincras	vaincrais	vainques	vaincs
		il/elle/on	vainc	vainquit	vainquait	vaincra	vaincrait	vainque	
	vainquant	nous	vainquons	vainquîmes	vainquions	vaincrons	vaincrions	vainquions	vainquons
	vaincu	vous	vainquez	vainquîtes	vainquiez	vaincrez	vaincriez	vainquiez	vainquez
	avoir vaincu	ils/elles	vainquent	vainquirent	vainquaient	vaincront	vaincraient	vainquent	
50	valoir	je	vaux	valus	valais	vaudrai	vaudrais	vaille	
	(to be worth)	tu	vaux	valus	valais	vaudras	vaudrais	vailles	vaux
		il/elle/on	vaut	valut	valait	vaudra	vaudrait	vaille	
	valant	nous	valons	valûmes	valions	vaudrons	vaudrions	valions	valons
	valu	vous	valez	valûtes	valiez	vaudrez	vaudriez	valiez	valez
	avoir valu	ils/elles	valent	valurent	valaient	vaudront	vaudraient	vaillent	

	Infinitive Present participle Past participle Past infinitive	INDICATIVE					CONDITIONAL	SUBJUNCTIVE	IMPERATIVE
		Subject Pronouns	Present	Passé simple	Imperfect	Future	Present	Present	
51	venir	je	viens	vins	venais	viendrai	viendrais	vienne	
	(to come)	tu	viens	vins	venais	viendras	viendrais	viennes	viens
		il/elle/on	vient	vint	venait	viendra	viendrait	vienne	
	venant	nous	venons	vînmes	venions	viendrons	viendrions	venions	venons
	venu	vous	venez	vîntes	veniez	viendrez	viendriez	veniez	venez
	être venu(e)(s)	ils/elles	viennent	vinrent	venaient	viendront	viendraient	viennent	
52	vivre	je	vis	vécus	vivais	vivrai	vivrais	vive	
	(to live)	tu	vis	vécus	vivais	vivras	vivrais	vives	vis
		il/elle/on	vit	vécut	vivait	vivra	vivrait	vive	
	vivant	nous	vivons	vécûmes	vivions	vivrons	vivrions	vivions	vivons
	vécu	vous	vivez	vécûtes	viviez	vivrez	vivriez	viviez	vivez
	avoir vécu	ils/elles	vivent	vécurent	vivaient	vivront	vivraient	vivent	
53	voir	je	vois	vis	voyais	verrai	verrais	voie	
	(to see)	tu	vois	vis	voyais	verras	verrais	voies	vois
		il/elle/on	voit	vit	voyait	verra	verrait	voie	
	voyant	nous	voyons	vîmes	voyions	verrons	verrions	voyions	voyons
	vu	vous	voyez	vîtes	voyiez	verrez	verriez	voyiez	voyez
	avoir vu	ils/elles	voient	virent	voyaient	verront	verraient	voient	
54	vouloir	je	veux	voulus	voulais	voudrai	voudrais	veuille	
	(to want, to wish)	tu	veux	voulus	voulais	voudras	voudrais	veuilles	veuille
		il/elle/on	veut	voulut	voulait	voudra	voudrait	veuille	
	voulant	nous	voulons	voulûmes	voulions	voudrons	voudrions	voulions	veuillons
	voulu	vous	voulez	voulûtes	vouliez	voudrez	voudriez	vouliez	veuillez
	avoir voulu	ils/elles	veulent	voulurent	voulaient	voudront	voudraient	veuillent	

Introduction au vocabulaire

Vocabulaire actif

Ce lexique contient les mots et les expressions présentés comme vocabulaire actif dans **FACE-À-FACE**. Les numéros indiquent la leçon dans laquelle est présenté chaque mot ou expression.

Abréviations employées dans le lexique

adj.	adjectif	*interj.*	interjection	*pl.*	pluriel
adv.	adverbe	*inv.*	invariable	*prép.*	préposition
fam.	familier	*loc.*	locution	*sing.*	singulier
f.	féminin	*m.*	masculin	*v.*	verbe

Français-Anglais

A

à bout de souffle *loc.* breathless **2**
à fond *loc.* to the max **3**
abonnement *m.* subscription **2**
aborder *v.* to approach **4**
aboyer *v.* to bark **2**
abrité(e) *adj.* sheltered **4**
accablant(e) *adj.* overwhelming **4**
accourir *v.* to come running **4**
accueil *m.* reception, welcome **6**
affaires *f. pl.* belongings **6**
affiche *f.* poster **2, 6**
agence pour l'emploi *f.* employment office **6**
agenda *m.* appointment book **6**
agenouillé(e) *adj.* kneeling **5**
aile *f.* wing **5**
ailleurs *adv.* elsewhere **6**
aimable *adj.* kind **1**
algues *f. pl.* algae **5**
aliment *m.* food **2**
aller en boîte *v.* to go to a club **2**
allumer *v.* to turn on **2**
âme *f.* soul **1**
amical(e) *adj.* friendly **1**
amitié *f.* friendship **1**
amour *m.* love **1**
âne *m.* donkey **3**
animal de basse-cour *m.* farmyard animal **1**
animal de compagnie *m.* pet **5**
animal domestique *m.* pet **1**
annonce publicitaire *f.* commercial **2**
annuel(le) *adj.* yearly **2**
annuler *v.* to cancel **2**
apprivoiser *v.* to tame **1**
appuyer sur *v.* to press **2**
arnaquer *v.* to cheat; to con **6**
arroser *v.* to water **1, 3**
assistant(e) social(e) *m., f.* social worker **6**
assommer *v.* to knock unconscious **5**
assujettir *v.* to subject **4**
atteindre *v.* to reach **2**
atterrir *v.* to land **4**
au lieu de *loc.* instead of **3**
aveugle *adj.* blind **6**
avouer *v.* to confess **3**

B

bague *f.* ring **1**
baisse *f.* drop **5**
baisser le son *v.* to turn down the sound **3**
barrière de corail *f.* coral reef **5**
basse-cour *f.* barnyard **5**
bassesse *f.* baseness **3**
bâtons *m. pl.* ski poles **3**
battre *v.* to beat **1**
beau-père *m.* stepfather **4**
beignet *m.* donut **6**
béton *m.* concrete **4**
betterave *f.* beet **4**
bidon *m.* container **2**
bidonville *m.* slum **4**
biens *m. pl.* possessions **4**
bijoux *m. pl.* jewelry **4**
bimensuel(le) *adj.* semimonthly **2**
bitume *m.* asphalt **1**
blessé(e) *adj.* injured **1**
bois *m.* firewood **2**
boussole *f.* compass (magnetic) **4**
se brancher *v.* to connect **2**
brave *adj.* good; honest **5**
bridage *m.* security **2**
broder *v.* to embroider **6**
bruit *m.* noise **3**
brûler *v.* to burn **3**
buisson *m.* bush **3**

C

caillou *m.* stone, pebble **5**
caméra cachée *f.* hidden camera **3**
camion-citerne *m.* tank truck **2**
canalisation *f.* pipe **5**
canne blanche *f.* white cane **6**
capter (fam.) *v.* to understand **4**
carnet d'adresses *m.* address book **2**
carnet de commandes *m.* order list **6**
carrefour *m.* intersection **2**
carte *f.* map **4**
carton *m.* cardboard box **6**
casque *m.* helmet **5**
cauchemar *m.* nightmare **5**
causer *v.* to chat **5**
cendre *f.* ash **3**
c'est bien les humains *loc.* that's typical of humans **2**
ceinture *f.* belt **4**
chantier *m.* construction site **5, 6**
chariot *m.* cart **6**
charpente de calcaire *f.* calcium frame **5**
châsse *f.* reliquary **6**
chasse-neige *m.* snow plow **3**
chasseur/chasseuse *m., f.* hunter **1**
chaussée *f.* road surface **2**
cher/chère *adj.* dear **1**
chevalier *m.* knight **6**
chômage *m.* unemployment **3**
chômeur/chômeuse *m., f.* unemployed person **3**
choqué(e) *adj.* shocked **6**
chuchoter *v.* to whisper **3**
chute *f.* fall **5**
cible *f.* target **2**
cicatrice *f.* scar **2**
circulation *f.* traffic **1**
clavier *m.* keyboard **2**
coffret *m.* (treasure) box **4, 6**
collier *m.* collar **2, 5**
colon *m.* settler, colonist **4**
communication *f.* air time **2**
compas *m.* compass (geometry) **4**
concours *m.* competition **6**
conseiller *v.* to advise **1**
constater *v.* to notice **3**
conte *m.* tale **1, 5**
contrarié(e) *adj.* upset **3**
contrôleur/contôleuse *m., f.* conductor **4**

coq *m.* rooster **5**
corail (coraux) *m.* coral **5**
corallien(ne) *adj.* (of) coral **5**
corrompre *v.* to corrupt **4**
corrompu(e) *adj.* corrupted **4**
coude *m.* elbow **3**
couler *v.* to flow **3**
couler à flots *v.* to earn a lot of money **6**
couloir *m.* passage **4**
coup de feu *m.* gunshot **2**
coup de pied *m.* kick **2**
coutume *f.* custom **1, 5**
couture *f.* seam **1**
couvercle *m.* lid **2**
couverture *f.* front cover **2,** blanket **6**
crado *adj. inv.* gross, nasty **1**
creuser *v.* to dig **6**
croiser *v.* to cross **3**
croix *f.* cross **3**
croquer *v.* to bite into **6**
cueillir *v.* to pick **4**
culotte *f.* panties **1**

D

debout *adv.* standing **6**
déca *m.* decaffeinated coffee **2**
déchets *m. pl.* waste (material) **5**
déchetterie *f.* recycling site **5**
déçu(e) *adj.* disappointed **1**
dédaigneux/dédaigneuse *adj.* disdainful **4**
défaut *m.* defect **1**
défi *m.* challenge **5**
dégâts *m. pl.* damage **5**
déménager *v.* to move **4**
demeure *f.* residence **3, 6**
démuni(e) *adj.* penniless **6**
déprécier *v.* to cheapen **4**
déranger *v.* disturb **3**
dérober *v.* to steal **1**
dès lors *loc.* since then **1**
des tas de *loc.* loads of **6**
désapprouver *v.* to disapprove **3**
désormais *adv.* from now on **2**
développement durable *m.* sustainable growth **5**
(in)digne *adj.* (un)worthy **4**
donjon *m.* tower, keep **6**
doué(e) *adj.* gifted **1**
doux/douce *adj.* sweet **1**
draguer *v.* to flirt (with someone) **2**
drapeau *m.* flag **3**
duper *v.* to fool; to trick **6**
duperie *f.* deception **4**

E

échantillon *m.* sample **3**
échelle *f.* ladder **6**
échouer *v.* to fail **6**
éclater *v.* to burst **3**
écœurant *adj.* nauseating **6**
écologie *f.* ecology **5**
écran *m.* screen **2**
écran tactile *m.* touchscreen **2**
s'écraser *v.* to crash **5**
effacer *v.* to erase **1**
effet de serre *m.* greenhouse effect **5**
éloignement *m.* distance, estrangement **4**
s'éloigner *v.* to move away **4**
emballer *v.* to pack **6**
émettre *v.* to produce, to emit **5**
empêcher *v.* to prevent **5**
empreinte *f.* stamp, mark **3**
en cachette *loc.* secretly **6**
en or *loc.* made of gold **4**
en sanglots *loc.* sobbing **3**
en sueur *loc.* sweating **5**
enfler *v.* to swell **6**
enfoui(e) *adj.* buried **4**
engager *v.* to hire **6**
ennemi(e) *m., f.* enemy **1**
enregistrer *v.* to record **2**
s'entendre bien *v.* to get along **1**
enterrer *v.* to bury **3**
entraîner *v.* to cause **5**
entre la vie et la mort *loc.* between life and death **1**
entretenir *v.* to sustain **1**
envoi *m.* sending **2**
s'épanouir *v.* to flourish **5**
éreinté(e) *adj.* exhausted **2**
escalator *m.* escalator **4**
esclavage *m.* slavery **4**
esclave *m., f.* slave **4**
espèce *f.* species **5**
éteindre *v.* to extinguish **1,** to turn off **2**
étoffe *f.* fabric **6**
étouffer *v.* to suffocate **5**
être au courant (de) *v.* to know, to be aware (of) **4**
être de mauvais poil *v.* to be in a bad mood **4**
(ne pas) être dupe *v.* (not) to be fooled **3**
être muté(e) *v.* to be transfered (for a job) **4**
évasion *f.* escape **4**
éveil *m.* awakening **3**
éveillé(e) *adj.* awake **6**
ex-femme *f.* ex-wife **4**
exploitation minière *f.* mining **5**

F

faille *f.* defect **2**; flaw **5**
se faire choper *v.* to get caught **2**
faire la cour *v.* to court **6**
faire défiler *v.* to scroll **2**
faire l'innocent(e) *v.* to play dumb **3**
faire un pas *v.* to take a step **5**
faire plaisir à quelqu'un *v.* to make someone happy **3**
faire pousser *v.* to grow **3**
se faire prendre à son propre jeu *v.* to get caught in one's own lies **3**
faire sauter *v.* to unlock **2**
faire semblant *v.* to pretend **3**
famille recomposée *f.* reconstituted family **4**
fauve *m.* wild animal **5**
feu *m.* fire **3**
se fiancer *v.* to get engaged **1**
fidèle *adj.* faithful **1**
filet *m.* net **6**
flou(e) *adj.* blurry, out of focus **1**
fond d'écran *m.* computer wallpaper **2**
fonds marins *m. pl.* marine environment **5**
fort(e) *adj.* loud **3**
fossé des générations *m.* generation gap **3**
foule *f.* crowd **3, 4**
four *m.* oven **6**
fourrure *f.* fur **5**
foyer d'accueil *m.* homeless shelter **6**
fraîcheur *f.* freshness **4**
frémir *v.* to shudder; to quiver **3, 5**
se fréquenter *v.* to date **1**
frontière *f.* border **3**
fumée *f.* smoke **5**
funeste *adj.* unfortunate, dire **4**
fusil *m.* gun **1**

G

gaspiller *v.* to squander **5**
geler *v.* to freeze **4**
gémir *v.* to moan; to whimper **3**
gencives *f. pl.* gums **6**
gêné(e) *adj.* embarrassed **1**
gérant *m.* manager **6**
glapir *v.* to yelp **5**
gonflable *adj.* inflatable **1**
gorgée *f.* sip **2**
gras(se) *adj.* boldface **2**
gratuit(e) *adj.* free (of cost) **2**

H

haine *f.* hatred **3**
hausse *f.* increase **5**
hebdomadaire *adj.* weekly **2**

I

icône *f.* icon **2**
imposteur *m.* impostor; fraud **6**
infidélité *f.* infidelity **6**
insolent(e) *adj.* rude **3**
interface *f.* interface **2**
inutile *adj.* useless **1**

J

jeu vidéo *m.* video game **3**
se joindre *v.* to join **1**
jouir de *v.* to enjoy **4**

L

labourer *v.* to plow **4**
lacet *m.* snare **6**
lâche *adj.* cowardly **4**
lâcher *v.* to drop; to let go (of) **6**
lai *m.* lay (medieval poem) **6**
se laisser aller *v.* to let (oneself) go **6**
se laisser faire *v.* to let oneself be taken advantage of **2**
languissant(e) *adj.* melancholic **1**
laüstic *m.* nightingale **6**
lentilles de contact *f. pl.* contact lenses **6**
lien *m.* link **1**
loi *f.* law **5**
longue-vue *f.* field glass **4**
louper (fam.) *v.* to miss **4**

M

mâchoire *f.* jaw **6**
maître-nageur *m.* swimming instructor **1**
maladif/maladive *adj.* sickly **4**
maltraitance *f.* mistreatment **5**
manquer à quelqu'un *v.* to be missed (by someone) **4**
marque *f.* brand **6**
marteau-piqueur *m.* pneumatic drill **6**
masque à gaz *m.* gas mask **5**
maturité *f.* maturity **3**
mec (fam.) *m.* guy, dude **1, 4**
méchanceté *f.* malice **6**
se mêler *v.* to mix **1**
même pas *loc.* not even **6**
menaçant(e) *adj.* threatening **4**
mendier *v.* to beg **6**
mensuel(le) *adj.* monthly **2**
mériter *v.* to deserve **6**
mettre le son *v.* to turn the sound **3**
meurtre *m.* murder **4**
meurtrier/meurtrière *adj.* murderous **4**
mobicarte *f.* prepaid card **2**
mobile *m.* cell phone **2**
mode d'emploi *m.* user's guide **2**
mon vieux *m.* buddy **2**
mondialisation *f.* globalization **5**
mordre *v.* to bite **1**

N

n'importe quand *loc.* anytime **1, 2**
nocif/nocive *adj.* harmful **5**
non-voyant(e) *adj.* visually impaired **6**
nourrir *v.* to feed **5**
Nouvelle-Calédonie *f.* New Caledonia **4**
noyé(e) *adj.* drowned **4**
nul(le) *adj.* dumb **3**
numérique *adj.* digital **2**
nuque *f.* nape of the neck **2**

O

obéir (à) *v.* to obey **3**
offrir *v.* to give (as a gift) **1**
olivier *m.* olive tree **1**
ombre *f.* shadow; shade **3**
on a beau dire tout ce qu'on voudra *loc.* no matter what anyone says **5**
ordure *f.* filth, piece of trash **4**
organisation non gouvernementale (ONG) *f.* non-governmental organization (NGO) **5**
orgueil *m.* pride **6**
outil *m.* tool **6**
ouvrier/ouvrière *m., f.* factory worker **5**

P

panneau *m.* sign **6**
panneau solaire *m.* solar panel **5**
papa poule *m.* stay-at-home father **3**
papiers d'identité *m. pl.* identification **6**
papillon *m.* butterfly **5**
paramétrage *m.* configuration **2**
pardonner *v.* to forgive **4**
partout *adv.* everywhere **1**
patron(ne) *m., f.* boss **3**
patte *f.* paw; foot (of animal) **2, 5**
paume *f.* palm (of hand) **2**
pensées vagabondes *f. pl.* wandering thoughts **1**
perceuse électrique *f.* drill **6**
perdurer *v.* to live on; to endure **3**
permis de travail *m.* work permit **6**
perte *f.* loss **1**
Petit Chaperon rouge *m.* Little Red Riding Hood **5**
picorer *v.* to peck (at) **5**
piège *m.* trap **5, 6**
piéton(ne) *m., f.* pedestrian **2**
pigiste *m., f.* freelancer **3**
piste d'atterrissage *f.* runway **4**
se planter *v.* to screw up **2**
plier *v.* to fold **6**
plonger *v.* to dive **5**
plume *f.* feather **5**
poinçonner *v.* to punch (a ticket) **4**
poireauter *v.* to wait **1**
porter plainte *v.* to make a complaint **6**
porter secours *v.* to aid **1**
pot d'échappement *m.* exhaust pipe **5**
pouce *m.* thumb **2**
poule *f.* hen; chicken **5**
pourri(e) *adj.* outdated **1**
poursuite *f.* chase **6**
poursuivre *v.* to pursue **4**
pousser *v.* to grow **3**
poussière *f.* dust **5**
précaire *adj.* precarious **6**
précieux/précieuse *adj.* precious **4**
prédateur *m.* predator **5**
prétendre *v.* to claim **5**
prévenir *v.* to warn **6**
prévoir *v.* to foresee, to predict, to plan **1, 5**
proche *m., f.* loved one **1, 2**
prodige *m.* prodigy **6**
proie *f.* prey **5**
puce *f.* chip **2**

Q

quai *m.* platform **4**
quand même *loc.* still **5**
queue *f.* tail **5**
se quitter *v.* to leave one another **1**
quotidien *m.* daily newspaper **2**

R

racine *f.* root **3**
ramasser *v.* to pick up **5**
rame *f.* subway train **4**
rater *v.* to miss **4**
réaliser un rêve *v.* to realize a dream **3**
recharger *v.* to recharge **2**
réchauffement *m.* warming **5**
récif *m.* reef **5**
recoudre *v.* to sew up **1**
recueillir *v.* to rescue **5**
recyclage *m.* recycling **5**
réfléchir *v.* to think **2**
régénérescence *f.* regeneration **3**
relents *m. pl.* bad odors **2**
se remarier *v.* to remarry **4**
renard *m.* fox **1**
renommé(e) *adj.* famous **6**
se répandre *v.* to spill **2**
répertoire *m.* phonebook **2**
répéter *v.* to rehearse **6**
réseau *m.* network **2**
se résigner *v.* to resign oneself **6**
respirer *v.* to breathe **3, 5**
ressource naturelle *f.* natural resource **5**
rêve *m.* dream **1**
rien à faire *loc.* it's no use **3**
rivage *m.* shore **4**
rive *f.* river bank **4**
rocher *m.* rock **3**
rossignol *m.* nightingale **6**
routard(e) *m., f.* backpacker **4**

S

sable *m.* sand **4**
sac de couchage *m.* sleeping bag **4**
sagesse *f.* wisdom **6**
sain(e) *adj.* sane, healthy **2**
Salam Aleikum (arabe) *loc.* hello **3**
salir *v.* to dirty **4**
salopette *f.* overalls **5**
sanglot *m.* sob **3**
sapeur(-pompier) *m.* firefighter **2**
sauf *prép.* except **1**

sauvage *adj.* wild **1**
sauvegarder *v.* to save **2**
SDF (sans domicile fixe) *m., f.* homeless person **6**
secours *m.* help, emergency personnel, aid **1, 5**
seigneur *m.* lord **6**
semblable *adj.* similar **1**
semis *m.* seedbed **4**
septante-neuf (Suisse) *loc.* seventy-nine **3**
serrer dans ses bras *v.* to embrace **4**
siège *m.* seat **2**
singe *m.* monkey **3**
SMS *m.* text message (Short Message Service) **2**
soie *f.* silk **6**
soigner *v.* to take care **1**
somnifères *m. pl.* sleeping pills **3**
souffle *m.* breath **3**
soutenir *v.* to support **4**
station de ski *f.* ski resort **3**
supercherie *f.* deception; trickery **6**
surveillé(e) *adj.* supervised **6**

T

se taire *v.* to become quiet **1**
taper *v.* to type **2**
témoin *m.* witness **1**
terminus *m.* end of the line **4**
terroir *m.* land **4**
texto *m.* text message **2**
ticket de caisse *m.* receipt **2**
tireur *m.* sniper **2**
tison *m.* ember **3**
titre de transport *m.* train ticket **4**
tordre *v.* to wring **6**
touche *f.* key (on keyboard) **2**
tournoi *m.* tournament **6**
tousser *v.* to cough **1**
travailleur/travailleuse indépendant(e) *m., f.* self-employed worker **3**
tribune *f.* platform **6**
tripoter *v.* to play with, to touch **1**
tromper *v.* to deceive **1**
truc *m.* thing **1**
tuyau *m.* pipe **5**

U

une *f.* front page **2**
usine *f.* factory **5**

V

vagir *v.* to wail **3**
valider *v.* to enter **2**
vaisseau *m.* vessel **4**
se vanter *v.* to brag **1**
veau *m.* calf **2**
veiller *v.* to stay up **6**
velouté(e) *adj.* velvety, soft **5**
vengeance *f.* revenge **6**
se venger *v.* to take revenge **6**
venir chercher *v.* to pick up **3**
verdoyant(e) *adj.* lush **5**
verser des larmes *v.* to shed tears **3**
Verts *m. pl.* green political party **5**
vexé(e) *adj.* upset, hurt **1**
vicié(e) *adj.* tainted, contaminated **4**
victime *f.* victim **1**
vide *adj.* empty **1**
vieillard *m.* old man **4**
vieux-jeu *adj. inv.* old-fashioned **3**
vilain(e) *adj.* nasty **5**
virer *v.* to fire **6**
voir sa vie défiler devant ses yeux *v.* to see one's life flash before one's eyes **1**
vouer à *v.* to doom to **4**
vouloir bien faire *v.* to mean well **3**

W

wagon *m.* train car **4**

X

xénophobie *f.* xenophobia

Z

zone littorale *f.* coastal area **5**

Anglais-Français

A

address book carnet d'adresses *m.* **2**
advise conseiller *v.* **1**
aid secours *m.* **5**
aid porter secours *v.* **1**
air time communication *f.* **2**
algae algues *f. pl.* **5**
anytime n'importe quand *loc.* **1, 2**
appointment book agenda *m.* **6**
approach aborder *v.* **4**
ash cendre *f.* **3**
asphalt bitume *m.* **1**
awake éveillé(e) *adj.* **6**
awakening éveil *m.* **3**

B

backpacker routard(e) *m., f.* **4**
bad odors relents *m. pl.* **2**
bark aboyer *v.* **2**
barnyard basse-cour *f.* **5**
baseness bassesse *f.* **3**
be aware (of) être au courant (de) *v.* **4**
(not to) be fooled (ne pas) être dupe *v.* **3**
be in a bad mood être de mauvais poil *v.* **4**
be missed (by someone) manquer à quelqu'un *v.* **4**
be transfered (for a job) être muté(e) *v.* **4**
beat battre *v.* **1**
become quiet se taire *v.* **1**
beet betterave *f.* **4**
beg mendier *v.* **6**
belongings affaires *f. pl.* **6**
belt ceinture *f.* **4**
between life and death entre la vie et la mort *loc.* **1**
bite mordre *v.* **1**
bite into croquer *v.* **6**
blanket couverture *f.* **6**
blind aveugle *adj.* **6**
blurry flou(e) *adj.* **1**
boldface gras(se) *adj.* **2**
border frontière *f.* **3**
boss patron(ne) *m., f.* **3**
(treasure) box coffret *m.* **4, 6**
brag se vanter *v.* **1**
brand marque *f.* **6**
breath souffle *m.* **3**
breathe respirer *v.* **3, 5**
breathless à bout de souffle *loc.* **2**
buddy mon vieux *m.* **2**
buried enfoui(e) *adj.* **4**
burn brûler *v.* **3**
burst éclater *v.* **3**
bury enterrer *v.* **3**
bush buisson *m.* **3**
butterfly papillon *m.* **5**

C

calcium frame charpente de calcaire *f.* **5**
calf veau *m.* **2**
cancel annuler *v.* **2**
cardboard box carton *m.* **6**
cart chariot *m.* **6**
cause entraîner *v.* **5**
cell phone mobile *m.* **2**
challenge défi *m.* **5**
chase poursuite *f.* **6**
chat causer *v.* **5**
cheapen déprécier *v.* **4**
cheat arnaquer *v.* **6**
chip puce *f.* **2**
claim prétendre *v.* **5**
coastal area zone littorale *f.* **5**
collar collier *m.* **2, 5**
colonist colon *m.* **4**
come running accourir *v.* **4**
commercial annonce publicitaire *f.* **2**
compass (geometry) compas *m.* **4**
compass (magnetic) boussole *f.* **4**
competition concours *m.* **6**
computer wallpaper fond d'écran *m.* **2**
concrete béton *m.* **4**
conductor contrôleur/contrôleuse *m., f.* **4**
confess avouer *v.* **3**
configuration paramétrage *m.* **2**
connect se brancher *v.* **2**
construction site chantier *m.* **5, 6**
contact lens lentille de contact *f.* **6**
container bidon *m.* **2**
contaminated vicié(e) *adj.* **4**
coral corail (coraux) *m.* **5**
(of) coral corallien(ne) *adj.* **5**
coral reef barrière de corail *f.* **5**
corrupt corrompre *v.* **4**
corrupted corrompu(e) *adj.* **4**
cough tousser *v.* **1**
court faire la cour *v.* **6**
cowardly lâche *adj.* **4**
crash s'écraser *v.* **5**
cross croix *f.* **3**
cross croiser *v.* **3**
crowd foule *f.* **3, 4**
custom coutume *f.* **1**

D

daily newspaper quotidien *m.* **2**
damage dégâts *m. pl.* **5**
date se fréquenter *v.* **1**
decaffeinated coffee déca *m.* **2**
dear cher/chère *adj.* **1**
deceive tromper *v.* **1**
deception duperie *f.* **4**; supercherie *f.* **6**
defect défaut *m.* **1** faille *f.* **2**
deserve mériter *v.* **6**
dig creuser *v.* **6**
digital numérique *adj.* **2**
dire funeste *adj.* **4**
dirty salir *v.* **4**
disappointed déçu(e) *adj.* **1**
disapprove désapprouver *v.* **3**
disdainful dédaigneux/dédaigneuse *adj.* **4**
distance éloignement *m.* **4**
disturb déranger *v.* **3**
dive plonger *v.* **5**
donkey âne *m.* **3**
donut beignet *m.* **6**
doom to vouer à *v.* **4**
dream rêve *m.* **1**
drill perceuse électrique *f.* **6**
drop baisse *f.* **5**; lâcher *v.* **5**
drowned noyé(e) *adj.* **4**
dude mec *m.* **1**
dumb nul(le) *adj.* **3**
dust poussière *f.* **5**

E

earn a lot of money couler à flots *v.* **6**
ecology écologie *f.* **5**
elbow coude *m.* **3**
elsewhere ailleurs *adv.* **6**
embarrassed gêné(e) *adj.* **1**
ember tison *m.* **3**
embrace serrer dans ses bras *v.* **4**
embroider broder *v.* **6**
emergency personnel secours *m. pl.* **1**
emit émettre *v.* **5**
employment office agence pour l'emploi *f.* **6**
empty vide *adj.* **1**
end of the line terminus *m.* **4**
enemy ennemi(e) *m., f.* **1**
enjoy jouir de *v.* **4**
enter valider *v.* **2**
erase effacer *v.* **1**
escalator escalator *m.* **4**
escape évasion *f.* **4**
estrangement éloignement *m.* **4**
everywhere partout *adv.* **1**
ex-wife ex-femme *f.* **4**
except sauf *prép.* **1**
exhaust pipe pot d'échappement *m.* **5**
exhausted éreinté(e) *adj.* **2**
extinguish éteindre *v.* **1**

F

fabric étoffe *f.* **6**
factory usine *f.* **5**
factory worker ouvrier/ouvrière *m., f.* **5**
fail échouer *v.* **6**
fairy fée *f.* **3**
faithful fidèle *adj.* **1**
fall chute *f.* **5**

famous renommé(e) *adj.* **6**
farmyard animal animal de basse-cour *m.* **1**
feather plume *f.* **5**
feed nourrir *v.* **5**
field glass longue-vue *f.* **4**
filth ordure *f.* **4**
fire feu *m.* **3**; virer *v.* **6**
firefighter sapeur(-pompier) *m.* **2**
firewood bois *m.* **2**
flag drapeau *m.* **3**
flaw faille *f.* **5**
flirt (with someone) draguer *v.* **2**
flourish s'épanouir *v.* **5**
flow couler *v.* **3**
fold plier *v.* **6**
food aliment *m.* **2**
fool duper *v.* **6**
foresee prévoir *v.* **1**
forgive pardonner *v.* **4**
fox renard *m.* **1**
free (of cost) gratuit(e) *adj.* **2**
freelancer pigiste *m., f.* **3**
freeze geler *v.* **4**
freshness fraîcheur *f.* **4**
friendly amical(e) *adj.* **1**
friendship amitié *f.* **1**
from now on désormais *adv.* **2**
front cover couverture *f.* **2**
front page une *f.* **2**
fur fourrure *v.* **5**

G

gas mask masque à gaz *m.* **5**
generation gap fossé des générations *m.* **3**
get along s'entendre bien *v.* **1**
get caught se faire choper *v.* **2**
get caught in one's own lies se faire prendre à son propre jeu *v.* **3**
get engaged se fiancer *v.* **1**
gifted doué(e) *adj.* **1**
give (as a gift) offrir *v.* **1**
globalization mondialisation *f.* **5**
go to a club aller en boîte *v.* **2**
good brave *adj.* **5**
green political party Verts *m. pl.* **5**
greenhouse effect effet de serre *m.* **5**
gross crado *adj. inv.* **1**
grow (faire) pousser *v.* **3**
gums gencives *f. pl.* **6**
gun fusil *m.* **1**
gunshot coup de feu *m.* **2**
guy mec (fam.) *m.* **1, 4**

H

harmful nocif/nocive *adj.* **5**
hatred haine *f.* **3**
healthy sain(e) *adj.* **2**
hello Salam Aleikum (arabe) *loc.* **3**
helmet casque *m.* **5**
help secours *m.* **1, 5**
hen poule *f.* **5**
hidden camera caméra cachée *f.* **3**
hire engager *v.* **6**
homeless person SDF (sans domicile fixe) *m., f.* **6**
homeless shelter foyer d'accueil *m.* **6**
hunter chasseur/chasseuse *m., f.* **1**
hurt vexé(e) *adj.* **1**

I

icon icône *f.* **2**
identification papiers d'identité *m. pl.* **6**
impostor imposteur *m.* **6**
increase hausse *f.* **5**
infidelity infidélité *f.* **6**
inflatable gonflable *adj.* **1**
injured blessé(e) *adj.* **1**
instead of au lieu de *loc.* **3**
interface interface *f.* **2**
intersection carrefour *m.* **2**
it's no use rien à faire *loc.* **3**

J

jaw mâchoire *f.* **6**
jewelry bijoux *m. pl.* **4**
join se joindre *v.* **1**

K

keep donjon *m.* **6**
key (on keyboard) touche *f.* **2**
keyboard clavier *m.* **2**
kick coup de pied *m.* **2**
kind aimable *adj.* **1**
kneeling agenouillé(e) *adj.* **5**
knight chevalier *m.* **6**
knock unconscious assommer *v.* **5**
know être au courant (de) *v.* **4**

L

ladder échelle *f.* **6**
land atterrir *v.* **4**, terroir *m.* **4**
law loi *f.* **5**
lay (medieval poem) lai *m.* **6**
leave one another se quitter *v.* **1**
let oneself be taken advantage of se laisser faire *v.* **2**
let (oneself) go se laisser aller *v.* **6**
lid couvercle *m.* **2**
link lien *m.* **1**
live on perdurer *v.* **3**
loads of des tas de *loc.* **6**
lord seigneur *m.* **6**
loss perte *f.* **1**
loud fort(e) *adj.* **3**
love amour *m.* **1**
loved one proche *m., f.* **1, 2**
lush verdoyant(e) *adj.* **5**

M

made of gold en or *loc.* **4**
make a complaint porter plainte *v.* **6**
make someone happy faire plaisir à quelqu'un *v.* **3**
malice méchanceté *f.* **6**
manager gérant *m.* **3**
map carte *f.* **4**
marine environment fonds marins *m. pl.* **5**
mark empreinte *f.* **3**
maturity maturité *f.* **3**
mean well vouloir bien faire *v.* **3**
melancholic languissant(e) *adj.* **1**
mining exploitation minière *f.* **5**
miss louper (fam.) *v.* **4**, rater *v.* **4**
mistreatment maltraitance **5**
mix se mêler *v.* **1**
moan gémir *v.* **3**
monkey singe *m.* **3**
monthly mensuel(le) *adj.* **2**
move déménager *v.* **4**
move away s'éloigner *v.* **4**
murder meurtre *m.* **4**
murderous meurtrier/meurtrière *adj.* **4**

N

nape of the neck nuque *f.* **2**
nasty crado *adj. inv.* **1**; vilain(e) **5**
natural resource ressource naturelle *f.* **5**
nauseating écœurant(e) *adj.* **6**
net filet *m.* **6**
network réseau *m.* **2**
New Caledonia Nouvelle-Calédonie *f.* **4**
nightingale rossignol *m.*, laüstic *m.* **6**
nightmare cauchemar *m.* **5**
no matter what anyone says on a beau dire tout ce qu'on voudra *loc.* **5**
noise bruit *m.* **3**
non-governmental organization (NGO) organisation non gouvernementale (ONG) *f.* **5**
not even même pas *loc.* **6**
notice constater *v.* **3**

O

obey obéir (à) *v.* **3**
old-fashioned vieux jeu *adj. inv.* **3**
old man vieillard *m.* **4**
olive tree olivier *m.* **1**
order list carnet de commandes *m.* **6**
out of focus flou(e) *adj.* **1**
outdated pourri(e) *adj.* **1**
oven four *m.* **6**
overalls salopette *f.* **5**
overwhelming accablant(e) *adj.* **4**

P

pack emballer *v.* 6
palm (of hand) paume *f.* 2
panties culotte *f.* 1
passage couloir *m.* 4
paw patte *f.* 2, 5
pebble caillou *m.* 5
peck picorer *v.* 5
pedestrian piéton(ne) *m., f.* 2
penniless démuni(e) *adj.* 6
pet animal domestique *m.* 1; animal de companie *m.* 5
phonebook répertoire *m.* 2
pick cueillir *v.* 4
pick up venir chercher *v.* 3, ramasser *v.* 5
piece of trash ordure *f.* 4
pipe canalisation *f.*, tuyau *m.* 5
plan prévoir *v.* 5
platform quai *m.* 4, tribune *f.* 6
play dumb faire l'innocent(e) *v.* 3
play with tripoter *v.* 1
plow labourer *v.* 4
pneumatic drill marteau-piqueur *m.* 6
possessions biens *m. pl.* 4
poster affiche *f.* 2, 6
precarious précaire *adj.* 6
precious précieux/précieuse *adj.* 4
predator prédateur *m.* 5
predict prévoir *v.* 1, 5
prepaid card mobicarte *f.* 2
press appuyer sur *v.* 2
pretend faire semblant *v.* 3
prevent empêcher *v.* 5
prey proie *f.* 5
pride orgueil *m.* 6
prodigy prodige *m.* 6
produce émettre *v.* 5
punch (a ticket) poinçonner *v.* 4
pursue poursuivre *v.* 4

R

reach atteindre *v.* 2
realize a dream réaliser un rêve *v.* 3
receipt ticket de caisse *m.* 2
reception accueil *m.* 6
recharge recharger *v.* 2
reconstituted family famille recomposée *f.* 4
record enregistrer *v.* 2
recycling recyclage *m.* 5
recycling site déchetterie *f.* 5
reef récif *m.* 5
rehearse répéter *v.* 6
regeneration régénérescence *f.* 3
reliquary châsse *f.* 6
remarry se remarier *v.* 4
rescue recueillir *v.* 5
residence demeure *f.* 3, 6
resign oneself se résigner *v.* 6
revenge vengeance *f.* 6
ring bague *f.* 1
river bank rive *f.* 4
road surface chaussée *f.* 2
rock rocher *m.* 3
rooster coq *m.* 5
root racine *f.* 3
rude insolent(e) *adj.* 3
runway piste d'atterrissage *f.* 4

S

sample échantillon *m.* 3
sand sable *m.* 4
sane sain(e) *adj.* 2
save sauvegarder *v.* 2
scar cicatrice *f.* 2
screen écran *m.* 2
screw up se planter *v.* 2
scroll faire défiler *v.* 2
seam couture *f.* 1
seat siège *m.* 2
secretly en cachette *loc.* 6
security bridage *m.* 2
see one's life flash before one's eyes voir sa vie défiler devant ses yeux *v.* 1
seedbed semis *m.* 4
self-employed worker travailleur/travailleuse indépendant(e) *m., f.* 3
semimonthly bimensuel(le) *adj.* 2
sending envoi *m.* 2
settler colon *m.* 4
seventy-nine septante-neuf *loc.* 3
sew up recoudre *v.* 1
shade ombre *f.* 3
shed tears verser des larmes *v.* 3
sheltered abrité(e) *adj.* 4
shocked choqué(e) *adj.* 6
shore rivage *m.* 4
shudder frémir *v.* 3, 5
sickly maladif/maladive *adj.* 4
sign panneau *m.* 6
silk soie *f.* 6
similar semblable *adj.* 1
since then dès lors *loc.* 1
sip gorgée *f.* 2
ski poles bâtons *m. pl.* 3
ski resort station de ski *f.* 3
slave esclave *m., f.* 4
slavery esclavage *m.* 4
sleeping bag sac de couchage *m.* 4
sleeping pills somnifères *m. pl.* 3
slum bidonville *m.* 4
smoke fumée *f.* 5
snare lacet *m.* 6
sniper tireur *m.* 2
snow plow chasse-neige *m.* 3
sob sanglot *m.* 3
sobbing en sanglots *loc.* 3
social worker assistant(e) social(e) *m., f.* 6
solar panel panneau solaire *m.* 5
soul âme *f.* 1
species espèce *f.* 5
spill se répandre *v.* 2
squander gaspiller *v.* 5
stamp empreinte *f.* 3
standing debout *adv.* 6
stay-at-home father papa poule *m.* 3
stay up veiller *v.* 6
steal dérober *v.* 1
stepfather beau-père *m.* 4
still quand même *loc.* 5
stone caillou *m.* 5
subject assujettir *v.* 4
subscription abonnement *m.* 2
subway train rame *f.* 4
suffocate étouffer *v.* 5
supervised surveillé(e) *adj.* 6
support soutenir *v.* 4
sustain entretenir *v.* 1
sustainable growth développement durable *m.* 5
sweating en sueur *loc.* 5
sweet doux/douce *adj.* 1
swell enfler *v.* 6
swimming instructor maître-nageur *m.* 1

T

tail queue *f.* 5
tainted vicié(e) *adj.* 4
take care soigner *v.* 1
take revenge se venger *v.* 6
take a step faire un pas *v.* 5
tale conte *m.* 1
tame apprivoiser *v.* 1
tank truck camion-citerne *m.* 2
target cible *f.* 2
text message (Short Message Service) SMS *m.*, texto *m.* 2
that's typical of humans c'est bien les humains *loc.* 2
thing truc *m.* 1
think réfléchir *v.* 2
threatening menaçant(e) *adj.* 4
thumb pouce *m.* 2
to the max à fond *loc.* 3
tool outil *m.* 6
touch tripoter *v.* 1
touchscreen écran tactile *m.* 2
tournament tournoi *m.* 6
tower donjon *m.* 6
traffic circulation *f.* 1
train car wagon *m.* 4
train ticket titre de transport *m.* 4
trap piège *m.* 5, 6
treasure box coffret *m.* 4
trick duper *v.* 6
trickery supercherie *f.* 6
tuner (of an instrument) accordeur *m.* 6
turn down the sound baisser le son *v.* 3
turn off éteindre *v.* 2
turn on allumer *v.* 2
turn the sound mettre le son *v.* 3
type taper *v.* 2

U

understand capter (fam.) *v.* **4**
unemployed person chômeur/chômeuse *m., f.* **3**
unemployment chômage *m.* **3**
unfortunate funeste *adj.* **4**
unlock faire sauter *v.* **2**
upset vexé(e) *adj.* **1**; contrarié(e) *adj.* **3**
useless inutile *adj.* **1**
user's guide mode d'emploi *m.* **2**

V

velvety velouté(e) *adj.* **5**
vessel vaisseau *m.* **4**
victim victime *f.* **1**
video game jeu vidéo *m.* **3**
visually impaired non-voyant(e) *adj.* **6**

W

wail vagir *v.* **3**
wait poireauter *v.* **1**
wandering thoughts pensées vagabondes *f. pl.* **1**
warming réchauffement *m.* **5**
warn prévenir *v.* **6**
waste (material) déchets *m. pl.* **5**
water arroser *v.* **1, 3**
weekly hebdomadaire *adj.* **2**
welcome accueil *m.* **6**
whisper chuchoter *v.* **3**
white cane canne blanche *f.* **6**
wild sauvage *adj.* **1**
wild animal fauve *f.* **5**
wing aile *f.* **5**
wisdom sagesse *f.* **6**
witness témoin *m.* **1**
work permit permis de travail *m.* **6**
(un)worthy (in)digne *adj.* **4**
wring tordre *v.* **6**

X

xenophobia xénophobie *f.*

Y

yearly annuel(le) *adj.* **2**
yelp glapir *v.* **5**

Every effort has been made to trace the copyright holders of the works published herein. If proper copyright acknowledgment has not been made, please contact the publisher and we will correct the information in future printings.

Text Credits

24 Excerpt and illustrations from LE PETIT PRINCE by Antoine de Saint-Exupery. Copyright 1943 by Houghton Mifflin Harcourt Publishing Company. Copyright © renewed by Consuelo de Saint-Exupery. Reprinted by permission of Houghton Mifflin Harcourt Publishing Company. All rights reserved; Audio rights LE PETIT PRINCE by Antoine de Saint-Exupery © Editions Gallimard, 1946.
58 Reproduced from: André Berthiaume, *Les petits caractères*, Montréal, Les Éditions XYZ, 2003, p. 15-17; Audio rights courtesy of André Berthiaume.
92 Birago Diop, *Leurres et lueurs* © Présence Africaine Editions, 1960.
158 Colette, "Le Renard" in *La femme cachée* © Flammarion.
192 © Librairie Générale Française - *Le Livre de Pouche.*

Reading (Non-Literature) Credits

53 Modified from: "SMS, textos: dites "Je t'M" avec le pouce!" by Louis Asana. Doctissimo: Psychologie.
87 © David Foenkinos pour Psychologies magazine (juin 2008) www.psychologies.com.
119 Excerpt from Tristes Tropiques by Claude Lévi-Strauss. © Editions Plon, 1955.
153 Reproduced from: "Sur le réchauffement planétaire" by Farbice Copeau. Contrepoints.org.
187 Courtesy of Abdelkader Djemaï.

Comic Credits

31 www.asterix.com © 2015 LES EDITIONS ALBERT RENE / GOSCINNY – UDERZO.
65 Boule et Bill 16: «Souvenirs de famille» © Dupuis, 1979 - Roba www.dupuis.com - All rights reserved.
97 "La marque du Chat" by Philippe Geluck © CASTERMAN S.A.
131 Excerpt from Aya de Yopougon by Marguerite Abouet and Clément Oubrerie. © Éditions Gallimard Jeunesse.
165 Excerpt from "Toxic Planet" by David Ratte. © Edition Paquet. www.editionspaquet.com
199 Excerpt from "Cause toujours!" by Wolinski. © Editions Glénat 1997.

Film Credits

6 © Elizabeth Marre & Olivier Point, La Luna Productions.
40 Courtesy of MEZZANINE and Coralie Fargeat.
74 Courtesy of Jean Charles Mille, Managing Director of Premium Films.
106 © Ismael Djebbari, La Luna Productions.
140 Courtesy of the Société Européenne de Production.
174 Courtesy of 2425 Productions.

Photography Credits

Cover: Naphtalina/Getty Images.

Lesson 1: 2: Susanne Walstrom/Johner Images; **5:** Pascal Pernix; **13:** Martin Norris/Alamy; **16:** VHL; **18:** Granger, NYC; **19:** Pablo Caridad/123RF; **22:** Bettmann/Corbis; **23:** Annie Pickert Fuller; **30:** (t) AP Images; (b) Eric Feferberg/AFP/Getty Images; **33:** Konstantin Chagin/123RF; **34:** Anne Loubet.

Lesson 2: 36: Guido Mieth/Getty Images; **46:** Annie Pickert Fuller; **51:** Image Source/Corbis; **53:** DLewis33/iStockphoto; **54:** Gudrun Hommel; **56:** Courtesy of André Berthiaume; **57:** Vanessa Bertozzi; **58:** (background) SGrae/iStockphoto; (cup) Patrick Strattner/Getty Images; (boy) Tyler Stalman/iStockphoto; **60:** (background) Matthew Cole/Shutterstock; (jug) M. Claudio/Fotolia; **61:** (background) Montenegro/Shutterstock; **63:** (l) Marco Di Lauro/Getty Images; (r) Anne Loubet; **64:** Robert Vanden Brugge/EPA/Corbis, **67:** VHL; **68:** (tl) Fuse/Getty Images; (tr) Bloomua/Shutterstock; (bl) Martín Bernetti; (br) Dunning/Photographer's Choice/Getty Images; **69:** Anne Loubet.

Lesson 3: 70: Andersen Ross/Blend Images/Getty Images; **86:** Baltel/Sipa/Newscom; **87:** Sozaijiten/Datacraft/Getty Images; **88:** Image Source/Getty Images; **90:** Courtesy of Patrice Birago Neveu; **91:** Olga Nikonova/123RF; **92:** Kim Schandorff/Getty Images; **94:** George Clark/iStockphoto; **96:** Baltel/Sipa/Newscom; **99:** (l) Onfokus/iStockphoto; (r) Melba Photo Agency/Alamy; **101:** Anne Loubet.

Lesson 4: 102: Hans Wolf/The Image Bank/Getty Images; **118:** Sophie Bassouls/Sygma/Corbis; **119:** RMN-Grand Palais /Art Resource, NY; **122:** The Gallery Collection/Corbis; **123:** Leonard de Selva/Corbis; **124:** (l) Michel Renaudeau/AGE Fotostock; (r) De Agostini Picture Library/AKG Images; **126:** (l) Mark Harmel/Alamy; (r) Medioimages/Photodisc/Getty Images; **127:** National Geographic/Getty Images; **129:** The Gallery Collection/Corbis; **130:** (t) Xavier Popy/REA/Redux; (b) Claire Delfino/Getty Images; **134:** (l) Image Source/Corbis; (m) Franky DeMeyer/iStockphoto; (r) Charles & Josette Lenars/Corbis.

Lesson 5: 136: Michel Poinsignon/Johner Images; **139:** Beijersbergen/Shutterstock; **143:** (l) Martín Bernetti; (r) Ttstudio/Shutterstock; **146:** Martín Bernetti; **150:** Jeanne Drake/Masterfile; **151:** Nick Greaves/Alamy; **153:** Yevgenia Nayberg/Offset; **156:** Pictoral Press/Alamy; **157:** Leemage/Corbis; **158:** The Avenue of the Bois de Boulogne, Paris, 1928, Dufy, Raoul (1877-1953)/Private Collection/Bridgeman Images; **163:** Ian Rentoul/Shutterstock; **164:** Courtesy of Groupe Paquet; **168:** Hulton Archive/Getty Images; **169:** (l) Pascal Pernix; (r) Akarelias/iStockphoto.

Lesson 6: 170: Francois Mori/Associated Press; **180:** Mustafa Yalcin/Anadolu Agency/Getty Images; **186:** Raphael Gaillarde/Gamma-Rapho/Getty Images; **187:** Win Initiative/Getty Images; **190:** Ms.3142 fol.256 Marie de France writing, detail from an Anthology of French Poems, c.1280-90/Bibliotheque de L'Arsenal, Paris, France/Bridgeman Images; **191:** Vitaly Ilyasov/Shutterstock; **192:** Gianni Dagli Orti/Corbis; **198:** Ulf Andersen/Getty Images; **201:** Image Source/Alamy; **203:** (l) VHL; (r) Godfer/Fotolia.

À propos de l'auteur

FRANÇOISE J. GHILLEBAERT est professeur de français à l'Université de Porto Rico, à Río Piedras depuis 2002. Elle enseigne des cours de phonétique et de diction du français, de conversation, de littérature, et également un cours de lecture du français écrit pour étudiants hispanophones en maîtrise et en doctorat. Elle est la créatrice et la modératrice du premier chapitre portoricain de la Société d'Honneur du français Pi Delta Phi à l'Université de Porto Rico dont le titre pour le campus de Río Piedras est Pi Delta Phi_Omicron Alpha (2012). Originaire de Fontainebleau, en France, elle est détentrice d'une maîtrise de langues étrangères appliquées en anglais et en russe de La Sorbonne (Paris IV) et d'un doctorat de littérature française de l'Université du Texas à Austin. Elle a enseigné le français dans différentes universités en Louisiane, en Alabama et au Texas. Elle est l'auteur d'un livre de critique littéraire, *Disguise in George Sand's Novels* (2009) et d'autres articles sur George Sand. Elle est la fondatrice et rédactrice en chef du journal électronique *Crisolenguas* (2007) du Département de Langues Étrangères de l'Université de Porto Rico à Río Piedras.